AF125992

Jakob Meister

Flora von Schaffhausen

Jakob Meister

Flora von Schaffhausen

ISBN/EAN: 9783743323223

Hergestellt in Europa, USA, Kanada, Australien, Japan

Cover: Foto ©berggeist007 / pixelio.de

Manufactured and distributed by brebook publishing software
(www.brebook.com)

Jakob Meister

Flora von Schaffhausen

Flora von Schaffhausen.

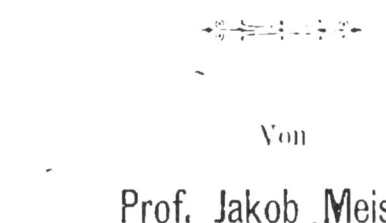

Von

Prof. Jakob Meister.

Beilage zum Osterprogramm

des

Gymnasiums Schaffhausen

1887.

Schaffhausen. — Buchdruckerei von H. Meier. 1887.

Vorwort.

Das allgemeine Gepräge der Flora einer Gegend ist gleichsam das Resultat aus dem Zusammenwirken der klimatischen Verhältnisse einerseits, sowie der chemischen und physikalischen Beschaffenheit des Bodens andererseits. Nach beiden Richtungen hin bietet Schaffhausen mit Umgebung mannigfaltige Abwechslung. Besteht doch schon in ersterer Hinsicht ein erheblicher Unterschied zwischen der luftigen Höhe des Reyats und des Randens verglichen mit den geschützten Lagen der Randenthäler, des Rheinthales und des Klettgaues.

Nicht geringer aber ist die Verschiedenheit in der chemischen Zusammensetzung und der physikalischen Beschaffenheit von Grund und Boden, wie sie die vielgestaltige geologische Gliederung unserer Gegend mit sich bringt. Das gypsreiche Gestein an der Wutach bei Schleitheim und Stühlingen, die Sandstein-, Gyps- und Mergelmassen des Keupers bei Schleitheim, Beggingen und am Hallauerberg, die wasserarmen, wenig fruchtbaren, dem weissen Jura angehörigen Kalke des Randens, die Sand- und Mergelbildungen der Molasse am Kohlfirst, am Gailingerberg und oberhalb Stein, die kieselsäurereichen Basalte, Phonolithe und zugehörigen Tuffe der vulkanischen Kegel des Höhgaues, die diluvialen Geschiebe im Gebiete des Rheinthales und endlich die mächtige Lage von Schwemmland in der Thalsohle des Klettgaues — sie alle beeinflussen die Zusammensetzung derjenigen Bodenkruste, aus welcher die Pflanzendecke ihre mineralischen Nährstoffe bezieht.

Es kann daher auch dieser Untergrund sehr verschiedenartigen Ansprüchen der ihn besetzenden pflanzlichen Gäste genügen, und so ist es möglich geworden, dass von den zahlreichen im Laufe der Zeit eingewanderten Fremdlingen viele bei uns sich dauernd ansiedelten. In der That ist der Charakter unserer Flora ein durchaus eigenartiger. Christ zeichnet ihn in seinem vortrefflichen Werke „Das Pflanzenleben der Schweiz" bei Gelegenheit einer Vergleichung der Basler Flora mit der unserigen sehr treffend. wenn er sagt: „Schaffhausen dagegen

prangt mit einer aus Bergpflanzen, südlichen und östlichen Typen
seltsam gemischten und dadurch äusserst interessanten Vegetation,
die in dieser Zusammensetzung nirgends wieder gefunden wird."
Ueber die Richtungen, aus denen die Einwanderung erfolgte,
schreibt er ferner: „Von westlichen Einflüssen ist weniger mehr
wahrzunehmen, aber um so mehr von jenen der Schweiz fremden, den warmen Oasen des mittleren Deutschlands speziell angehörigen. Eine solche Oase bildet Schaffhausen, ohne dass man
sagen könnte, dass sie ihre Vegetation etwa aus dem unteren
elsässisch-bayrischen Rheingebiet empfangen hätte. Augenschein-
lich ist es vielmehr das untere Donaugebiet, welches alle die
deutschen Oasen beeinflusst hat, und das von Regensburg her
über einige Stationen längs der schwäbischen Alb mit Schaffhausen im Zusammenhange steht, wie namentlich Cytisus nigricans und Rhamnus lehren."

Um zu erklären, weshalb sich diese Wanderung nicht durch
das ganze Rheinthal fortsetzte, sondern nur bis Laufenburg reichte,
nimmt Christ an, sie sei zu einer Zeit erfolgt, als der Durch-
bruch bei Laufenburg noch gar nicht bestand, also vielleicht
gegen das Ende der Tertiärzeit. Dagegen spricht Jäggi in seiner
Schrift „Eglisau in botanischer Beziehung" eine andere sehr ein-
leuchtende Ansicht aus; er schreibt: „Die östlichen Pflanzen des
warmen pannonischen Gebietes können doch offenbar erst nach
der Eiszeit eingewandert sein und zu dieser Zeit besass der Rhein
schon seinen jetzigen Lauf. Wir finden also den Grund dieser
Vegetationsgrenze vielmehr in der Barriere des kühlen Schwarz-
waldes, welche die östlichen Pflanzen, unbekümmert um den
Lauf des Rheines, aufgehalten und nicht weiter nach Westen
hatten vordringen lassen."

An Angehörigen südlicher Gegenden fehlt es bei uns in-
dessen auch nicht; ich erinnere nur an Genista ovata im Wangenthal etc.

Gerade diese Anklänge aus fremden Floren erhöhen aber
das Interesse für unsere Pflanzenwelt nicht wenig und es haben
sich daher auch verhältnismässig früh Männer gefunden, welche,
getrieben durch die Freude an der Natur überhaupt, sowie durch
den Reiz, den die wissenschaftliche Betrachtung des Naturkör-
pers auf uns ausübt, unsere Flora zum Gegenstand einer ein-
lässlichen Erforschung machten. Ich erwähne die bekannten
Namen eines Apotheker *Laffon*, Apotheker *Schalch*, Apotheker

Brunner in Diessenhofen, Professor *Merklein* und *Gremli*. Dann sind eine Anzahl solcher Männer zu nennen, die wenigstens während ihrer Jugendjahre einen Teil ihrer Mussestunden der „lieblichsten der Wissenschaften" widmeten, wie sie in Merkleins „Verzeichniss der Gefässpflanzen, welche in der Umgebung von Schaffhausen vorkommen", aufgezählt werden, nämlich: Herr Pfarrer *Häusler*, früher in Neunkirch, Herr Handelsgärtner *Kraft*, Herr Dr. *Meyer*, in Unterhallau, Herr Dr. *Jakob Rahm*, jun., Herr Apotheker *Schlickum* in Weiningen, Herr Reallehrer *Vetter*, früher in Schleitheim, Herr Dr. *Vogler*, Herr Forstmeister *Vogler* und Herr Dr. *Werner* in Löhningen.

Aber auch die neueste Zeit, das letzte Decenium, weist eine recht stattliche Anzahl junger Männer auf, die durch eifriges Studium sich eine genaue Kenntniss unserer Flora erwarben. Ich nenne nur die Herren *Th. Bahnmaier*, Gärtner, *E. Bahnmaier*, Forstwirt, *Bernh. Beck*, stud. theol., Dr. *Bührer*, *Sulger-Bühl*, stud. med., *Emanuel Vetter*, stud. med., *Ziegler*, stud. theol. und *Jakob Huber*, stud. phil.

Durch die freundliche Mithülfe dieser eben genannten Herren ist es auch möglich geworden, in den letzten 4 Jahren für die Sammlungen unseres Gymnasiums ein Herbar zusammenzustellen mit über 1000 Schaffhauser'schen Species, unter denen gerade die selteneren Charakterpflanzen mit wenigen Ausnahmen vollständig vertreten sind.

Die zahlreichen Beobachtungen der letzten Jahrzehnte liessen es nun wünschenswert erscheinen, das im Jahre 1861 erschienene und heute kaum mehr erhältliche Merklein'sche Verzeichnis zu erneuern. Ausserdem sollte es zunächst für die Schüler unseres Gymnasiums und vielleicht auch für andere Kreise unserer engeren Heimat zum Pflanzenbestimmen benutzt werden können, und ich versuchte daher, dasselbe in eine entsprechende Form zu bringen.

Allerdings haben wir z. B. in der „Excursionsflora der Schweiz" von Gremli ein ausgezeichnetes Bestimmungswerk; doch ist dasselbe seines etwas hohen Preises wegen vielen nicht zugänglich, und dann hoffe ich, das Auffinden der charakteristischen Merkmale und die richtige Deutung desselben werde für den Anfänger wesentlich dadurch erleichtert, dass in einer solchen Lokalflora die Zahl der aufzuführenden Arten eine verhält-

nismässig kleine wird. Immerhin schloss ich mich der Gremli-
schen Darstellung so eng als möglich an.

Ausser neuen Standorten nahm ich die des Merklein'schen
(und Schalch'schen handschriftlichen) Verzeichnisses wieder auf.
Weggelassen wurden nur solche, von denen ich mich in den
letzten Jahren mit Sicherheit überzeugt habe, dass die betreffen-
den Pflanzen sich nicht mehr vorfinden.

Auch mir zweifelhaft erscheinende Standorte schloss ich noch
nicht aus, die Richtigstellung derselben späterer Beobachtung
überlassend. Für seltene und nur noch in einer beschränkten
Anzahl von Individuen vorhandene Pflanzen wird der Kenner
aus leicht begreiflichen Gründen eine Standortsangabe ganz ver-
missen oder doch sehr allgemein gehalten finden.

Die Grenzen des Gebietes sind so ziemlich dieselben, wie sie
Merklein's Verzeichnis zu Grunde liegen und nehmen natürlich
keine Rücksicht auf politische Grenzen.

Die Hülfsmittel, welche bei Ausarbeitung der Bestimmungs-
tabellen benutzt wurden, sind:

Koch, Taschenbuch der Deutschen und Schweizerflora.

Seubert, Flora für Süddeutschland und die Schweiz.

Garke, Flora von Deutschland.

Gremli, Excursionsflora für die Schweiz.

Fischer, Flora von Bern.

Merklein, Verzeichnis der Gefässpflanzen, welche in der Umgebung von Schaffhausen vorkommen.

Brunner, Verzeichnis der wildwachsenden Phanerogamen und
Gefässkryptogamen des thurgauischen Bezirkes Diessenhofen, des Randens und des Höhgaues.

Zwei mir durch gütige Vermittlung des Herrn *Jäggi*, Conservator
am botanischen Museum in Zürich, zur Verfügung gestellte
handschriftliche Verzeichnisse mit Nachträgen und Be-
merkungen von Apotheker *Schalch*.

Ein handschriftliches Verzeichniss der Flora von Stein von
Sulger-Bühl, durch welche Arbeit es möglich wurde,
Standorte von weniger häufig vorkommenden Pflanzen
auch für den oberen Kantonsteil viel vollständiger anzu-
geben, als dies früher der Fall war.

Eine Reihe brieflicher Notizen der Herren *Jos. Rhiner*, Botaniker
von Schwyz, Dr. *Probst* von Schleitheim und Forstmeister
Vogler.

Allen Denen, die mich durch ihre Mitteilungen bei meiner Arbeit unterstützten, statte ich hiemit den besten Dank ab und ersuche sie und Andere, mir auch fernerhin ihre Beobachtungen auf diesem Gebiete zukommen zu lassen.

J. Meister.

Verzeichnis der am häufigsten gebrauchten Abkürzungen.

Bl. = Blatt oder Blätter; (bl. in zusammengesetzten Wörtern z. B. Blbl. = Blumenblatt).
Bt. = Blüte.
Cult. = Cultiviert.
Fr. = Frucht; fr. in zusammengesetzten Wörtern. z. B.:
Steinfr. = Steinfrucht.
Frkn. = Fruchtknoten.

Gr. = Griffel.
K. = Kelch.
S. = Samen.
St. = Stengel.
Stbb. = Staubbeutel.
Stbf. = Staubfaden.
Stbg. = Staubgefäss.
W. = Wurzel.
W. d. v. = Wie die vorige.

Abgekürzte Endungen.

f. = förmig.
l. = lich.
sp. = spaltig.

st. = ständig.
t. = teilig.

Namen der Autoren.

All. = Allioni.
Andrz. = Andrzeiowsky.
Beauv. = Pelizot de Beauvais.
Bess. = Besser.
Celak. = Celakowsky.
Clairv. = Clairville.
Coss.Germ. = Cosson&Germain.
DC. od. Dec. = De Candolle.
Desf. = Desfontaines.
Dess. = Desrousseaux.
Ehrh. = Ehrhart.
Fr. = Fröhlich.
Gärtn. = Gärtner.
Good. = Goodenough.
Grml. = Gremli.
Hoffm. = Hoffmann.
Huds. = Hudson.
Jacq. = Jacquin.
Lam. = Lamarck.
L. = Linné.
Lois. = Loiseleur.
E. Mey. = Ernst Meyer.
M. B. = Marchall v. Biberstein.

M. K. = Mertens & Koch.
Mill. = Miller.
Pers. = Persoon.
Poir. = Poiret.
RBr. = Robert Brown.
Rchb. = Reichenbach.
R. & Sch. = Römer & Schultes.
Sch.&Sp. = Schimper&Spenner.
Schrad. = Schrader.
Schreb. = Schreber.
Schw. & Krt. = Schweigger & Körte.
Scop. = Scopoli.
Sm. = Smith.
Sw. = Swartz.
Vill. = Villars.
Wahl. = Wahlenberg.
Wallr. = Wallroth.
Willd. = Wildenow.
Wimm. & Grab. = Wimmer & Grabowski.
Wither. = Withering.

Die in der „Uebersicht der Gattungen" vor einem Gattungsnamen eingeklammerten Zeichen weisen auf Stellen im Gattungs-
schlüssel, wo dieselbe Gattung ebenfalls zu finden ist; die Zahl
nach dem Gattungsnamen giebt die Nummer der Gattung in der
„Uebersicht der Arten" an.

Die Zahlen, welche in der „Uebersicht der Arten" unmittelbar vor den Standorten aufgeführt sind, geben die Monate an,
während welcher die Pflanze blühend vorkommt.

Uebersicht der Klassen

des Linne'schen Systems.

A. Pflanzen mit Zwitterblüten.

1.	Cl.	Monandria (1 Stbgf.)
2.	„	Diandria (2 Stbgf.)
3.	„	Triandria
4.	„	Tetrandria
5.	„	Pentandria
6.	„	Hexandria
7.	„	Heptandria
8.	„	Octandria
9.	„	Enneandria
10.	„	Decandria
11.	„	Dodecandria (11—19 Stbgf.)
12.	„	Icosandria (20 u. mehr Stbgf. auf d. Kelche)
13.	„	Polyandria (20 u. mehr Stbgf. auf d. Frchtbdn.)

> Klassen nach der Zahl der Stbgf. ohne Rücksicht auf deren relative Länge und Verwachsungsverhältnisse.

14.	„	Didynamia (2 längere und 2 kürzere, freie Stbgf.)
15.	„	Tetradynamia (4 längere und 2 kürzere, freie Stbgf.)
16.	„	Monadelphia (alle Stbgf am Grunde verwachsen)
17.	„	Diadelphia (Stbgf. am Grunde zu 2 Gruppen verwachsen oder 9 verwachsen und 1 frei)
18.	„	Polyadelphia (Stbf in mehr als 2 Gruppen verwachsen)
19.	„	Syngenesia (Stbb. verwachsen)
20.	„	Gynandria (Stbf mit d. Gr. verwachsen).

B. Pflanzen mit getrenntgeschlechtigen Blüten.

21.	Cl.	Monoecia.
22.	„	Dioecia.
23.	„	Polygamia.

C. Pflanzen ohne deutliche Blütenorgane.

24.	Cl.	Cryptogamia.

Uebersicht der Gattungen.

1. Cl. Monandria.

I. Monogynia: 1 Gr. resp. 1 Narbe.

Kr. fehlend; K. oberst., einen schmalen Hautrand bildend; Steinfr. einsamig; Bl. in Quirlen; Wasserpfl. **Hippuris** 136.

Kr. fehlend: Ksaum 8sp.; Stbgef. 1, 2 oder 4; Stempel mit seitl. Gr.: Nüsschen vom K. umschlossen. (IV. 1. B. u. II. I. C.) **Alchemilla** 123.

II. Digynia. 2 Gr.

Bt. ein- oder zweigeschlechtig mit 2 kleinen Deckbl.; die saftige Steinfr. in 4 Frchtchen sich trennend: Bl. gegenst.: Wasserpfl. (XXI. II. B.) **Callitriche** 137.

Bthülle 3—5t., später saftig: Frchtstand beerenartig. (V. II. A.) **Blitum** 338.

2. Cl. Diandria.

I. Monogynia.

A. Wasser- und Sumpfpfl.

Bt. zweigeschlechtig od. zweihäusig; Hülle 6blttg.; Stengel blttartig. Wasserpfl. (XXI. II. A. u. XXII. II.) **Lemna** 373.

Kr. maskiert und gespornt; K. tief—2lappig: Kapsel 1fächrig: Bl. fein zerteilt: Wasserpfl. **Utricularia** 328.

Kr. 2lippig, gespornt; K. 5t.: Bl. unget., rosettig. Sumpfpfl. **Pinguicula** 327.

B. Landpfl.

a. Krautartige Gewächse.

1. Kr. 1blttg.

1a. Fr. ungeteilt.

Kr. 2lippig—4sp.; K. 5t.; Stbgef. 4. Die 2 grösseren unfruchtbar; Fr. eine einfächrige Kapsel. (XIV. II. A,) **Gratiola** 294.

Kr. 4sp., radf.; 1 Zipfel grösser; Stbgef. 2. Fr. eine 2fächrige Kapsel. (XIV. II. C.) **Veronica** 296.

1b. Fr. 4t.

Kr. 4sp., trichterf.: Stbgf. auseinanderstehend, 2 derselben vollkommen. 2 unfruchtbar od. fehlend. (XIV. I. A.)
Lycopus 306.

Kr. 2lippig, Oberlippe helmf., Unterlippe 3lappig; Stbbfächer getrennt, nur das obere fruchtbar. (XIV. I. B.) **Salvia** 307.

Kr. tellerf, mit 5lappigem, fast 2lippigem Saume; von den 4 Stbgf.
sind 2 oft unfruchtbar. (XIV. I. A.)   **Verbena** 326.

2. Kr. 2 blttg. (VIII. I. B.)   **Circaea** 134.

b. Holzpfl.

Kr. trichterf.: K. 4zähnig: Fr. eine Beere: Bl. längl. lanzett.
Ligustrum 263.

Fr. eine Kapsel: Bl. herzeif.   **Syringa** 264.

Kr. u. K. 5- od. 4t.: Fr. geflügelt: Bl. gegenst., gefiedert. (XXII.
I. B.)   **Fraxinus** 265.

II. Digynia.

Ein Gras mit gelbl. Spelzen. (III. II. B.) **Anthoxanthum** 434.

3. Cl. Triandria.

1. Monogynia.

A. Bt. vollständig; Kr. oberst.

a. Bl. quirlig. (IV. I. A.)   **Asperula** 194.
b. Bl. gegenst.

Bt. zweigeschlechtig: Kr. 5sp.: K. eingerollt, später zum Pappus
entwickelt: Fr. nicht aufspringend, 1fächrig. (XXII. II. A.)
Valeriana 196.

Bt. zweigeschlechtig: Ksaum gezähnt: Fr. 3fächrig mit 1—2 leeren
Fächern.   **Valerianella** 197.

B. Bthülle blumenartig, oberst.

Hülle 6t., die äusseren Zipfel zurückgeschlagen; Narben gross,
blattartig, die Stbgf. bedeckend: Fr. eine 3fächrige Kapsel:
Bl. schwertf.   **Iris** 395.

C. Bthülle kelchartig.

Hülle 5blttg. mit 2 Deckblättchen: Stbgf. 3, selten 1, 2 od. 5: Bl.
pfriemenf.   **Polycnemum** 336.

D. Bthülle trockenhäntig, 6t. (VI. 1. E.)

Juncus 417.

E. Bthülle aus Spelzen zusgesetzt; Bl. grasartig.

Scheingräser.

a Aehrchen 2reihig.

Spirre zs.gesetzt; fruchtbare Spelzen zu 20—30.

Cyperus 419.

Aehrchen kopff.; von den 6—9 Spelzen sind die untern leer.

Schoenus 420.

b. Aehrchen dachig; die 3—4 unt. Spelzen kleiner und unfruchtbar. Nuss durch die ungegliederte Griffelbasis zugespitzt: Bl. am Rande gezähnt, rauh. Cladium 421.

Nuss durch die gegliederte Griffelbasis zugespitzt; Bl. am Rande glatt. Rhynchospora 422.

c. Aehrchen dachig: die unteren Spelzen grösser od. gleichgross, 1—2 derselben unfruchtbar.

Aehrchen in Knäueln, zusammengesetzten Aehren od. Spirren. Nuss mit einer kurzen Stachelspitze, dem Griffelgrunde. versehen. Scirpus 424.

Btstand w. b. d. v., der Gr. aber am Grunde verdickt, bleibend.

Heleocharis 423.

Blstd. u. Gr. w. b. Scirpus, die Fr. von zahlreichen, längeren, wolligen Perigonborsten umgeben. Eriophorum 425.

11. Digynia.

A. Aehrchen sitzend oder sehr kurz gestielt.

a. Der Stengel schliesst mit einem einzigen Aehrchen.

1. Aehrchen in den Ausschnitten der Spindel zu 2—4.

Aehrchen zu 3 beisammen, 1bltg., die seitlichen männlich oder geschlechtslos und kurzgestielt: Granne viel länger als die Spelzen. Hordeum 463.

Aehrchen 1—mehrbltg., alle mit Zwbt. u. gestielt: Grannen zweimal so lang als die Spelzen. Elymus 462.

2. Aehrchen einzeln.

Aehre einseitswendig: Aehrchen 1bltg.: Klappen fehlend.

Nardus 465.

Aehrchen mehrbltg. mit nur 1 Klappe, mit der Kante gegen die Spindel gewendet. Lolium 464.

Aehrchen mehrbltg., bauchig aufgetrieben, mit der flachen
Seite gegen die Spindel gewendet: 2 eiförmige od. lanzett-
liche Klappen. **Triticum** 460.
Wie Triticum, aber die Aehrchen nicht bauchig aufgetrieben:
Klappen lanzett od länglich-lineal. **Agropyrum** 459.
Aehrchen 2bltg., mit einer 3. verkümmerten Bt.; Klappen
lineal-pfrieml. **Secale** 461.

b. Mehrere Aehren auf der Spitze des Stengels.

Aehrchen zu 2, das eine sitzend, zwittg., begrannt, das andere gestielt, männlich, unbegrannt. **Andropogon** 428.

B. Aehrchen meist gestielt, 1bltg.

a. Aehrchen vom Rücken her zusammengedrückt.

1. Aehrchen mit 3 Klappen, die untere kürzer: Gr. lang.
Aehrchen meist zu 2, eine Scheinähre bildend, diese fast doldenfg.-
gebüschelt. **Digitaria** 429.
Aehrchen zu 2—6, einseitige Scheinähren bildend, diese zu
einer endst. Rispe vereint: Klappen begrannt.
Echinochloa 430.
Aehrchen langgestielt, eine ausgebreitete Rispe bildend. Klappen
stachelspitzig. **Panicum** 431.
Aehrchen am Grunde mit grannenf. Borsten. **Setaria** 432.
2. Aehrchen mit 2 Klappen, bauchig, länger als die zur Frchtzeit
knorpelig werdenden, unbegrannten Spelzen. **Milium** 437.

b. Aehrchen von der Seite her zusammengedrückt, mit 4 Klappen.

Spelzen grannenlos, die untern Klappen fast gleich, die obern
schuppenf. Stbgf. 3. **Phalaris** 433.
Spelzen der 2 rudimentären untern Bt. begrannt, die fruchtb. Bt.
unbegrannt; die untern Klappen viel kleiner als die obern,
Stbgf. 2. (II. II.) **Anthoxanthum** 434.

c. Aehrchen von der Seite her zusammengedrückt, mit 2 Klappen.

1. Narben fadenfg., an der Spitze des Aehrchens hervortretend.
ohne Ansatz zu einer 2. Bt. 1 Spelze mit rückenstdg. Granne:
Klappen am Grunde verwachsen. **Alopecurus** 435.
Oft mit Ansatz zu einer 2. Bt.: 2 Spelzen; Klappen frei, ebenso
die Stbgf. **Phleum** 436.

2. Narben fadenf., am Grunde des Aehrchens hervortretend; Spelzen kahl oder am Grunde mit sehr kurzen Haaren.

Agrostis 438.

Spelzen am Grunde mit feinen Haaren umgeben.

Calamagrostis 439.

C. **Aehrchen gestielt, 2—vielbltg. Klappen das Aehrchen fast ganz einschliessend.**

a. Narben fadenf., aus der Spitze des Aehrchens hervortretend, Aehrchen 2—6bltg.; Spelzen häutig. **Sesleria** 441.

b. Narben sprengwedelf., unter der Spitze der Spelzen hervortretend, Aehrchen vielbtg.; die Bl. mit langen an der Achse entspringenden Haaren umgeben. **Phragmites** 440.

c. Narben federig, am Grunde der Bl. hervortretend.

1. Klappen das Aehrchen ganz oder fast ganz einschliessend.

1a. Aehrchen mit 2 Bl, die eine männlich.

Die obere männlich, die untere 2geschlechtg., grannenlos.

Holcus 444.

Die untere männlich, mit langer, geknieter Granne.

Arrhenatherum 445.

1b. Aehrchen mit 2 bis mehr Zwitterbl.

† Bl. grannenlos.

Aehrchen mit einem keulenf. Rudiment verkümmerter Bl. B-scheiden geschlossen. **Melica** 447.

†† Bl. begrannt.

Aehrchen 2btg., untere Spelze an der Spitze abgestutzt, gezähnelt. Granne nur ein wenig gebogen und kaum gedreht.

Deschampsia 443.

Aehrchen 2- bis vielbtg.; die untere Spelze an der Spitze 3spaltg., auf dem Rücken mit einer am Grunde gedrehten Granne.

Avena 446.

2. Klappen kürzer als das Aehrchen.

2a. Spelzen gekielt.

Die Klappen fast so lang als die untere Spelze; Aehrchen in ährenf. Rispe. **Koeleria** 442.

Klappen und Spelzen grannenlos, letztere an der Basis meist wollig behaart, die Aehrchenspindel zuletzt in 1bltige Glieder zerfallend: Rispe ausgebreitet. **Poa** 450.

Untere Spelze abfällig, obere nebst d. Spindel bleibend; s. w. v.

Eragrostis 448.

Aehrchen geknäuelt; Spelzen kurz begrannt. **Dactylis** 454

2b. Spelzen gewölbt.

Aehrchen 4—12btg., lineal; Bt. unbegrannt, Bscheiden geschlossen. Wasserpfl. **Glyceria** 451.

Aehrchen 2btg., untere Spelze abgestutzt und gezähnelt. Bscheiden bis zur Hälfte geschlossen. **Catabrosa** 452.

Aehrchen 2—vielbtg.; untere Bscheide die Knoten bedeckend, der Halm also scheinbar knotenlos. **Molinia** 453.

Aehrchen 2—vielbtg., rundl.-herzf.; Bt. unbegrannt; Achrchen an feinen, beweglichen Stielen. **Briza** 449.

Aehrchen 2—vielbtg.; Spelzen zugespitzt, selten grannenlos; der kurze Gr. an der Spitze des Frkn. eingefügt. **Festuca** 456.

Aehrchen 2—vielbtg., am Grunde mit einer kammf. Hülle. **Cynosurus** 455.

Aehrchen vielbtg.: obere Spelze am Rande kammf. gewimpert. **Brachypodium** 458.

Aehrchen vielbtg.: Gr. unter der Spitze des Frkn. eingefügt. Bscheiden bis zur Hälfte geschlossen. **Bromus** 457.

III. Trigynia.

Krbl. gezähnelt; Kapsel 6klappig; Samen schildf. (V. III. B. und X. II. B.) **Holosteum** 71.

Krbl. tiefausgerandet oder 2t.: Kapsel 6klappig; Samen nierenf. (V. III. B. und X. II. B.) **Stellaria** 72

4. Cl. Tetrandria.

I. Monogynia.

A. Bt. mit Kelch und Krone.

a. K. doppelt; Bt. in Köpfchen, die von einer kelchartigen Hülle umgeben sind; Kr. verwachsenblttg, oberst.

1. Spreub. wehrlos od. fehlend.

1a. Frboden ohne Spreub.

Frboden rauhhaarig, innerer Klchsaum mit 8—16 Strahlen. Hülle vielblttrg. **Knautia** 199.

1b. Frboden mit Spreub.

Aeusserer Kelch mit einem trochenhäutg., glocken- od. radf. Saume. **Scabiosa** 201.

Aeusserer Kelch mit krautartigem, vierspaltg. Saume. **Succisa** 200.

2. Spreub. stachelspitzig.

Aeusserer Klch. mit kurzem Saume, innerer beckenf. vielzählnig.
Dipsacus 198.

b. Kelch einfach; Blkr. verwachsenblttg., unterständig.

Bt. in Köpfchen mit gemeinschaftl. Hülle; Kr. unreg. mit 4—5
spaltg. Saume. Frcht. 1samig. **Globularia** 332.
Bt. in Aehren: Blk. regelmässg., mit 4t., zurückgeschlag. Saume:
Fr. 2—4fächrig, aufspringend. **Plantago** 334.
c. K. einfach.: Blk. verwachsenblttg., oberstg.: Ksaum undeutl.,
abfallend; Kr. trichterf.—glockig.
Fr. trocken in 2 1samige Nüsschen zerfallend. (III. I. A.)
Asperula 194.
Kchsaum 4—5zähnig, bleibend; Kr. trichterf. s. w. v.
Sherardia 193.
Kr. flachglockg. od. radf., s. wie Asperula. **Galium** 195.

d. Kr. getrenntbl., oberstg.

K. 4spaltg.; Kr. 4blttg., weiss od. gelb; Steinfr. 2fächrig. Bl.
gegenstg. **Cornus** 187.
Kr. 4—5blttg.; Kbl. mit den Stbgf. abwechselnd. Fr. 1 Kapsel;
Bt. klein, grünlich. (V. I. C.) **Evonymus** 90.
Kr. 4—5blttg.; Stbgf. vor den Blbl. stehend; Steinfr. mit 1—5
1samigen Steinen. (V. I. C.) **Rhamnus** 91.
Kr. 4blttg.; Bt. in Trauben: Fr. 1 Schote; Bl. gefiedert. (XV. II. B.)
Cardamine 27.

B. Bt. nur mit Bthülle.

Kr. fehlend; K. 8spaltg.: B. handf. gelappt. (J. I. u. XII. I. C.)
Alchemilla 123.
Bt. 2geschlechtg. od. vielehig, in dichten endständg. Köpfchen;
Kr. fehlend; Klch. 4spltg.; Stbg. 4 od. viele; Nüsse 1—3, von dem
verhärtenden K. umschlossen. (XII. I. C.) **Sanguisorba** 124.
Bt. vielehig, in bl.winkelstg. Knäueln: Hülle glockenf., 4spaltig,
grün, b. d. Zwitterbt. zuletzt verlängert: Stbg. v. d. Btezeit
etwas geknickt: Bl. unget. **Parietaria** 356.
Perigon 4tlg., weiss: Bt. klein in endständg. Traube. Bl. herzeif.
(VI. I. C.) **Smilacina** 403.
Perigon 4—5sp., innen weiss: B. lineal. (VI. I. E.)
Thesium 346.

II. Digynia.

Bl. gross, mit trichterf.-röhriger, blauer od. violetter Kr. (V. I.
 und V. II.) **Gentiana** 269.
Bl. klein in sitzenden Knäueln, bl.lose Schmarotzerpfl. mit fadenfg. Stengel. (V. II.) **Cuscuta** 273.
Kr. fehlend: Bl. in Knäueln od. Büscheln; Fr. geflügelt; Bl. gezähnt. Baum. (V. II. und VIII. II.) **Ulmus** 357.

III. Tri-Pentagynia.

K. 4—5zähnig; Kr. 4—5tlg.; Narben 4—5, fast sitzend.
Bl. klein, geknäuelt: Strauch mit lederartg. Bl. **Ilex** 262.
Narben 4, sitzend; Bl. in Aehren: Wasserpfl.
 Potamogeton 371.
K. 4—5blttg., Krbl. unget.: Kapsel 4—5 klappig: Samen nierenf.
 (X. II. B. und V. IV.) **Sagina** 67.

5. Cl. Pentandria.

I. Monogynia.

A. Bt. mit K. und Kr.; Kr. verwachsenblttg., unterst.
 a. Fr. 4 1samige Nüsschen bildend (Boragineen).
1. Früchtchen mit der Basis des Gr. verwachsen.
 K. 5sp., zus.gedrückt, ebenso [die Früchtchen, diese dem Gr.
 mit der schmalen Seite angewachsen. **Asperugo** 274.
 K. 5t.; Schlund der Kr. durch 5 Deckklappen verengert od.
 geschlossen; Früchtchen kurzstachelig.
 Cynoglossum 276.
2. Früchtchen mit ausgehöhlter Basis sitzend.
2a. Schlund der Kr. durch 5 Decklappen geschlossen; K. ausgebreitet; Kr. radf.: Stbgf. mit einem hornartigen Anhängsel.
 Borago 280.
 Kr. trichterf.: Stgf. ohne Anhängsel: Deckklappen stumpf.
 Anchusa 281.
 Kr. röhrig-glockenf. mit zugespitzten, kugelf. zusammennei-
 genden Deckklappen. **Symphytum** 282.
2b. Schlund der Kr. ohne Deckklappen.
 K. 5sp.: Kr. röhrig-glockenf., im Schlunde behaart.
 Pulmonaria 283.
3. Früchtchen mit flacher Basis sitzend.
 Kr. trichterf. mit fast 2lippigem Saume. **Echium** 279.

Kr. trichterf., reg., im Schlunde mit 5 behaarten Leisten.
Lithospermum 278.

Kr. kurztrichterf. mit flachem Saume und 5 kahlen Höcker-
chen im Schlunde. **Myosotis** 277.

> b. Fr. eine einfächrige Kapsel.

1. Stbgf. vor den Krzipfeln stehend.

Krröhre walzlich od. keulenf.; B. in Rosetten: Stgl. blattlos.
Primula 331.

Kr. radf., gelb.; Bt. in Trauben od. Rispen. (XVI. I. A.)
Lysimachia 329.

Kr. radf., nie gelb.; Bt. gestielt; Stgl. beblättert; Kapsel rundum
aufspringend. **Anagallis** 330.

2. Stbgf. mit den Krzipfeln abwechselnd.

Kr. trichterf. mit innen bärtigem Saume; B. 3zählg.
Menyanthes 268.

Kr. trichterf.-röhrg.; Gr. 2 od. 1 mit 2 Narben; B. gegenst.

Kr. blau od. violett. (IV. II. u. V. II.) **Gentiana** 269.

> c. Fr. eine 2—5fächg. Kapsel.

Kr. trichter- od. tellerf., rot.; Stbb. nach dem Verblühen schraubenf. gedreht; Fr. 1—2fächrig; B. sitzend. **Erythraea** 270.

Kr. radf., blau od. weiss, Schlund durch die am Grunde verbrei-
teten Stbgf. geschlossen; N. 3: Bl. unpaarig gefiedert.
Polemonium 271.

Kr. radf.; Stbgf. ungleich, Stbb. einfächrig, quer od. schief angewachsen, bärtig; Fr. an der Spitze 2fächrig. (XVI. II. A.)
Verbascum 290.

Kr. trichterf.-glockig; Gr. unget.; N. 2; Kapsel 2—4fächrig: Stgl.
windend, kletternd oder liegend. **Convolvulus** 272.

K. abfallend; Blkr. trichterf., weiss; Kapsel 4fächrig. stachlig,
4klappig aufspringend. **Datura** 289.

K. bleibend; Btkr. trichterf., rot od. grünl.: Kapsel 2klappig
aufspringend. **Nicotiana** 288.

K. bleibend; Blkr. trichterf., blassgelb; Kapsel 2fächrig, deckel-
artig aufspringend. **Hyosciamus** 287.

> d. Fr. eine Beere.

Kr. glockig, rot.-braun; Beere 2fächrig, am Grunde vom K. umgeben, schwarz. **Atropa** 286.

Kr. radf.: Beere vom ausgewachsenen, blasenf. K. ganz umgeben; Stbb. der Länge nach aufspringend. **Physalis** 285.

Kr. radf., weiss oder violett: Stbgf. an der Spitze mit 2 Löchern aufspringend. **Solanum** 284.

e. Fr. aus 2 Balgkapseln bestehend.

Kr. tellerf. mit 5eckigem Schlund: Frkn. 2, mit gemeinschaftl. Gr.; B. gegenst., immergrün. **Vinca** 267.

B. Bt. mit K. und Kr.; Kr. verwachsenblättg., oberst. oder halboberst.

a. Fr. eine Kapsel.

1. Kr. 5t. mit linealen, anfangs zusammenhängenden, später von unten nach oben sich lösenden Zipfeln.

Stbb. an der Basis zusammenhängd : N. kurz; Bt. doldenf.
Jasione 254.

Stbf. am Grunde verbreitert, Stbb. frei : Bt. in Aehren od. Köpfchen.
Phyteuma 255.

2. Kr. glockenf. od. kurzröhrig und flach.

Kr. glockenf.; Fr. kreiself. mit 3—5 Löchern aufspringend.
Campanula 256.

Kr. radf.: Fr. lineal, an der Spitze in 3—5 Klappen aufspringend.
Specularia 257.

b. Fr. eine Steinfr.

Kr. unregelmässig: Strauch mit gegenstg. B. (V. III. B.)
Lonicera 192.

C. Bt. vollstg.; Kr. getrenntblättrg., unterst.

a. Bt. unregelmässig.

Bt. hängend, gelb; das hintere Kbl. viel grösser, blumenkrartig, gespornt, die beiden vordern entweder sehr klein oder fehlend. Stbb. zusammenklebend; Fr. elastisch aufspringend.
Impatiens 86.

K. grün, unteres Kbl. gespornt; Stbgf. walzenf. zusammengestellt; Kapsel 3fächrig. **Viola** 54.

b. Bt. regelmässig.

Die 5 Krbl. an der Spitze zusammenhängd., mützenf. am Grunde sich ablösend. B. handf. gelappt: Beere. **Vitis** 83.

Krbl. an der Spitze nicht zusammenhängd. **Ampelopsis** 82.

Krbl. mit den Stbgf. abwechselnd; Bt. klein, grünlich: Fr. eine
rote, 3—5fächrige Kapsel; Strauch. (IV. I. A.)
Evonymus 90.
Stbgf. den Krbl. gegenübersthd.: Bt. klein, grünl., unvollstg.-
2häusig; Blbl. unbenagelt; Gr. 2sp.; Samen auf der einen
Seite tiefgefurcht; Keimbl. bei der Keimung über den Boden
tretend. (IV. I. A. und XXII J. B.)
Rhamnus 91.
Stgf. den Krbl. gegenüberstehd.; Bt. klein, gewöhnl. 2geschlechtg.;
Blbl. benagelt; Keimbl. bei der Keimung in der Erde bleibend.
Frangula 92.

D. Bt. vollstdg.; Kr. getrenntblättg., oberst.
Blbl. benagelt; Bt. in Trauben: Fr. eine Beere: Strauch. (XXII. I. B.)
Ribes 148.
Blbl. 5—20, am Grunde breit; Bt. doldig: Kernfr.; Kletterpfl.
Hedera 186.

E. Bt. unvollstdg.; Kr. fehlend oder sehr klein.
Frkn. oberst.; B. des Bstiels mit am Grunde den St. tutenf.
umgebenden Nebenbl. (VI. III. und VIII. I. C.)
Polygonum 343.
Frkn. oberst.; zwischen den 5 Stbgf. 5 unfruchtb. Fäden: K-
zipfel flach-concav, grün: Fr. vom K. eingeschlossen, 1sa-
mig. (V. II. und X. I. C.)
Herniaria 144.
Frkn. unterst.; Bthülle trichterf., aussen grün, innen weiss;
Stbgf. von einem Haarbüschel eingeschlossen; B. lineal. (IV.
I. B.)
Thesium 346.

II. Digynia.

2. Btdecke einfach.
Hülle glockenf.: Bt. in Knäueln od. Büscheln: Frkn. 2fächrig,
einsamig, geflügelt: B. 2zeilig, gezähnt. (V. II. und VII. II.)
Ulmus 357.
Hülle 5sp., später fleischig: Fr. mit der Hülle verwachsen. Bt.
zu je 2—4 an der Basis verwachsen.
Beta 339.
Hülle 5t., krautg., bleibend, nicht mit der Fr. verwachsen.
Chenopodium 337.
Hülle 3—5t., zur Frzeit beerenartig, saftig, rot. B. unbestäubt,
dreieckig—spiessig. (I. II.)
Blitum 338.
Bl. klein; Nebenbl. in eine tutenf. den Stengel umgebende Scheide
verwandelt. (V. I. E. und VIII. I. C.)
Polygonum 342.

K. 5zähnig; Kr. fehlend; Fr. 1samig, im Grunde des verhärteten K.; Nebenbl. fehlend. **Scleranthus** 145.

B. Bl. vollst.; Kr. verwachsenblttg., unterst.

Kr. radf., weiss, 5t.; Stbgf. am Grunde verwachsen; 2 nur durch die Narbe verbundene Balgkapseln; B. gegenst. (XVI. I. A.) **Vincetoxicum** 266.

Kr. trichterf.-röhrig; Gr. 2 oder 1 mit 2 Narben; Fr. eine Kaps.; B. gegenst. (IV. II. und V. I.) **Gentiana** 269.

Kr.'4—5sp.; Bt. in sitzenden Knäueln; Kapsel. B. fehlend; Schmarotzerpfl. (IV. II.) **Cuscuta** 273.

C. Bt. vollstdg.; Kr. 5blättg., oberst. Doldengewächse.

A. Eiweiss auf der Fugenseite flach oder gewölbt.

I. Bt. in einem Köpfchen od. einer unvollstdg. Dolde; Krbl. unget.; spitz: K.rand undeutl.; Fr. von der Seite her zusammengedrückt: Trennungsfläche der Teilfrüchtchen senkrecht zur Fläche der ganzen Fr.; B. kreisrund, Stengel kriechend. **Hydrocotyle** 151.

Frchen mit 5 erhabenen Rippen, Hüllchenbl. gross. **Astrantia** 153.

Kzähne blattartg.; Fr. fast kugelig mit hackenf. Stacheln dicht besetzt: Frchen ohne Rippen; Bt. teils zwittg., teils männl.; Hüllchenbl. klein; B. handf. gelappt. **Sanicula** 152.

II. Dolde vollkommen zusammengesetzt.

a. Fr. von der Seite her zusammengedrückt; Hauptrippen 5, Nebenrippen fehlend.

1. Krbl. unget.; K.saum undeutl.

Frträger unget.; untere B. gefiedert: Dolden meist sitzend; Hülle und Hüllchen fehlend. **Apium** 155.

Frträger get.; untere B. 2—3fach gefiedert; Dolden langgestielt; Hüllchen mehrblttrg.; Bt. gelbl. **Petroselinum** 156.

Frträger 2t.; B. unget.; Bt. gelb. **Bupleurum** 163.

2. Krbl. verkehrtherzf. mit einem einwärts gebogenen Läppchen; Ksaum undeutl.

Krbl. unregelm.; Tälchen 1striemig: B. einfach u. dopp. fiedersp. **Ammi** 158.

Tälchen striemenlos: B. 1—2fach 3zählg.; Fr. längl. **Aegopodium** 159.

Tälchen 1striemig: B. 2—3fach gefiedert: Gr. zurückgebogen.
Carum 160.

Tälchen 3striemig; B. gefiedert; Gr. abstehend.
Pimpinella 161.

    3. K.rand 5zähnig, sonst wie 2.

Tälchen 1striemig: Fr. kugelig zusammengedrückt, Rippen flach,
B. 3fach gefiedert. **Cicuta 154.**

Tälchen 1striemig; Fr. längl.; Rippen fadenf., untere B. einfach
und 3zählig. **Falcaria 157.**

Tälchen 3striemig, die Striemen von dem dicken Frgehäuse be-
bedeckt; B. gefiedert. **Berula 162.**

    b. Fr. kreisrund oder vom Rücken her zusammengedrückt;
    Hauptrippen fadenf. oder geflügelt.

      1. Krbl. ganz, zugespitzt oder eingerollt.

K. undeutl., Blbl. lanzett, spitz; nur die seitenst. Rippen geflügelt; B.abschnitte gross, breit. **Angelica 172.**

K. undeutl.; Rippen ungeflügelt; Blbl. eingerollt, das Läppchen fast
4eckig, gestutzt. **Föniculum 166.**

      2. Krbl. rundl., verkehrt-eif. oder verkehrt-herzf. mit einem
      eingebog. Läppchen.

      2a. K.saum undeutl.; Fr. von rundl. Querschitt.

Krbl. verkehrt-eif.; Rückenrippen der Frchen dick, gekielt; Seitenrippen breiter; die 3 langen B. des Hüllchens hängend.
Aethusa 165.

Krbl. mit breitem Grunde sitzend: Rippen der Fr. kurz geflügelt;
Gr. zurückgebogen; Bl. gelbl. **Silaus 169.**

      2b. K.saum undeutl.; Fr.vom Rücken her zusammengedrückt.

Krbl. rundl., einwärts gekrümmt, in ein Läppchen verschmälert;
Seitenflügel der Frchen doppelt so breit als die Rückenrippen: Bl. gelb; Hülle vielbl. **Levisticum 171.**

Krbl. verkehrt-herzf.; Hülle fehlend od. 1—2bl., s. w. v.
Selinum 170.

      2c. Ksaum gezähnt; Fr. vom Rücken her zusammengedrückt,
Krbl. verkehrt-eif.; Gr. aufrecht; Sumpf- oder Wasserpfl.
Oenanthe 164.

Kzähne 3eckig, kurz: Gr. zurückgebogen.' **Seseli 167.**

Kzähne pfrieml., verlängert, abfallend: s. w. v. **Libanotis 168·**

c. Fr. vom Rücken her zusammengedrückt mit geflügeltem,
scharfem, verdicktem Rande; Nebenrippen fehlend.

1. Blbl. gelb, einwärts gerollt.

Krbl. abgestutzt; Fr. linsenf. mit gekielten Rückenrippen; B. mehrfach fiederschnittig mit lineal-fadenf. Zipfeln.

Anethum 174.

Fr. flach mit fadenf. Rückenrippen; B. 1fach gefiedert.

Pastinaca 175.

2. Blbl. weiss mit mehr oder weniger eingebog. Spitze.

Blbl. verkehrt-herzf.; Striemen vollstdg. vom Frgehäuse bedeckt;

Peucedanum 173.

Blbl. verkehrt-herzf., die äuss. oft strahlend; Striemen abgekürzt, keulenf.; Frrand abgeflacht.

Heracleum 176.

d. Fr. vom Rücken her zusammengedrückt; Hauptrippen 5,
Nebenrippen 4.

Frchen mit 4 breitgeflügelten Nebenrippen. **Laserpitium** 177.

Frchen mit borstigen Hauptrippen; Nebenrippen 1reihig, stachelig; Hüllbl. fiedersp. **Daucus** 179.

Nebenrippen 2—3reihig, stachelg., Hüllbl. unget. **Orlaya** 178.

B. Eiweisskörper auf der Fugenseite concav.

a. Frchen stachelig.

Frchen gross mit 4 stachelg. Rippen, Stacheln 1—3reihig.

Caucalis 180.

Frchen klein, dichtstachlg., mit undeutl. Rippen. **Torilis** 181.

b. Frchen ohne Stacheln.

1. Rippen plattgedrückt, stumpf, nicht gekerbt.

Frchen fast stielrund, rippenlos, nur der Schnabel 5rippig.

Anthriscus 183.

Frchen sehr lang geschnäbelt, 5 Rippen. **Scandix** 182.

Fr. schnabellos. **Chaerophyllum** 184.

2. Rippen erhaben, gekerbt.

K. undeutl.; Rippen 5, wellig gekerbt, nicht hohl. **Conium** 185.

Herniaria (V. I.) 144; **Polycnemum** (III. I. C.) 336.

III. Trigynia.

A. Blkr. getrenntblttg., unterst.

Kaps. 2—3, aufgeblasen, am Grunde verwachsen: B. gegenst., unpaarig gefiedert. **Staphylea** 89.

B. Blkr. verwachsenbl., oberst. (Caprifoliaceen.)

a. Kr. regelm., 4—5sp.

1. Stbgf. 4—5, tief 2t., scheinbar 8—10; Gr. 3—5.
K. halboberstdg., an den endstdg. Bt. 2lappig, an den seitenst. 3lappig; Kr. an den endstdg. Bt. 4sp., an den seitenstdg. 5sp.: Bt. grünl.; Beere 4—5fächrig: B. zugespitzt. (V.II. III. und X. III. B.) **Adoxa** 189.

2. Stbgf. 5 oder 4, unget.: Gr. fehlend: Narben 3—5. Blkr. radf. oder röhrig; Narbe sitzend; Frkn. 3fächrig: Steinfr. durch Fehlschlagen 1fächrig, 1samig; B. unget. **Viburnum** 191.

Kr. radf, zuletzt zurückgebogen, ihre Zipfel in der Knospenlage sich dachziegelig deckend; N. sitzend; Frkn. 3—5fächrig: Steinfr. durch Fehlschlagen 3fächrig, 3samig. **Sambucus** 190.

b. Kr. röhrig mit 2lippigem Saum.
Strauch mit gegenst. B. (V. I. B.) **Lonicera** 192.
Polygonum 343 ; **Stellaria media** (X. II. B. u. III. III.) 72.
Holosteum (X. II. B. und III. III.) 71: **Drosera** (V. 5.) 56.

IV. Tetragynia.

K. 4bl.; Kr. 5bl., vor jedem Krbl. steht inwendig ein am Rande mit 8—13 drüsentragenden Borsten besetztes Nebenkronblatt. Bt. einzeln, endstg.; Kaps. 1fächrig. **Parnassia** 57.
Sagina (II. II. B. u. IV. III.) 67. **Drosera** (V. 5.) 56.

V. Pentagynia.

K. 5sp.: Frkn. 10fächrig. Bt. blau od. weiss. (XVI. I. A.) **Linum** 75.
K. 5sp.; Gr. 2t.; Frkn. 1fächrig; Kaps. 3—5klappig. Bt., weiss in einer Aehre; B. gestielt, mit rosettig gestellten roten Drüsenhaaren. Sumpfpfl. **Drosera** 56.
Spergula (X. 5.) 66 ; **Cerastium** 74.

6. Cl. Hexandria.

I. Monogynia.

A. Bt. mit K. und Kr.

K. 6bttg; Kr. 6bttg.; Beere 2—3samig; Bt. gelb, in Aehren.
Berberis 16.

B. Bthülle kronartg., oberstg. (Amaryllideen).
Blkr. glockenf., bis auf den Grund 6t., Zipfel flach.
Leucojum 396.
Bthülle glockenf., die innern Zipfel kürzer. **Galanthus** 397.
Bthülle mit ausgebreitetem, 6t. Saum; Schlund derselben mit einer Nebenkrone. **Narcissus** 398·

C. Bthülle kronartg., 6zähnig od. 6sp., unterst. (Asparageen)
a. Bt. zwttg.; Gr. 4.
Bthülle mit wagrecht abstehenden Zipfeln. scheinbar K. und Kr.
bildend; Mittelband des Stbb. fadenf. verlängert: Beere 4fächrig; Bt. einzeln. (VIII. 3.) **Paris** 400.
b. Bt. zwttg.; Gr. 1.
Bthülle glockig: Stbgf. aus dem Grunde der Bthülle entspringend;
Beere rot; Gr. kurz; Bt. einzeln in der Achsel von Deckschuppen. **Convallaria** 401.
Bthülle röhrig: Stbgf. aus der Mitte der Bthülle entspringend;
Beere blau; Gr. fadenf. Armbl. Trauben oder einzelne Bt.
in der Achsel von Laubbl. **Polygonatum** 402.
Bthülle tief 4sp.; Stbgf. 4. Beere. (IV. 1. B.)
Mayanthemum 403.
c. Bt. diöcisch; Gr. 1.
Bthülle glockig mit 6t. Saum. Btstiel gegliedert; Beere 3fächrig:
Laubbl. fehlend. (XXII. II. B.) **Asparagus** 399.
Bthülle kugelig oder walzlich. (VI. 1. D.)

D. Bthülle kronartg., 6bttg., unterst. (Liliaceen).
a. Gr. an der Spitze 3sp.
Bthülle glockig zusammenneigend, am Grunde mit Honiggrube;
Kaps. 3fächrig; Fächer vielsamig. **Fritillaria** 406.
b. Gr. an der Spitze unget. od. fehlend; N. stumpf.
1. Stbb. aufrecht, mit einem Ende auf die Spitze des Stbf. gestellt·
Bthüllbl. oberwärts abstehend; Gr. fadenf.; Bt. gelb, doldenf.
Gagea 410·
Bthüllbl. glockig zusammenneigend; Gr. fehlend. **Tulipa** 405.

2. Stbb. quer aufliegend; Krbl. am Grunde mit Honigbehälter.
Bthülle klein, blau, krugfg. mit kurzem 6zähnigem Saume.
Muscari 414.
Bthülle glockig oder zurückgerollt, am Grunde mit einer Honig
absondernden Längsfurche; Gr. ungot.; N. 3eckig.
Lilium 407.
3. Stbb. quer aufliegend; Honigbehälter fehlend; Stiel der Bthülle
2gliedrig.
Stbfd. fadenf.; Gr. ungot.; Bt. weiss. **Anthericum** 408.
4. Stiel der Bthüle nicht gegliedert, s. w. v.
Dolde vor der Btzeit in eine Blscheide eingeschlossen; Stbgf. am
Grunde mit der Bthülle verwachsen; Pfl. mit Lauchgeruch.
(XVI. I. B.) **Allium** 412.
Btscheide fehlend; Stbfd. dem Frboden eingefügt, flach, blumen-
bttartg.; Bt. weiss oder grünl. **Ornithogalum** 409.
Btscheide fehlend; Stbfd. am Grunde der Bthüllbl. eingefügt,
pfrieml.; Bt. blau. **Scilla** 411.

E. Bthülle kelchartg., trockenhtg. (Juncaceen).

Bthülle 6bttg.; aus 2 Kreisen bestehend, spelzenartg.; Gr. mit 3
fadenf. Narben; Kaps. vollst. od. unvollst. 3fächrig, vielsamig; Bl. röhrig od. rinnig. (Ili. I. D.) **Juncus** 417.
Kaps. 1fächrig, 3samig; Bl. grasartg, s. w. v. **Luzula** 418.

III. Trigynia.

Bthülle langröhrig-trichterf.; Stbgf. dem obern Teil der Röhre ein-
gefügt; Kaps. aufgeblasen, 3fächrig. **Colchicum** 415.
Bthülle 6bttg.; Frkn. in den Gr. verschmälert; Bt. klein, gelb,
in endst. ährenf. Trauben; Bt. flach, 2zeilig.
Tofieldia 416.
Bthülle kelchartg.; Frchen der ganzen Länge nach verwachsen;
N. 3—6, sitzend, federig; Bl. alle grundst. **Triglochin** 370.
Bthülle klchartg., innere Bl. derselben grösser, später die 3kantg.
Nuss umgebd.; N. federig; Bt. getrenntgeschl., quirlig ge-
büschelt. (XXII. II. B) **Rumex** 342.
Bthüllzipfel gefärbt, später die Nuss umgebend; Stbgf. 5—8; N.
2—3, kopfig; Nebe.abl. zu einer Scheide verwachsen.
(V. I. E. und VIII. I. C.) **Polygonum** 343.

IV. Polygynia.

K. und Kr. 3bttg.; Fr. aus wenigstens 6 1samigen Frchen besthd.; Bl. grundst.; Sumpfpfl. **Alisma** 369.

7. Cl. Heptandria.

K. glockg., 5zähnig: Kr. 4—5bttg., unregelm., oberst.; Kaps. kugelig, stachelg.; Bt. in Rispen; Bl. handf. Baum. **Aesculus** 81.

8. Cl. Octandria.

1. Monogynia.

A. Bt. vollstdg.; Kr. 4-, 5- oder 2bttg.

Bt. vielehig, gelbl. oder grünl.; K. 5t.; Kr. 5bttg; Fr. 2flüglig, in 2 Frchen zerfallend: Bl. handf. gelappt. Bäume.
(XXI.. I. B.) **Acer** 80.

K. 4t.; Kr. 4bttg.; Frkn. und Kaps. lineal, 4fächrig; Samen mit Haarschopf; Blkr. rot. **Epilobium** 132.

Kröhre verlängert; Kr. 4bttg.; Frkn. und Kaps. längl. oval; Samen ohne Haarschopf; Blbl. gelb. **Oenothera** 133.

Ksaum 2lappig; Kr. 2bttg.; Fr. eine 1—2samige Schliessfr., meist mit hakigen Borsten besetzt. (II. I. B.) **Circaea** 134.

K. 5bttg., abfallend; Krbl. 5, ungleich; Frkn. 5lappig, auf einem kurzen Frträger sitzend; Bl. unpaarig gefiedert.
(X. I. A.) **Monotropa** 261; (X. I. A.) **Dictamnus** 88.

B. Bt. vollstdg.; Blkr. verwachsenbttg.

K. 4bttg, gefärbt; Kr. glockg., 4sp., vom K. überragt, unterst.; Kaps. 4fächrig, ihre Klappen von den in der Axe verbunden bleibenden Scheidewänden abspringend.
(V. I. A.) **Calluna** 259.

Kr. glockg., oberst.; Stbgf. 8—10; Beere kugelig, 3—5fächrig, vielsamig; kleine Sträucher. (X. I. B.) **Vaccinium** 258.

C. Bt. unvollst.; Bthülle unterst.

Bthülle rot, 4sp., abfallend; Bl. vor der Bt. erscheinend: Beere 1samig: Sträuchlein. **Daphne** 345.

Bthülle 4sp., verwelkend u. bleibend, später die Nuss umgebend: Kraut. **Passerina** 344.

Bthülle oberwärts gefärbt: Nebenbl. scheidenartg.
(V. I. E. u. VI. III.) **Polygonum** 343.

II. Digynia.

K. 4sp., gelb; Blkr. fehlend; B. nierenf.
(X. II. A. u. VIII. II.) **Chrysosplenium** 150.
Bthülle oberwärts gefärbt; Nebenbl. scheidenartg.
Polygonum 343.
Bt. in Knäueln od. Büscheln; Flügelfr.; Bäume. **Ulmus** 357.
(X. II. B.) **Moehringia** 69.

III. Tetragynia.

Eine einzige Bt. an der Spitze des Stengels; Beere.
(VI. I. C.) **Paris** 400.
Bt. in einem endst. Köpfchen; B. zusammengesetzt. ´
(V. III. B. u. X. II. B.) **Adoxa** 189.
Bt. rosenrot, in Quirlen; B. kammf. fiederschnittg.
Myriophyllum 135.

10. Cl. Decandria.

I. Monogynia.

A. Kr. 4—5bttg.

Kbl. 5, abfallend; Krbl. ungleich, rot.
(VIII. I. A.) **Dictamnus** 88.
K. 4—5bttg.; Krbl. glockig zusammengestellt, am Grunde höckerig:
Endbt. 5zählig, Seitenbt. 4zählig: Kaps. 4—5fächrig; Pfl.
ohne grüne Bl. (VIII. I. A.) **Monotropa** 261.
K. und Kr. 5zählig; Kaps. 5fächrig; blühende Stengel nur an
der Basis mit lederartg., überwinternden, grünen Bl.
Pirola 260.
K. und Kr. 5bttg.; Stbf. 10, alle fruchtbar. (XVI. I.)
Geranium 84.
5 Stbf. mit und 5 ohne Stbb. (XVI. I.) **Erodium** 85.

B. Kr. verwachsenbttg.

Stbgf. 8—10; Beere kuglg. (VIII. I. B.) **Vaccinium** 258.

C. Kr. fehlend.

Herniaria (V. I. E.) 144.
Chrysosplenium (X. II. A. u. VIII. II. A.) 150.

II. Di-Pentagynia.

A. Kbl. röhrig, verwachsen; Blbl. lang benagelt.

a. Gr. 2.

1. Krbl. langbenagelt od. allmälig verschmälert und dann der K.
z. T. häutig.

K. glockig, am Grunde ohne Deckbl., seine Bl. deutl. 1- od. 3rip-
pig; Krbl. in den Nagel allmälig verschmälert.
Gypsophila 60.

K. walzlich, am Grunde mit Deckbl.; seine Bl. fein 7-, 9- od. 11-
rippig; Krbl. deutl. benagelt; Samen plattgedrückt.
Dianthus 59.

K. walzlich, etwas bauchig, am Grunde ohne Deckbl., seine Bl.
schwach 3- od. 5rippig; Krbl. deutl. benagelt, am Grunde der
Platte mit Krönchen; Samen nierenf. **Saponaria** 61.

2. Krbl. kurz benagelt; K. ganz krautartg. (Saxifrageen).

K. und Kr. 5zählig; Stbgf. 10; Kaps. 2fächrig, 2schnäblig; zwischen den Schnäbeln mit einem Loch aufspringend.
Saxifraga 149.

K. 4sp.; halboberst., gelb, Zipfel ungleichlang; Kr. fehlend;
Stbgf. 4, bis auf den Grund get.; Kaps. 1fächrig.
(VIII. II. u. X. I. C.) **Chrysosplenium** 150.

b. Gr. 2—5; Fr. 5—10klappig.

K. 5zähnig od. 5sp., 10-, 20- od. 30rippig; Zähne kürzer als die
Kr.; Krbl. 5; Gr. 3; Fr. an der Basis 3fächrig, selten 1-
fächrig, 6klappig. (XXII. II. B.) **Silene** 62.

K. 10- od. 20rippig, Zähne desselben kürzer als die Kr.; Gr. 5;
Kaps. 1fächrig mit 5 Klappen aufspringend. **Lychnis** 64.

Kzähne kürzer als die Kr; Gr. 5; Fr. 10klappig; diöcisch.
(XXII. I. B.) **Melandrium** 63.

K. 5sp., 10rippig, die Zipfel desselben die Kr. überragend; Krbl. 5,
mit unget. Platte; Gr. 5; N. ringsum behaart; Fr. 5klappig.
Agrostemma 65.

B. Kbl. frei; Blbl. nicht benagelt, meist weiss.

a. Fr. 3—5klappig.

1. Gr. 4—5.

K. 4—5bttg.; Krbl. 4—5; Stbgf. 4, 5 od. 10; Kaps. 4—5klappig;
Samen nierenf.; B. ohne Nebenbl. (IV. III. u. V. IV.)
Sagina 67.

K. 5bttg.: Krbl 5, unget; Stbgf. 5 od. 10; Kaps. 5klappig; Samen
kreisrund mit einem Flügel umzogen; Nebenbl. trockenhäutig.
Spergula 66.

2. Gr. 3.

K. 5bttg.: Krbl. unget. od schwach ausgerandet: äussere Stbgf. am
Grunde mit 2 kleinen Drüsen versehen; Kaps. 3klappig;
Samen nierenf., flügellos; Bl. ohne Nebenbl. **Alsine** 68.

b. Fr. 6—10klappig.

1. Gr. 3; Fr. 6klappig.

Krbl. unget. od. schwach ausgerandet; Samen mit Anhängsel;
Kaps. 4—6klappig. (VIII. II.) **Moehringia** 69.

Kaps. 6klappig; Samen ohne Anhängsel, s. w. v. **Arenaria** 70.

Krbl. gezähnt; Stbgf. meist 3—5; Samen schildf.
(V. III. B. u. III. III.) **Holosteum** 71.

Krbl. tief ausgerandet od. 2t.; Stbgf. 3, 5, 8 od. 10.
(V. III. B. u. III. III.) **Stellaria** 72.

2. Gr. 4.

Bt. grünl.; Beere 4—5fächrig; Bl. zusammengesetzt.
(V. III. B. u. VIII. III.) **Adoxa** 189.

3. Gr. 5.

K. 5bttg.; Krbl. 5, ausgerandet od. gespalten; Stbgf. 5 od. 10; Gr.
vor den Kbl., die 10 Frklappen gleichmässig getrennt.
Cerastium 74.

Krbl 5, tief 2t.; Gr. vor den Krbl.; Frklappen je zu 2 zusammenhängend. **Malachium** 73.

K. 5t. od. 5bttg.; Krbl. 5; Stbgf. am Grunde verwachsen; die 5
äussern kürzer; Kaps. länglich, 5kantig.
(XVI. II. B.) **Oxalis** 87.

K. u. Kr. 5t.; Stbgf. mit schuppenf. Drüsen; Frkn. 5, am Grunde
verwachsen; Bl. fleischig. **Sedum** 146·

11. Cl. **Dodecandria.**

1. *Monogynia.*

Bthülle oberst.; bleibend, glockig, 3sp.; Stbgf. einer kurzen, den
Frkn. krönenden Scheibe eingefügt; N. strahlig, 6t.; Kaps.
6fächrig; Bl. nierenf. **Asarum** 349.

K. 2sp.; Krbl. 3—5; Bt. klein, sitzend; Gr. 3—6t.; Kaps. ringsum
aufspringend; Stengel ästig, liegend, mit gegenst., fleischigen Bl. **Portulaca** 143.

K. röhrig, mit 4—6 kurzen und 4—6 pfrieml. verlängerten Zähnen; Krbl. 4—6 : Stbgf. 2, 3, 6 od. 12; Kaps. 2fächrig.
Lythrum 139.

Ein gestielter Frkn. mit 3 Gr. (weibl. Bt) und 10—20 Stbgf. (männl. Bt.) in einer gemeinschaftl. klchartg. Hülle; Btstd. trugdoldg.; Pflanzen mit Milchsaft.
(XXI. III. B.) **Euphorbia** 351.

II. Digynia.

K. 4—5sp.; Blbl. 4—5 od. fehlend. (XII. I. C.) **Agrimonia** 121.

III. Trigynia.

K. 4—6t.; Blbl. 4—7, meist fingerf. get.; Gr. 3—6; Kaps. 3—6kantig. 1fächrig: Bt. in Trauben od. Aehren. **Reseda** 55.

IV. Dodecagynia.

K. 6—12t.: Krbl. 6 od. 12 mit dem Grunde der Stbgf. verwachsen; Kaps. 6 oder 12: Bl. fleischig, rosettig.
Sempervivum 147.

12. Cl. Icosandria.

I. Monogynia.

A. Bt. vollstdg.; K. oberstdg.

Krbl. 4—5: Kaps. 4—5klappig. **Philadelphus** 141.

B. Bt. vollstdg.; K. unterstdg.

Steinfr. saftig; Stein glatt od. regelm. gefurcht; Blbl. weiss, selten rötl. **Prunus** 113.

C. Bt. unvollstdg., unterstdg.

a. Krbl. fehlend.

K. 8sp.; Stbgf. 1, 2 od. 4 auf einem den Schlund verengenden Ringe: Bt. grünl.; B. handf. gelappt.
(IV. I. B. u. I. I.) **Alchemilla** 123.
Bt. zweigeschlechtig od. vielehig, in Köpfchen: Klch. farbig, 4sp., von 2—3 Deckbl. umgeben: Stbgf. 4 od. viele; N. kopf- od. pinself.; Nüsse 1—3. (IV. I. B.) **Sanguisorba** 124.

b. Bt. mit K. und Kr.

K. mit 5sp., nach dem Verblühen aufwärts zusammenneigendem Saum, an der Röhre mit hakenf., später sich vergrössernden Stacheln; Krbl. 5; Stbgf. 6, 12 od. 15: Bt. gelb.

(XI. I.) **Agrimonia** 121.

II. Di-Pentagynia.

A. Bt. vollstdg.; Blkr. oberstdg.; K. 5t.; Bäume od. Sträucher.

Pomaceen.

a. Fächerhaut steinhart.

Steinkerne 1—5, eingeschlossen; Bl. gelappt. **Crataegus** 125.

Scheibe krug- od. becherf., zu einer falschen Fr. auswachsend: Steinkerne 5, eingeschlossen; Bt. gross, einzeln; Bl. unget.

Mespilus 126.

Steinkerne 2—5, oben frei vorragend; Bt. klein in 1—5btgen Btständen; Bl. unget. **Cotoneaster** 127.

b. Fächerhaut häutig oder lederartig

Frfächer unvollst., 2t., 1—2samig; Bt. in wenigbtigen Trauben; Blbl. keilf.-lanzett; Fr. beerenartig. **Aronia** 130.

Frfächer unget., 1—2samig; Bt. in reichbtigen zusammengesetzten Doldentrauben; Fr. beerenartig. **Sorbus** 131.

Frfächer 1—2samig; Bt. in Dolden; Fr. apfel- od. beerenf., kahl. **Pirus** 129.

Frfächer vielsamig; Bt. gross, einzeln; Fr. apfel- oder beerenf., filzig. **Cydonia** 128.

B. Bt. vollstdg.; Blkr. halbunterstdg.

K. 5sp.; Bt. klein in endst., rispigen od. doldentraubigen Btständen; Fr. mehrsamig, kapselartig.

(XXII. II. B.) **Spiraea** 115.

III. Polygynia.

A. Hüllk. fehlend.

K. bleibend mit 5sp. Saume und krugf., am Grunde zusammengezogener Röhre, welche die zahlreichen Frkn. einschliesst; stachlige Sträucher mit unpaarig gefiederten Bl. **Rosa** 122.

K. bleibend, 5t.; Frkn. zahlreich, einem kugelf. Frboden eingefügt; Fr. steinfruchtartig zu einem beerenartigen Frstand vereinigt. **Rubus** 117.

B. Hüllk. 4 –5sp., seine Zipfel länger als die mit ihnen ab-
wechselnden Kzipfel.

Krbl. 5; Erboden trocken; Frchtchen zahlreich, durch den bleibenden kahlen od. behaarten Gr. begrannt. **Geum** 116.

Krbl. 5, abfallend; Frbd. nach dem Verblühen vergrössert, beerenartig werdend: Blbl. weiss; Frchtchen unbegrannt.
Fragaria 118.

Krbl. 5, bleibend; Frbd. zuletzt vergrössert, schwammig verdickt.
s. w. v. **Comarum** 119.

Krbl. 5. selten 4. abfallend; Frbd. gewölbt od. kugelf. trocken;
Frchtchen unbegrannt; Blbl. gelb od. weiss. **Potentilla** 120.

13. Cl. Polyandria.

I. Monogynia.

A. Kr. 4bttg.

K. 2bttg.: N. 2lappig: Kaps. schotenf., 2klappig; Samen mit einem
kammartigen, weissen Anhängsel; Bt. doldig.
Chelidonium 20.

K. 2bttg.: Strahlen der Nscheibe 4—20; Kaps. durch unvollkom-
mene Scheidewände 4—20fächrig, unter der N. mit Löchern
aufspringend. **Papaver** 19.

K. 4bttg.: Stbb. an der verbreiterten Spitze der Stbf. angewachsen. **Actaea** 14.

B. Kr. 5bttg.

K. 5bttg.; Fr. nussf., durch Fehlschlagen 1fächrig, 1—2samig:
Btstd. doldenartig-gabelig, einem netzadrigen Deckbl. eine
Strecke weit angewachsen. **Tilia** 78.

K. 5bttg.: die äussern Bl. kleiner oder fehlend; Kaps. 1- od. unvollkommen 3fächrig; Bt. in endst. Wickeln.
Helianthemum 53.

C. Kr. vielbttg.

K. 4bttg.; Krbl. weiss, ohne Honigbehälter, die äussern länger als
die Kbl.: Stbgf. der Basis des Frkn. angewachsen.
Nymphaea 17.

K. 5bttg.: Krbl. auf dem Rücken mit Honigbehälter, kürzer als
der K.; Stbgf. frei; Bt. gelb. **Nuphar** 18.

II. Di-Pentagynia.

A. Bt. nnregelmässig.

K. 5bttg., unregelm., blumenkronartig, das obere Kbl. gespornt; Kr. 4bttg. od. verwachsenbttg., die obern Bl. mit einem vom Ksporn eingeschlossenen Sporn.   **Delphinium** 12.

K. 5bttg., unregelm., blumenkronartig, das obere Kbl. helmf.; Krbl. 8; die obern Sf.. lang benagelt, vom Helme eingeschlossen, die 6 andern klein, oft fehlend.   **Aconitum** 13. **Hypericum** (XVII) 79 und **Reseda** (XI. III.) 55.

B. Bt. regelm.; Blkr. 5—vielbttg.; K. grün.

Krbl. grösser als der 5bttg. K.; Stengel 1bttg.   **Paeonia** 15.

C. Bt. regelm.; Blkr. 5—vielbttg.; K. blnmenkronartig.

Krbl. 5, trichterf., gespornt; Bl. doppelt 3zählig. **Aquilegia** 11.

Krblttchen 8, undeutl. 2lippig, am Grunde des Nagels mit einer beschuppten Honiggrube; Bt. bläul.-weiss.   **Nigella** 10.

III. Polygynia.

A. Frkn. mehr- bls vielelig; Kaps. anfspringend.

K. blkrartg.; Krbl. mit Honigbehälter, od. fehlend; K. 5—10bttg., abfallend: Krbl. klein, lineal: Bt. gelb.   **Trollius** 8.

K. 5bttg., bleibend; Krbl. klein, röhrig; Bl. derb.
Helleborus 9.

K. 5—8bttg.; Krbl. klein, mit röhriger Platte; Kaps. langgestielt; Pfl. mit einer einzigen grossen, gelben Bt.   **Eranthis** 8a.

K. 5bttg., gelb: Krbl. fehlend; Kaps. 5—10.   **Caltha** 7.

B. Frkn. 1elig; Frchen nussartig, nicht anfspringend.

a. K. in der Knospenlage dachig; Kr. 5—mehrbttg.

K. 5bttg.; Krbl. flach, ohne Nagel u. Honiggrube.   **Adonis** 4.

K. 3—(5)bttg.; Krbl. 6—12.   **Ficaria** 6.

K. und Kr. 5bttg.   **Ranunculus** 5.

b. K. in der Knospenlage dachig, blumenkronartig, Blkr. fehlend.

K. 5—mehrbttg.: Frbodeu gewölbt; unterhalb der Bt. eine 3bttge, kelchartige od. entfernte laubblattartige Hülle. **Anemone** 3.

Krbl. 4—5. abfällig; Frboden flach.   **Thalictrum** 2.

c. K. in der Knospenlage klappig, blumenkronartig: Blkr. fehlend; Bl. gegenst.
K. 4—5bltg.; Fr. vom bleibenden Gr. gekrönt; Schlingpfl.
Clematis 1.

IV. Cl. Didynamia.

I. Gymnospermia, Nacktsamige: 4 Nüsschen im Grunde des K.; Gr. 1, aus der Mitte der Nüsschen hervortretend. Bl. gegenst. Labiaten.

A. Kr. tellerf. mit 5lappigem, fast 2lippigem Saume.

Frkn. erst zur Reifezeit in 4 1samige Nüsschen zerfallend: Gr. endst.; Bt. klein, in langen, dünnen Aehren. (II. I. B.)
Verbena 326.

B. Blkr. trichterf.; Saum fast gleichf. 4sp.

Stbgf. 4, fast gleich; Frchtchen oval; Blkr. violett, rötl. od. weiss.
Mentha 305.

Stbgf. 2; (2 weitere rudimentär od. fehlend); Frchtchen 3kantig; Blkr. klein, weiss. (II. I. B.) **Lycopus** 306.

C. Blkr. deutlich 2lippig.

a. Stbgf. 2, gleichlaufend.

K. 2lippig; Stbb. auf kurzem Träger mit fadenf., 2schenkligem Connectiv; das fruchtbare Fach am Ende des längern, das sterile am kürzern Schenkel. (II. I. B.) **Salvia** 307.

b. Stbgf. 4, entfernt, nicht gleichlaufend.

1. Stbbfächer dem verbreiterten Mittelband seitlich angewachsen.

1a. Bt. einzeln im Winkel der Deckbl.

K. 5zähnig od. 2lippig; Deckbl. den K. überragend.
Origanum 308.

1b. Bt. in den Blwinkeln geknäuelt od. gebüschelt.

K. 2lippig, nach dem Verblühen durch einen Haarkranz geschlossen; Oberlippe kurz 3zähnig, Unterlippe lang 2zähnig; äussere Stbgf. auswärts gebogen. **Thymus** 309.

K. fast gleichm. 5zähnig: Stbgf. oberwärts bogig zusammenneigend. **Satureja** 310.

K. 2lippig: Stgf. oberwärts bogig zusammenneigend.
Calamintha 311

2. Stbbfächer an der Spitze zusammenhängend, divergirend od.
gerade ausgebreitet, durch eine gemeinschaftl. Längsritze aufspringend.

K. fast gleichmässig 5zähnig: Oberlippe der Blkr. flach, 2sp.:
Unterlippe 3sp., der mittlere Zipfel verkehrt-herzf.; Stbb.-
fächer auseinandertretend: Btstd. einseitswendig.
Hyssopus 312.

c. Stbgf. 4, genähert und meist gleichlaufend, (nach dem Verblühen zuweilen seitwärts gebogen).

1. Vordere (der Unterlippe entsprechende) Stbgf. von den
hintern überragt.

Unterlippe der Blkr. sehr vertieft: der Mittellappen sehr gross:
obere Btknäuel ährenf. gedrängt. **Nepeta** 313.

Unterlippe der Blkr. flach: der Mittellappen am grössten; Stbb.
ein Kreuz bildend: Bt. gestielt in den Achseln der Bl.
Glechoma 314.

2. Vordere Stbgf. die hintern überragend; K. nach dem Verblühen offen mit mehr od. weniger abstehenden Zähnen.

2a. Stbgf. nach dem Verblühen nicht auswärts gebogen.

K. 2lippig, gross, glockig-offen: Oberlippe der Blkr. gerade, fast
flach und unget.: Stbbhälften der paarigen Stbgf. ein Kreuz
bildend: Bt. gestielt. **Melittis** 315.

Unterlippe der Blkr. mit fehlendem od. sehr kleinem Seitenlappen; Bt. in blattwinkelst. Scheinquirlen. **Lamium** 316.

Unterlippe der Blkr. mit 3 spitzen Lappen; Bt. gelb, s. w. v.
Galeobdolon 317.

Unterlippe der Blkr. 3lappig, an der Basis mit 2 vorragenden,
hohlen Zähnen: Stbbhälften mit einer Klappe aufspringend:
Kzähne stachelspitzig. **Galeopsis** 318.

Unterlippe der Blkr. 3lappig mit herzf. Mittellappen: Röhre mit
einer Haarleiste: Bl. kantig-gerippt. **Ballota** 321.

Unterlippe der Blkr. 3lappig: Röhre ohne Haarleiste: mit bodenst.
Blrosette; blühende Stengel seitlich. **Betonica** 320.

2b. Stbgf. nach dem Verblühen auswärts gebogen.

Unterlippe der Blkr. 3lappig: Röhre mit einer Haarleiste: Frchtchen oben gerundet. **Stachys** 319.

Unterlippe der Blkr. 3lappig mit abwärts gebogenem Seitenlappen
Frchtchen 3kantig, oben flach; Bl. handf. gelappt.
Leonurus 321.

3. Vordere Stbgf. die hintern überragend.
2lippig, nach dem Verblühen durch das Zusammenneigen der Zähne mehr oder weniger geschlossen.
erlippe des K. mit helmf. Anhängsel; Blkrröhre ohne Haarleiste; Bl. einzeln im Winkel der Laubb.

Scutellaria 322.

erlippe des K. ohne Anhängsel; Röhre der Kr. mit einer Haarleiste; längere Stbfd. unter dem Stbb. mit zahnartigem Anhängsel; Bl. geknäuelt in endst. Aehre. **Brunella** 323.

Blkr. durch die sehr kleine od. tief gespaltene Oberlippe scheinbar 1lippig.

erlippe der Blkr. flach, sehr kurz—2lappig, Unterlippe 3lappig.
Ajuga 324.

erlippe der Blkr. tief gespalten, die 2 Abschnitte derselben mit der Unterlippe verbunden, die dadurch 3lappig erscheint.
Teucrium 325.

II. *Angiospermen, Bedecktsamige.*

Fr. eine 1—3fächrige Kapsel. **Scrofularineeu.**

A. Stbgf. 4, die 2 grössern unfruchtbar. (II. I. B.)
Gratiola 294.

B. Stbgf. 4—5.

a. Stbb. einfächrig, quer od. seitl. angewachsen.

1. Stbgf. 5, ungleich; Blkr. ungleich-5sp.; Bl. einzeln.
ır. kurzröhrig mit flachem od. convexem Saume; Btstd. ährenf. od. traubig, meisst mit accessorischen Bt.
(V. I. A.) **Verbascum** 290.

2. Stbgf. 4; Blkr. lippig; Bl. meist gegenst.
fast kugelig; meist ein fünftes, steriles Stbgf.
Scrofularia 291.

b. Stbb. 2fächrig.

1. Stbbfächer am Grunde ohne Spitzchen.

1a. Frkn. 1fächrig.
5zähnig; Kr. fast regelm. **Limosella** 295.

1b. Frkn. 2fächrig.
röhrig-glockig, mit schiefem Saume. **Digitalis** 297.

Kr. 2lippig mit meist geschlossenem Schlund; Kr. ungespornt. **Antirrhinum** 293.

Kr. gespornt. **Linaria** 292.

1c. Kr. radf., 4sp., undeutl. 2lippig, meist blau.

(II. I. B.) **Veronica** 296.

2. Stbbfächer am Grunde mit Spitzchen.

2a. Frkn. 1fächrig.

K. glockig, vielsp.; Kr. abfallend; Schuppen gegenst. **Lathraea** 302.

K. 2bttg., die Kbl. 2sp. od. ganz; Bt. mit einem Deckbl.; Schuppen wechselst. **Orobanche** 304.

K. 1bttg., 4—5sp. od. 4—5zähnig; Bt. mit 3 Deckbl.; Schuppen wechselst. **Phelipaea** 303.

2b. Frkn. 2fächrig.

2b₁. K. 5zähnig.

K. röhrig od. aufgeblasen; Kr. rachenf.; Oberlippe helmf. zusammengedrückt, rot; Bl. fiedert. **Pedicularis** 299.

2b₂. K. 4zähnig.

K. aufgeblasen und zusammengedrückt; Kr. helmf. zusammengedrückt, gelb; Samen flach, geflügelt; Bl. lanzett. **Alectorolophus** 297.

K. röhrig od. glockig; Samen längl., gerippt; Bl. eif. od. eilanzettl. **Euphrasia** 301.

K. röhrig; Oberlippe der Kr. stumpfgekielt; Samen glatt. **Melampyrum** 300.

15. Cl. Tetradynamia.

I. Schötchenfrüchtige: Längsdurchmesser der Fr. dem Querdurchmesser gleich od. nicht viel grösser.

A. Schötchen quer-2gliedrig.

Das untere Glied des Schötchens stielartig, 1—mehrsamig; das obere eif. odere rundlich, 1samig. **Rapistrum** 50a.

B. Schötchen nicht quer-2gliedrig.

a. Schötchen von der Seite her zusammengedrückt, mit hervorragender od. geflügelter Mittelrippe der Klappen.

1. Schötchen nicht aufspringend od. zuletzt in 2 die Samen jedoch nicht ausstreuende Klappen sich trennend.

Schötchen längl. einfächrig und 1samig; Bt. gelb. **Isatis** 48.

Schötchen w. b. d. v., aber ohne geflügelten Rand; Bt weiss.

Senebiera 47

2. Schötchen aufspringend und die Samen zerstreuend.

Krbl. gleichgross; Schötchen rundlich od. oval; Fächer 1samig; äussere Krbl. grösser als die innern, s. w. v.   **Iberis** 44.

Krbl. gleichgross; Schötchen rundlich od. verkehrt-eif., geflügelt; Fächer 2—vielsamig.   **Thlaspi** 43.

Krbl. gleichgross; Schötchen verkehrt-eif., ungeflügelt; Fächer vielsamig.   **Capsella** 46.

b. Schötchen fast kugelig od. vom Rücken her zusammen-gedrückt.

1. Schötchen nüsschenartig, 1fächrig und 1samig.

Neslea 50.

2. Schötchen 2klappig mit breiter Scheidewand.

2a. Stbf. mit zahnf. Anhängseln.

Schötchen rundlich od. flach; Fächer 1—4samig. **Alyssum** 38.

2b. Stbf. zahnlos.

2b1. Schötchen mehr od. weniger flach.

Schötchen sehr gross, durch einen fadenf. Frträger auf dem Fr.-stiel sitzend.   **Lunaria** 39.

Schötchen kleiner ohne besondern Stiel; Krbl. gespalten; Stengel blattlos.   **Erophila** 40.

2b2. Schötchen aufgedunsen mit gewölbten Klappen.

Schötchen birnf.; Bt. gelb.   **Camelina** 42.

Schötchen gedunsen od. fast kugelig; Bt. weiss.

Cochlearia 41.

II. Siliquosa, Schotenfrüchtige.

Längsdurchmesser der Fr. viel grösser als der Querdurchmesser.

A. Schote nicht aufspringend.

Schoten zwischen den Samen rosenkranzf. eingeschnürt und zu-letzt in 1samige Stücke zerfallend.   **Raphanistrum** 51.

Schote zur Reifezeit schwammig aufgetrieben, längsgefurcht, nicht zerfallend.   **Raphanus** 52.

B. Schoten 2klappig aufspringend.

a. Klappen nervenlos od. am Grunde mit schwachem Nerven-
ansatz.

1. Samen in jedem Fache 1reihig; Schote zusammengedrückt;
Wurzelstock fleischig, schuppig-gezackt; Blkr. rot od. gelblich-
weiss. **Dentaria** 28.
Wurzelstock faserig; Blkr. weiss od. blass-lila (bei Cartamine
pratensis). (IV. I. A.) **Cardamine** 27.

2. Samen in jedem Fach 2reihig; Schote mit rundlichem Querschnitt.
Blkr. blassgelb od. (bei N. officinalis) weiss. **Nasturtium** 23.

b. Klappen deutlich 1-, 3- bis 5nervig.
1. Samen in jedem Fache 1reihig.
1a. Blkr. gelb od. gelbl. weiss.
1a₁. Klappen 1nervig, selten mit 2 undeutl. Seitennerven.
Schote im Querschnitt rundl., 4kantig, geschnäbelt; unterste Bl.
leierf. mit grossen Endlappen. **Barbarea** 24.
Schote deutlich 4kantig, zuweilen zusammengedrückt: B. längl.
lanzett, geschweift-gezähnt. **Erysimum** 33.
Schote stielrund od. fast 4kantig, langgeschnäbelt.
Brassica 34.

1a₂. Klappen mit 3, seltener 5 starken, geraden Nerven.
Schote ungeschnäbelt od. (bei S. officinalis) kurzgeschnäbelt; Sa-
men länglich. **Sisymbrium** 29.
Schote langgeschnäbelt; Samen kugelig. **Sinapis** 35.

1b. Blkr. weiss.
1b₁. Klappen 1nervig.
Schote meist zusammengedrückt, 4kantig, schief-aufrecht; 4—8
cm. lang, breitwandig; Stglbl. am Grunde herz- od. keilf.
Arabis 26.
Schote abstehend, 4kantig, 9—12 cm. lang. **Coringia** 32.
Schote schmalwandig; Stglbl. am Grunde verschmälert.
Stenophragma 31.

1b₂. Klappen 3nervig.
Schote 4kantig, viel länger als der dicke Stiel; beim Zerreiben
lauchartig riechend. **Alliaria** 30.

2. Samen in jedem Fache 2reihig.
Kr. gelb; Schote deutl. geschnäbelt; Bl. fiedersp. od. buchtig gezähnt. **Diplotaxis** 37.

Kr. gelbl. weiss; Schote ungeschnäbelt, aufrecht angedrückt; Stengelbl. pfeilf., ganzrandig. **Turritis** 25.

16. Cl. Monadelphia.

1. *Penta-Octandria* (5—8 Stbgf.).

A. Stbgf. 5.

Blkr. 5t. mit kurzer Röhre: Bt. gelb. (V. I. A.) **Lysimachia** 329.
5 freie Blbl.; Bt. blau od. weiss. (V. V. B.) **Linum** 75.
Bt. klein, weiss; Bl. gegenst. (V. II. B.) **Vincetoxicum** 266.

B. Stbgf. mehr als 5.

K. 5bttg., 2 Kbl. grösser, blumenblattartg. gefärbt; Kr. mit der Stbfdröhre verwachsen. (XVII. II.) **Polygala** 58.
Hülle 6bttg.; Stbgf. 6. (VI. I. D.) **Allium** 412.

II. *Decandria* (10 Stbgf.).

A. Blkr. schmetterlingsf. (Papilionaceen) XVII. 3.

B. Blkr. regelm. od. die Blbl. etwas ungleich; Gr. 5 zu einer schnabelartg. Säule verwachsen; Bl. handf. gelappt od. zusammengesetzt.

Alle 10 Stbgf. mit Stbb.; Frchtchen spiralig in einer Ebene gewunden; Btstd. 2- (selten 1-) btg. **Geranium** 84.
Die äussern 5 Stbgf. ohne Stbb.; Schnäbel der Frchtchen schraubenartig gewunden; Btstd. doldig-mehrbtg. **Erodium** 85.

C. Blkr. regelm.; 5 freie Gr.

Bl. 3zählig. (X. II. B.) **Oxalis** 87.

D. Blkr. regelm.; Gr. 3—5.

Bl. unget., meist durchscheinend punktirt. (XVIII.) **Hypericum** 79.
Strauch; Zweige mit kleinen schuppenf. Bl. dicht bedeckt; Stbgf. abwechselnd kürzer. **Myricaria** 140.

III. *Polyandria* (12—viele Stbgf.).

K. doppelt, der äussere 6—9sp., der innere 5sp. **Althaea** 77.
Der äussere K. 3bttg. **Malva** 76.

3

17. Cl. Diadelphia.

1. Hexandria, 6 Stbgf. (Fumariaceen).

Fr. ein eirundes od. kugeliges, einsamiges, nicht aufspringendes Nüsschen; Bt. klein; Stengelknollen fehlend. **Fumaria 22.**

Fr. eine lange, schotenf., mehrsamige, · 2klappig aufspringende Kaps.: Bt. grösser; Stengelknollen vorhanden.
Corydalis 21.

II. Octandria, 8 Stbgf. (Polygaleen).

K. 5bttg.; 2 Kbl. grösser, blumenartg. gefärbt; Bl. unget., ganz-randig. (XVI. I. B.) **Polygala** 58.

III. Decandria, 10 Stbgf.

A. Stbgf. sämmtlich verwachsen.

a. K. deutl. 2lippig.

N. schief, einwärts abschüssig; Bl. unget. **Genista** 93.
N. schief, auswärts abschüssig; Bl. 3zählig. **Cytisus** 94.

b. K. nicht od. undeutl. 2lippig.

K. nach dem Verblühen offen; Bl. 3zählig. **Ononis** 95.
K. aufgeblasen, mit schiefer, kurzgezähnter Mündung; Bl. ge-liedert. **Anthyllis** 96.

B. 9 Stbgf. verwachsen, 1 frei.

a. Bl. fingerf., 3zählig.

1. Schiffchen stumpf.

1a. Stbfdröhre frei; Blbl. abfallend.

Hülsen nierenf., sichelf. od. spiralig gewunden. **Medicago** 97.
Hülsen oval; Bt. in langen, lockern Trauben. **Melilotus** 98.

1b. Stbfröhre mehr od. weniger mit den Blbl. verwachsen, ver-trocknend bleibend.

Hülse im K. eingeschlossen; Btstd. kopf- oder ährenf.
Trifolium 99.

Hieher auch Phaseolus, eine Schlingpfl.: Bl. 3zählig; Schiffchen, Stbf. und Gr. schraubenf. gedreht.

2. Schiffchen geschnäbelt (mit aufsteigend. Spitze); Hülse lineal, ungeflügelt; Bt. in Dolden. **Lotus** 100.

Hülse 4flügelig; Bt. einzeln od. zu 2. **Tetragonolobus** 101.

b. Bl. unpaarig gefiedert.

1. Bt. in Dolden.

Hülse stielrund od. 4kantig, zwischen den Samen eingeschnürt. **Coronilla** 106.

Hülse zusaammengedrückt, buchtig ausgeschnitten, Bt. goldgelb. **Hippocrepis** 107.

2. Bt. in Trauben od. Aehren.

2a. Gr. behaart, Holzpfl.

Hülse aufgeblasen; Trauben 3—6btg.; Bt. gelb; Bl. 3—5paarig **Colutea** 102.

Hülse zusammengedrückt; Trauben vielbtg.; Bt. weiss od. rot; Bl. 5—10paarig. **Robinia** 103.

2b. Gr. kahl; Kräuter od. Sträucher.

2b1. Hülse 1samig.

Hülse grubig-netzig, nicht aufspringend. **Onobrychis** 108.

2b2. Hülse mehrsamig.

Schiffchen stumpf, ohne Stachelspitze; Hülse an der nicht samentragenden Naht eingedrückt. **Astragalus** 105.

Schiffchen unterhalb des stumpfen Endes in eine gerade, grannenartige Spitze auslaufend; Hülse an der samentragenden Naht eingedrückt. **Oxytropis** 104.

c. Bl. paarig gefiedert.

1. Blstiel in einem Dorn endend. **Astragalus** 105.

2. Blstiel in eine Ranke od. in ein weiches Spitzchen endend.

2a. Stbfdröhre an der Spitze schief abgeschnitten. **Vicia** 109.

2b. Stbfröhre gerade abgeschnitten.

Gr. an der Spitze flach, auf der ganzen innern Seite behaart; Bl. 1—mehrpaarig mit Ranke o 1. kurzer Spitze. **Lathyrus** 111.

Gr. auf der Vorderseite rinnig, am Grunde oberseits gekielt, an der Spitze auf der Innenseite bärtig; Bl. mit verzweigten Ranken; Nebenbl. grösser als die Bttchen. **Pisum** 110.

18. Cl. Polyadelphia.

K. 5bttg. od. 5t.; Krbl. 5; Gr. 3; Kaps. 3fächrig: Bt. gelb; Bl. meist durchscheinend punktirt. (XVI. II. D.)

Hypericum 79.

19. Cl. Syngenesia. Compositen.

I. Bt. alle zungenf.

A. Pappus fehlend od. aus kleinen Schuppen bestehend.

Bt. blau; Fr. mit schuppigem, zerschlitztem Krönchen.
Cichorium 239.

Bt. gelb; Fr. ohne Pappus; St. beblättert. **Lampsana** 237.

Bt. gelb; Fr. mit einem 5kantigen, sehr kurzen Krönchen; St. blattlos. **Arnoseris** 238.

B. Pappus wenigstens teilweise federig; Blkr. gelb.

a. Frboden mit abfälligen Spreubl.

Hüllk. mehrreihig; Pappus 2reihig; Fr. langgeschnäbelt; St. fast blattlos. **Hypochaeris** 245.

b. Frboden ohne Spreubl.

1. Strahlen des Pappus in einander verflochten; Bl. schmal, unget.; Hüllk. einreihig; Fr. langgeschnäbelt.
Tragopogon 243.

Hüllk. mehrreihig; Fr. nicht geschnäbelt. **Scorzonera** 244.

2. Strahlen des Pappus frei.

2a. Stengel bttlos; Pappus bleibend. **Leontodon** 240.

2b. Stengel beblättert.

Hüllk. 2reihig; Fr. mit haardünnem, langem Schnabel; Pappus bleibend. **Helminthia** 242.

Hüllk. 3reihig; Fr. unter dem Pappus dünner werdend; schnabellos; Pappus abfällig. **Picris** 241.

c. Strahlen des Pappus haarf.

a. Köpfchen 5btg.

Fr. geschnäbelt; Blkr. gelb. **Phönixopus** 250.

Fr. nicht geschnäbelt; Blkr. rot. **Prenanthes** 248.

b. Köpfchen mehrbtg.

1. Fr. geschnäbelt.

1a. Fr. am Grunde des Schnabels mit Knötchen od. schuppenf. Stacheln; Bt. gelb.

Bt. vielreihig; Hüllk. doppelt, der äussere aus kurzen, zurückgeschlagenen, der innere aus aufrechten Blchen bestehend; Schuppen od. Knötchen am Grunde des Schnabels nicht zu einem Krönchen vereint; St. blattlos.

Taraxacum 246·

Bt. 2reihig; Hüllk. dachziegelig mit schwachem Aussenk.; Schuppen am Grunde des Schnabels zu einem Krönchen vereint; St. beblättert. **Chondrilla** 247.
1b. Fr. ohne Knötchen od. Stacheln.
Köpfchen armbtg.; Fr. flach, zusammengedrückt, mit langem, fadenf. Schnabel. **Lactuca** 249.
2. Fr. nicht geschnäbelt.
2a. Fr. stark zusammengedrückt. **Sonchus** 251.
2b. Fr. nicht od. wenig zusammengedrückt.
Hüllk. mit einem Aussenk., 1reihig, selten fast dachziegelig; Fr. verschmälert od. geschnäbelt; Haare des Pappus mehrreihig, weich, biegsam, meist schneeweiss. **Crepis** 252.
Hüllk. dachziegelig, selten nur 2reihig: Fr. nicht geschnäbelt; Haare des Pappus 1reihig, steif, zerbrechlich, schmutig-weiss. **Hieracium** 253.

II. Bt. alle röhrig.

A. Pappus vorhanden.

a. Frboden mit Spreubl.
1. Inneres Hüllbl. trockenhäutg., gefärbt (strahlend).
Aeussere Bttchen des Hüllk. fast blttartg., abstehend, dornig-gezähnt, innere unbewehrt. **Carlina** 234.
2. Inneres Hüllbl. nicht strahlend.
2a. Hüllbl. 2reihig; Bl. gegenst. **Bidens** 218.
2b. Hüllbl. dachig; Bl. wechselst.
Hüllbl. mit einer hakig umgebogenen Dornspitze; Fr. querrunzelig; Pappus kurz, abfallend; Bl. gezähnelt. **Lappa** 233.
2b1. Pappus federig.
Bl. des Hüllk. dornig; Fr. längl., zusammengedrückt, kahl. **Cirsium** 230.
2b2. Pappus haarf.
Haare des abfällg. Pappus am Grunde verwachsen. **Carduus** 231.
Haare des Pappus getrennt abfallend, vielreihig, die innerste Reihe länger als die übrigen. **Serratula** 235.
Haare des Pappus getrennt abfallend, mehrreihig, die innerste Reihe kürzer als die vorletzte; Röhre der Randbl. in einen trichterf. Saum verlängert. **Centaurea** 236.

b. Frboden ohne Spreubl.
1. Hüllbl. 1reihig, gleichlang; oft stehen am Grunde noch einige
 kürzere (Aussenk.)
St. blattlos; Pfl. unvollkommen diöcisch; Kr. rot od. weiss.
 Petasites 204.
St. beblättert; Kr. gelb. **Senecio** 228.
 2. Hüllbl. dachig, die äussern allmählig kürzer.
2a. Bl. gegenst., 3—5t. **Eupatorium** 202.
 2b. Bl. wechselst.
2b₁. Pfl. dornig-distelartig: Btboden tief-wabenf.
 Onopordon 232.
 2b₂. Pfl. nicht dornig.
 2b*. Bt. sämmtlich zwttg., gelb.
 Linosyris 205.
 2b**. Randbt. weiblich.
2b₀. Hüllbl. wenigstens teilweise trockenhäutg.; Pfl. filzig-behaart.
Frboden zwischen den Randbt. mit den Hüllbl. ähnlichen Spreubl.
 Filago 209.
Frboden ohne Spreubl.; Pappus haarf. **Gnaphalium** 210.
 2b₀₀. Hüllbl. krautartig.
Bt. nie gelb. **Erigeron** 210.
Bt. gelb. **Conyza** 213.

B. Pappus fehlend od. nur als kurzer Rand vorhanden.
 a. Frboden mit Spreubl. **Centaurea** 236.
 b. Frboden ohne Spreubl.
Köpfchen klein od. sehr klein in meist rispig angeordneten Aehren od. Trauben; Fr. an der Spitze mit schmaler Scheibe.
 Artemisia 221.
Köpfchen grösser in flacher Doldentraube; Bt. gelb; Scheibe an
der Spitze der Fr. so breit als diese. **Tanacetum** 222.

III. Die scheibenst. Bt. röhrig; die randst. zungenf.
 (einen Strahl bildend.)

A. Frboden mit Spreubl.
 a. Hüllbl. 1—2reihig; Strahlbt. geschlechtslos, gelb.
Pappus kurz, kronf,; Frboden kegelf.; Bl. wechselst.
 Rudbeckia 216.
Pappus aus 2—5 rückwärts-stachligen Borsten bestehend; Bl.
 gegenst. **Bidens** 218.

b. Hüllk. dachziegelig.

1. Strahlbt. geschlechtslos.

Strahlbt. dottergelb; Köpfchen sehr gross; Bl. unget; Pappus aus 2—4 abfälligen Schuppen gebildet. **Helianthus** 217.

Strahlbt. weiss: Köpfchen klein; Bl. 2—3fach fiederschnittig. **Anthemis** 224.

2. Strahlbt. weiblich.

2a. Stbb. geschwänzt; Strahlbt. gelb; Bl. unget. **Buphthalmum** 215.

2b. Stbb. nicht geschwänzt; Strahlbt. meist weiss; Bl. 1—2fach fiederschnittig.

Zunge der Strahlbt. breit, rundlich, dicht-doldentraubig. **Achillea** 223.

Zunge der Strahlbt. längl.: Köpfchen grösser, locker, dolden-traubig. **Anthemis** 224.

B. Frboden ohne Spreubl.

a. Pappus fehlend od. nur als vorspringender Rand vorhanden.

1. Scheibenbt. zwttg., unfruchtbar; Randbt. fruchtbar. Alle Bt. gelb. **Calendula** 229.

2. Strahl- und Scheibenbt. fruchtbar; Strahlbt. weiss.

2a. Hüllbl. 2reihig; St. blattlos, 1köpfig. **Bellis** 208.

2b. Hüllbl. dachig; St. beblättert.

Fr. auf der innern Seite 3—5rippig; Bl. 2—3fach fiederschnittig. **Matricaria** 225.

Fr. ringsum gleichf. gerippt. **Leucanthemum** 226.

b. Pappus haarf.

1. Hüllbl. 1—2reihig, gleichlang od. die äussern einen Aussenk. bildend.

1a. Pappus der randst. Fr. einfach, der der scheibenst. Fr. doppelt. **Stenactis** 209.

1b. Pappus gleichgestaltet, an der äussern Fr. bisweilen fehlend.

1b₁. Strahlbt. weiss. **Bellidiastrum** 207.

1b₂. Strahlbt. gelb.

Weibl. Bt. mehrreihig; St. 1köpfig, beschuppt. **Tussilago** 203.

Weibl. Bt. 1reihig; St. 1—mehrköpfig, beblättert.; Hülle walzlich od. kegelf. **Senecio** 228.

Hülle halbkugelig od. ziemlich flach, s. w. v. **Doronicum** 227

2. Hüllbl. vielreihig, dachig; St. beblättert.
   2a. Strahl- und Scheibenbt. gleichfarbig.
2a₁. Stbb. ungeschwänzt; Strahlbl. 5—8.   **Solidago** 211.
   2a₂. Stbb. geschwänzt; Strahlbt. meist zahlreich.
Pappus doppelt; der äussere kurz, in ein Krönchen verwachsen.
      Pulicaria 214.
Pappus einfach.   **Inula** 212.
  2b. Strahl- und Scheibenbt. verschieden gefärbt.
Strahlbt. mehrreihig, sehr schmal.   **Erigeron** 210.
Strahlbt. 1reihig, breiter.   **Aster** 206.

20. Cl. Gynandria.

Perigon kronartg., röhrig-zungenf.; Stbgf. 6; Bt. in bttwinkelst.
Büscheln; Bl. tiefherzf.   **Aristolochia** 84.
Stbgf. 1 od. 2; Perigon tief-6t.; der obere Zipfel des inneren
   Kreises (Lippe) durch Drehung nach unten gerichtet.
      Orchideen.

1. Stbb. 1, ganz angewachsen; Pfl. mit Knollen.

   A. Lippe gespornt.
   a. Lippe unget., lineal.
Sporn lang, fadenf. od. kurz sackf.; Perigon weiss; Knollen längl.
unget.   **Platanthera** 382.
   b. Lippe 3-zähnig, -sp. od. -t.
1. Lippe 3—4mal so lang als die übrigen Perigonzipfel, gedreht;
   Sporn kegelf.   **Himantoglossum** 379.
2. Lippe kürzer od. doch nicht mehrmal länger als die übrigen
   Perigonzipfel.
   2a. Alle 5 Perigonzipfel helmf. zusammenneigend.
2a₁. Knollen handf. get.: Bt. grünl. od. weissl.; Sporn kurz und
   stumpf.   **Coeloglossum** 381.
2a₂. Knollen unget.   **Orchis** 377.
   2b. Die 2 seitl. äussern Perigonzipfel abstehend od. zurück-
      geschlagen.
     2b₁. Sporn fadenf., dünn.
Knollen unget.: Stiel der beiden Pollenmassen am Grunde verbunden.   **Anacamptis** 378.
Knollen handf. get.; Stiele der beiden Pollenmassen getrennt.
      Gymnadenia 380.
2b₂. Sporn walzlich, dicker.   **Orchis** 277.

B. Lippe ungespornt.

a. Perigonzipfel alle abstehend.

Bt. eigentümlich, insektenähnlich geformt; Lippe braun-sammt-
artig. **Ophrys** 383.

b. Perigonzipfel alle zusammenneigend.

Lippe vorgestreckt, tief 3sp.; Bt. klein, grünl.
Herminium 385.

Lippe herabhängend, 4sp. **Aceras** 384.

II. Stbb. 1, frei u. beweglich; Pfl. meist mit Wurzelstöcken.

A. Pfl. ohne grüne Bl.

Perigon offen; Lippe vorn 2lappig. **Neottia** 390.

B. Pfl. mit grünen Bl.; Lippe ungespornt.

a. Lippe durch eine tiefe, quere Einschnürung 2gliedrig.

Frkn. sitzend, gedreht; Bthülle aufrecht. **Cephalanthera** 387.
Frkn. gestielt, nicht gedreht; Bthülle glockenf., nickend.
Epipactis 388.

b. Lippe nicht gegliedert.

Bthülle abstehend, klein, grünl.: St. am Grunde in eine seitliche
Knolle verdickt. **Sturmia** 393.

Bthülle helmartig, grünl.; Lippe hängend, 2sp., mit linealen Lappen: 2 gegenst. Laubbl.; Pfl. ohne Knollen. **Listera** 389.

Bthülle vorgestreckt; Lippe eingeschlossen; Btähre schraubenf.
gedreht: Wurzeln knollig verdickt. **Spiranthes** 392.

Bthülle vorgestreckt; Lippe an der Basis sackartig vertieft mit
rinniger, zurückgebogener Spitze; Bl. netzaderig.
Goodyera 391.

III. Stbb. 2, ein 3., steriles die Narbe bedeckend.

Bthülle mit bauchig aufgeblasener Lippe; äusseres Perigon
2bttg. **Cypripedium** 394.

21. Cl. Monoecia.

I. Bäume und Sträucher.

A. Nadelhölzer (Coniferen).

a. Bl. klein, wenigstens teilweise schuppenf.

Pfl. monöcisch; Samenschuppen lederartig, ein kurzes Zäpfchen
bildend; Bl. schuppenf., dicht-dachig. **Thuja** 468.

Pfl. diöcisch; Samenschuppen fleischig, später zu einer Scheinbeere verwachsen. (XXII. I. B.) **Juniperus** 467.
  b. Bl. schmal, lineal, (Nadeln).
Samenschuppen an der Spitze verdickt, mit einem Schild.
                             Pinus 469.
Samenschuppen an der Spitze nicht verdickt. **Abies** 470.
Samen von einem fleischigen, oben offenen Samenmantel umhüllt. (XX. I. B.) **Taxus** 466.

B. Lanbhölzer.   •
  a. Bl. gefiedert.
Männliche Bt. in cylindrischen Kätzchen; Fr. mit grüner, fleischiger Hülle. **Juglans** 359.
Männl. Bt. in Knäueln od. Rispen; Fr. trocken, geflügelt.
               (II. I. B. und XII. I. B.) **Fraxinus** 265.
  b. Bl. einfach, gelappt od. fiedersp.
1. Männl. und weibl. Bt. oder doch die männl. in Kätzchen.
1a. Weibl. Bt. zu 2 od. 3 in der Achsel von Deckschuppen, kätzchen- od. knospenartige Btstände bildend; N. 2; Fr. von Schuppen gestützt.
1a₁. Männl. Bt. ohne Perigon, mit ihren Deckschuppen verwachsen; die 2sp. Stbgf. zu 4—2.
Männl. und weibl. Bt. in lockern Kätzchen; Fr. eif., kantig gerippt mit 3lappiger, trockenhäutiger Hülle. **Carpinus** 364.
Männl. Bt. in Kätzchen, weibl. Btstand knospenf.; Fr. eif. in krautiger, zerschlitzter Hülle. **Corylus** 363.
1a₂. Männl. Bt. mit 2—4bttg. od. 2—4sp. Hülle, zu 2—3 in den Achseln der Deckschuppen; Stbgf. 2—4. unget.
Männl. und weibl. Kätzchen cylindrisch; Fr. geflügelt in Aehren mit abfallenden Schuppen. **Betula** 365.
Männl. Kätzchen cylindrisch; weibl. Btstände längl.-eif.; Fr. in kurzen Zapfen mit verholzten, bleibenden Schuppen.
                          Alnus 366.
1b. Weibl. Bt. einzeln od. zu mehreren mit Hüllschuppen umgeben; N. 3—mehr; Fr. in kapselartiger od. becherf. Hülle.
1b₁. Männl. Kätzchen fast kugelig, hängend.
Weibl. Bt. zu 2—3; Fr. 3kantig, zu 2—3 in holziger Hülle.
                          Fagus 360.
  1b₂. Männl. Kätzchen cylindrisch.
Weibl. Bt. zu 3—7 in kleinen Knäueln; Fr. rundl.-oval, in lederartiger mit Stacheln dicht besetzter Hülle. **Castanea** 361.

Weibl. Bt. einzeln, von zahlreichen Hüllschuppen umgeben: Fr. in kurzer, becherf. Hülle. **Quercus** 362

2. Bt. nicht in Kätzchen.

2a. Bl. gegenst., ganzrandig, immergrün.

Bt. in kleinen Knäueln; Fr. eine Kapsel. **Buxus** 350.

2b. Bl. wechselst., gelappt od. gezähnt; im Herbst abfallend. Bt. in langgestielten, herabhängenden Kugeln. **Platanus** 358.

II. Untergetauchte od. schwimmende Wasserpfl.

A. Pfl. aus kleinen, frei auf dem Wasser schwimmenden Blchen bestehend.

Stbgf. 2. (II. A. und XX. II.) **Lemna** 373.

B. Pfl. mit St. und Bl.

a. Bt. klein, blwinkelst.: Bl. quirlig od. gegenst.

1. Bt. mit Blkr.

Männl. Bt. mit 4lappigem K. und 8 Stbgf.: weibl. Bt. mit 4zähnig. K.; N. 4; Fr. in 4 1samige Steinfrchtchen zerfallend: Bl. kammf.-fiedert. (X. III.) **Myriophyllum** 135.

2. Blkr. fehlend.

Bt. zwttg.; Stbgf. 1: Fr. 1fächrig. (I. I.) **Hippuris** 136.

Bt. zwttg. od. getreuntgeschlechtig; Stbgf. 1; Fr. 1fächrig. (I. II.) **Callitriche** 137.

Bt. getrenntgeschlechtig; Stbgf. 10—24; Fr. 1fächrig; K. 10—12-bttg.; Schliessfr. mit bleibendem Gr.; Bl. quirlig-gabelsp. **Ceratophyllum** 138.

b. Bt. klein in übereinanderstehend., rundl. Köpfchen; Bl. lineal' **Sparganium** 375.

c. Männl. Bt. ohne Hülle auf staubfadenartigem Stiele; weibl. Bt. mit kleiner glockenf. Hülle; Frchtchen nussartig, kurzgestielt: Bl. fast haardünn. **Zanichellia** 372.

III. Krautartige Laub- und Sumpfpfl.

A. Bl. gefiedert.

(XII. I. C. und IV. I. B.) **Sanguisorba** 124.

B. Bl. einfach, ganz od. gelappt.

a) Frkn. gestielt. (XI. I). **Euphorbia** 351.

b. Frkn. ungestielt.

1. Männl. und weibl. Bt. (Stbgf. und Frkn.) getrennt an einem von einer Scheide umgebenen, fleischigen Kolben; Bl. herz-od. pfeilf. **Arum** 376.

2. Scheide fehlend od. sehr hinfällig.

2a. Wenigstens die männl. Bt. in kugeligen Köpfchen od. walzi-gen Kolben.

Hülle aus feinen Borsten bestehend; die aus 4—6 Bt. zusammen-gesetzten, kurzgestielten Gruppen stehen in walzenf. Kolben. **Typha** 374.

Hülle aus 3 häutigen Schüppchen gebildet; Bt. in zahlreichen, kugeligen Köpfchen. (XXI. B. a.) **Sparganium** 375.

2b. Bt. weder in Köpfchen noch in Kolben.

2b₁. Stengel kletternd mit spiralig gedrehten Wickelranken; K. 5zähnig; Blkr. 5t.; Fr. eine kugelf. Beere. (XXII. II. A.) **Bryonia** 142.

2b₂. Stengel nicht kletternd. ohne Wickelranken.

†. Btdecke in K. und Kr. geschieden; Bl. alle grundst. Männl. Bt. gestielt; K. 4sp.; Kr. walzlich mit 4t. Saume; weibl. Bt. am Grunde des Btstiels; die männl. Bt. mit 3sp. K.: Stbgf. 4; Bl. lineal-pfrieml. **Litorella** 333.

††. Btdecke einfach od. fehlend; Bl. z. T. stengelstdg.

*) Bl. gegenst. mit Brennhaaren.
Pfl. monöcisch od. diöcisch; Hülle 4t.: Stbb. elastisch aufspringend. (XXII. II. A.) **Urtica** 353.

**) Bl. wechselst., die untersten etwa ausgenommen.
Männl.- und Zwitterbt. mit 5bttger Hülle; weibl. Bt. mit 2t. od. 2sp. Hülle; Bl. lanzett-lineal. **Atriplex** 341.

Hülle 3—5t.: Bl. aus keilf. Basis eif., stumpf. **Amarantus** 335.

IV. Scheingräser.

Bt. ohne Perigon, im Winkel schuppenf. Deckbl. zu Aehren ver-eint; Frkn. und Fr. in eine schlauchf. Hülle eingeschlossen: Bl. mit geschlossenen Scheiden. **Carex** 426.

V. Gräser.

Bt. mit trockenhäutg. Spelzen; männl. Bt. in endst. Rispe; weibl. Bt. in seitenst. Kolben. **Zea** 427.

22. Cl. Diöcia.

1. Bäume und Sträucher.

A. Auf Bäumen schmarotzender, kleiner Strauch.

Kr. der männl. Bt. 4t.; Stbb. mit den Krbl. verwachsen; Kr. der weibl. Bt. 4bttg.; Gr. fehlend; N. stumpf; Fr. eine 1samige Beere; Bl. gegenst., lederartig. **Viscum** 188.

B. Bodenst., nicht schmarotzende Pfl.

a. Nadelhölzer.

Scheinbeere kugelig, geschlossen, schwarzblau; Bl. zu 3 in Quirlen. (XXI. I. A.) **Juniperus** 467.

Scheinbeere topff., oben offen, rot; Bl. einzeln, zweizeilig.

(XXI. I. A.) **Taxus** 468.

b. Laubhölzer.

1. Bl. gefiedert.

Bt. ohne K. und Kr., Stbgf. 2; Flügelfr. (II. I. B. u. XXI. I. B.) **Fraxinus** 265.

2. Bl. einfach, ganz od. gelappt.

2a. Bt. in Kätzchen.

Perigon becherf.; Stbgf. 8—30; Deckschuppen zerschlitzt od. gezähnt. **Populus** 368.

Perigon durch 1—2 Drüsen ersetzt; Stbgf. 1—10 (meist 2), Samen mit einem Haarbüschel; Deckschuppen ganzrandig.

Salix 367.

2b. Bt. nicht in Kätzchen.

2b₁. Bl. handf. gelappt.

Stbgf. meist 8; Bl. gegenst. (VIII. 1. A.) **Acer** 80

Stbgf. 5; Bl. wechselst. od. büschelig. (V. I. D) **Ribes** 148

2b₂. Bl. unget.

Krbl. klein, grünl.; Gr. 2—4sp.; Bl. elliptisch. (IV. I. A. u. V. I. C.) **Rhamnus** 91.

Perigon einfach; Gr. ungespalten; Bl. lineal-lanzett., unten silberweiss; dorniger Strauch. **Hyppophaë** 347.

II. Kräuter od. Schlingpfl.

Hieher auch (XXI. II. A. u. II. A.) **Lemna** 373

A. Stbgf. 3—5.

a. Stbgf. 3 od. 5.

Stbgf. 3; Btstd. gabelig-doldenf. od. köpfchenartig-gedrängt.

(III. I. A.) **Valeriana** 196.

Stbgf. 5, 4 derselben paarweise verwachsen; Schlingpfl. mit spiralig-gedrehten Wickelranken; Bl. gelappt. (XXI. III. B.)

Bryonia 142.

b. Stbgf. 4 od. 5.

Gr. 4t.; Perigon mit der Frschale verwachsen; Bl. spiessf.

Spinacea 340.

Gr. 1—2t.: Stbgf. vor den Perigonabschnitten stehend.

Urticaceen.

1. Fr. vom bleibenden Perigon umhüllt; Bt. 1geschlechtig.
1a. Stbgf. 4, in der Knospenlage einwärts gekrümmt; Perigon 4t. (od. 4zählig); Samen eiweisshaltig.
2 innere Perigonbl. der weibl. Bt. grösser; Pfl. mit Brennhaaren; Bl. gegenst. (XXI. III. B.) **Urtica 353.**
1b. Stbgf. 5, in der Knospenlage gerade; Perigon der männl. Bt. 3t., das der weibl. fehlend; Samen eiweisslos.
Weibl. Bt. zu je 2 von einem gemeinsamen Deckbl. gestützt; Fr. von einem Vorbl. umschlossen; Stbgf. hängend; St. aufrecht Bl. fingerf., 5—9zählig. **Cannabis 354.**
Weibl. Bt. in zapfenf. Aehren, jede von einem Deckbl. gestützt; Stbgf. aufrecht; Bl. handf. gelappt. **Humulus 355.**

2. Fr. frei; Bt. zwttg.; Bäume od. Sträucher.
Perigon 3—9sp.; Stbgf. 3—9: Fr. geflügelt. (IV., V. u. VIII.)

Ulmus 357.

B. Stbgf. 6—viele.

a. Stengel kletternd.
Fr. eine rote Beere; Bl. herzf., wechselst. **Tamus 404.**

b. Stengel nicht kletternd.

1a. Btdecke in K. und Kr. geschieden.

1a₁. Bl. mehrfach zusammengesetzt.
Bt. klein, weiss, in rispigem Btstand. (XII. II. B.)

Spiraea 115.

1a₂. Bl. unget.
Gr. 5; Kaps. 10zähnig. (X. II. A.) **Melandrium 63.**
Gr. 3; Kaps. 5zähnig. (X. II. A.) **Silene 62.**

1b. Btdecke ein Perigon (einfach).
1b₁. Bl. wechselst. od. büschelig.
Bt. quirlig-gebüschelt; Gr. 3 mit vielsp. N. (VI. III.)

Rumex 342.

Bt. glockenf.; Gr. 1 mit 3 sehr kurzen N.; Bl. lineal. (VI. 1. E.)
                           Asparagus 399.
         1b₂. Bl. gegenst.
Bt. klein, grünl.; Stbgf. 9—12; weibl. Bl. zu 1—3 blwinkelst.
                      Mercurialis 352.

23. Cl. Polygamia.

Die von Linné in diese Cl. gestellten Pfl. sind in den übrigen Cl. verteilt.

24. Cl. Cryptogamia.

Sporangien einzeln an der Basis der Bl; fruchttragende Bl. den unfruchtbaren gleich od. kleiner und zu ährenf. Frständen vereinigt; St. gabelästig, dicht beblättert; Bl. unget.
                      Lycopodium 472.
Sporangien zu mehreren auf der Unterseite gestielter Schuppen, welche einen zapfenartg. Frstand bilden; St. aus kriechendem Wurzelstock einfach od. quirlig verästelt; Bl. zu gezähnten Scheiden verwachsen.   **Equisetum** 471.
Sporangien zu Frhäufchen gruppiert auf der Unterseite der Bl.; St. unterirdisch als Wurzelstock ausgebildet; Bl. grundst., gestielt, meist 1—mehrfach gefiedert.   (Farne) **Filices.**

1. Frhäufchen rund.

A. Schleier (über das Frhäufchen) auch im Jugendzustand fehlend.
Frhäufchen auf den Enden der verdickten, den Rand nicht erreichenden Seitenrippen, zerstreut od. in Reihen; Blstiel am Wurzelstock gegliedert; Bl. tief-fiedersp., überwinternd.
                      Polypodium 475.
Frhäufchen auf den nicht verdickten Enden der den Blttrand erreichenden Seitenrippen; Blstiel nicht gegliedert; Bl. mehrfach gefiedert, nicht überwinternd.   **Phegopteris** 476.

B. Frhäufchen mit einem Schleierchen überzogen.
Schleierchen rundl., schildf., gestielt, am Rande frei.
                      Aspidium 477.
Schleierchen rundl. od. eif., nur an einer kleinen Stelle des Randes angeheftet, später abfallend; Bl. zart, zerbrechlich.
                      Cystopteris 478.

II. Frhäufchen längl. od. lineal.

Frhäufchen einzeln zwischen Mittelrippe und Rand des Bllappens,
zuletzt die Fläche des Bllappens fast vollstdg. bedeckend;
Spreuschuppen gitterf.　　　　　**Asplenium** 479.

Frhäufchen längl. od. hufeisenf.; Spreuschuppen nicht gitterf.
　　　　　　　　　　　　　　　　Athyrium 480.

Frhäufchen paarweise genähert, lineal; schief im Mittelfelde des
Bl. stehend, gleichlaufend; Bl. unget.
　　　　　　　　　　　　　　Scolopendrium 482.

Frhäufchen randst., ununterbrochen; Bl. einzeln, langgestielt,
3fach gefiedert.　　　　　　　　　　**Pteris** 481.

Uebersicht der Arten.

I. Fam. Ranunculaceen.

1. Clematis. Waldrebe, Rauchholz. XIII.

6. 7. In Hecken und Gebüsch.　　　**C. vitalba** L. 1.

2. Thalictrum. Wiesenraute. XIII.

A. Frchen 3kantig, nicht gerippt; Bt. lila.

5. 6. Scharen, Etzweiler Ried, Oerlingen, Schlatt.
　　　　　　　　　　　　T. aquilegifolium L. 2.

**B. Frchen sitzend od. kurz gestielt, gerippt; Bt. grünl. od.
gelbl.**

a. Blttchen rundl. od. verkehrt-eif., etwa so breit als lang.

Blttchen mittelgross; Frchen klein mit kurzer N. 5. 6. Thülen-
buck bei Merishausen, oberhalb des Osterfinger Bades.
　　　　　　　　　　　　　　T. minus L. 3.

b. Blttchen (wenigstens der mittlern und obern Bl.) entschieden
länger als breit.

Blttchen lineal, fast fadenf.; Bt. etwas von einander entfernt;
Stbf. nickend; Stbb. bespitzt; 6. 7. Wolfsbuck, Scharen.
　　　　　　T. Bauhini Crautz. var. T. galioides Nessl. 4.

Blttchen verkehrt eif.-keilig, meist 3sp.; Bt. an der Spitze der
Aestchen dicht büschelig-gehäuft; Stbf. aufrecht; Stbb. nicht
bespitzt. 7. 8. Untersee bei Wagenhausen und ob Eschenz.
　　　　　　　　　　　　　　T. flavum L. 5·

3. Anemone. Windröschen. XIII.

A. Hüllbl. 3, unget., dicht an der Bt. (kelchartig).
3. 4.   Leberblümli: **A. hepatica** L. 6.

B. ·Hüllbl. mehr od. weniger get., von der Bt. entfernt.
a. Hüllbl. sitzend.
Bt. doldig; untere Bl. 5fach-fiedersp.; Frchtchen kahl, ungeschwänzt. 5—7. Thalmühle bei Engen.
A. narcissiflora L. 7.
Bt. nicht doldig; Bl. 3fach-fiedersp.; Frchtchen weichhaarig, lang-
geschwänzt, 3. 4. An trockenen Stellen. Ginggelore: (Pulsatilla vulgaris Mill.)   **A. pulsatilla** L. 8.
b. Hüllbl. gestielt.
b₁. Gr. so lang od. fast so lang als das Früchtchen.
Hüllblstiel fast halb so lang als das Bl.; Kbl. auf beiden Seiten
kahl, weiss, oft rosenrot, 4. Gebüsch, überall.
A. nemorosa L. 9.
Hüllblstiel vielmal kürzer als das Bl.; Kbl. unterseits flaumhaarig, gelb. 4. 5. Thayngen, Hauenthal, Eschenz, Mammern,
Auhalde bei Schleitheim.   **A. ranunculoides** L. 10·
b₂. Gr. sehr kurz.
K. unterseits seidenhaarig; Fr. filzig. 5.   **A. sylvestris** L. 11.

4. Adonis. Teufelsauge. XIII.

K. kahl, flach; Frchen mit gleichfarbigem Schnabel und am
Grunde mit einem spitzen Zahne. 5. 6. Beggingen, Gries-
bach, Klettgau, Mägdeberg, Hohentwiel.
A. aestivalis L. 12.
K. kahl, concav: Frchen mit an der Spitze schwarzem Schnabel.
5—7. Getreidefelder.   Blutströpfli: **A. flammea** Jacq. 13.

5. Ranunculus, Hahnenfuss. XIII.

A. Bt. weiss od. rötl. Wasserpfl.
1. Zipfel der untergetauchten Bl. sehr verlängert, fadenf., fast
gleichlaufend; untere Bl. langgestielt: Stbgf. meist kürzer als
das Frknköpfchen.
Blkr. 5—12bltg., gross. 6—8. Schaffhausen.
R. fluitans Lam. 14.
Var. mit 5 Krbl. und kleinen Bt.   var. **R. Bachii.**

4

2. Zipfel der untergetauchten Bl. ausgebreitet; Stbgf. meist länger
   als das Frknköpfchen.

Zipfel der untergetauchten Bl. in eine Ebene ausgebreitet, beim
Herausziehen aus dem Wasser nicht zusammenfallend; Btstiele 4—5 mal so lang als die Bl. 5—6. Bei Dörflingen,
Bibern a. Rhein, Stein.   **R. divaricatus** Schrank. 15.
Zipfel der untergetauchten Bl. allseitig-abstehend; Btstiele so lang
od. wenig länger als die Bl.; Bt. ziemlich klein; Krbl. verkehrt-eif., leicht abfallend; Stbgf. 10—18; Frboden fast kugelig. 5—8. Schaffhausen (Gremli), Binninger Ried, im Rhein
bei Stein und Bibern, Steiner Allmend.
                       R. trichophyllus Chaix. 16.

B. Bt. gelb.

a. Bl. unget.

St. steif aufrecht; Bl. langlanzett, zugespitzt; Frchen mit brei-
tem kurz-sichelf. gekrümmtem Schnabel; Bt. gross. 6—8.
Binninger Ried, Rüdlinger Wald, Spitzwiesen, Allmend bei
Stein.   **R. lingua** L. 17.
St. aufsteigend od. niederliegend mit geraden Gliedern, wurzelnd; Bl. elliptisch- od. lineal-lanzett; Frchen mit kurzen,
stumpfen Spitzchen. 6—8. Eschheimerthal, auf Wydlen, Herblingerthal, Stein.   **R. flammula** L. 18.
St. fast fadenf., niederliegend, mit bogig aufwärts gekrümmten
Gliedern; Bl. fast lineal; Frchtchen mit gekrümmten Spitzen.
5—7. Scharen, Rüdlingen, Stein.   **R. reptans** L. 19.

b. Bl. get. od. doch nur die untern unget.; Frchtchen nicht dornig
   od. höckerig.

1. Btstiele nicht gefurcht.

Untere Bl. rundl.-nierenf., unget. und gekerbt od. 3—5sp.; Stengelbl. fingerf.-get.; Btstiele am Grunde scheidig; Frchtchen
weichhaarig. 4—5. Randen, Scharen, Rietmühle bei Stammheim.   **R. auricomus** L. 20.
Untere Bl. handf.-get. mit verkehrt-eif. 3sp. Zipfeln; unterstes
Stglbl. 5t. mit längl. linealen Zipfeln; Frboden borstig;
Frchtchen kahl. 5. 6. Kriegerthal.
                          R. montanus Wild. 21.
St. angedrückt-behaart, untere Bl. handf. get.; Blstiele weichhaarig; Frschnabel gekrümmt, vielmal kürzer als das Frchtchen. 5—8.   Glitzerli: **R. acris** L. 22.

St. abstehend - rauhaarig; Schnabel fast halb so lang als das Frchtchen. 6—8. Hemmenthal, Schleitheim, Waldbach (Stein).
R. lanuginosus L. 23.

2. Btstiele gefurcht.

St. unten abstehend, oben angedrückt-behaart; Zipfel der untern Bl. breit, verkehrt-eif.; Frschnabel an der Spitze eingerollt. 4—6. Siblinger Randen, Klus. **R. nemorosus** Dec. 24.

St. mit kriechenden Ausläufern; untere Bl. 3zählig od. doppelt 3zählig; K. locker anliegend; Frchtchen fein punktiert. 5—9. Auf Aeckern. **R. repens** L. 25.

St. am Grunde knollf., ohne Ausläufer; K. zurückgeschlagen. Frchtchen glatt. 5—8. **R. bulbosus** L. 26.

c. Bl. get., Frchtchen höckerig od. dornig.

Untere Bl. unget. od. 3sp., obere 3zählig; Frchtchen gross, geschnäbelt, dornig. 5—7. Aecker. **R. arvensis** L. 27.

Bl. etwas fleischig, glänzend, die untern handf. get.; Frköpfchen längl.; Frchtchen sehr klein, fein-runzelig. 5—6. Ramsen, Oberhallau, Schleitheim, Hilzingen, Binninger Ried, Etzweiler Ried, Thaynger Sumpf.
R. sceleratus L. 28.

6. Ficaria. Scharbockkraut. XIII.

4—6. Hecken, Gräben. (Ranunculus Ficaria). **F. verna** L. 29.

7. Caltha. Schmalzblume, Bachbummele. XIII.

4—7. An Bächen, Gräben. **C. palustris** L. 30.

8. Trollius. Trollblume. XIII.

5—7. Im Galli, Hohhengst bei Bargen, Hemmenthal, Blumberger Ried, Beggingen, Herblingerthal. **T. europaeus** L. 31.

8a. Eranthis. Winterling. XIII.

2—3. Seit einigen Jahren in einer Wiese beim Fäsenstaub. (Forstmeister Vogler). **E. hiemalis** Salisb. 31a.

9. Helleborus. Niesswurz. XIII.

St. blattlos mit nur 2 kleinen, ungesp. Deckblätchen, meist 1blg.;
K. weiss od. rosenrot überlaufen. 12. 1. 2. 3.
Christblume: **H. niger** L. 32.
Pfl. nur an den Btästen mit get. Bl., mehr- bis vielbtg.; K. grünl.
3. Stiegen oberhalb Stein, Eschenz. **H. viridis** L. 33.

10. Nigella. Schwarzkümmel. XIII.

7. 8. Randen, Hallauerberg. **N. arvensis** L. 34.

11. Aquilegia. Akelei. XIII.

6. 7. Wälder des Randens, Stein. **A. vulgaris** L. 35.
Aendert ab: Bt. kleiner, braunrot od. schwärzl.-violett: Stbgf.
weiter vorragend. **A. atrata** Koch.

12. Delphinium. Rittersporn. XIII.

6—8. Unkraut auf Getreidefeldern. **D. consolida** L. 36.

13. Aconitum. Eisenhut. XIII.

6—7. Wälder des Randens, Wutachthal. **A. Lycoctonum** L. 37.

14. Actaea. Christophskraut. XIII.

5—6. Wälder, z. B. Klus, Randen, Enge, Hemmig, Schrotzburg,
Wolkenstein. **A. spicata** L. 38.

15. Poeonia. Pfingstrose. XIII.

5—6. In Gärten. Chindliwehrose: **P. officinalis** L. 39

2. Fam. Berberideen.

16. Berberis. Sauerdorn. VI.

4. 5. 6. In Hecken u. Gebüschen. Uerbseli: **B. vulgaris** L. 40.

3. Fam. Nymphaeaceen.

17. Nymphaea. Seerose. XIII.

6. Scharen, bei Binningen, Etzweiler Ried, Egelsee.
Weisse Seerose: **N. alba** L. 41.

18. *Nuphar. Teichrose. XIII.*

6—8. Pfaffensee, bei Herblingen, Hüttwylersee.

Gelbe Teichrose: **N. luteum** Sm. 42.

4. Fam. Papaveraceen.

19. *Papaver. Mohn. XIII.*

A. Stengelbl. 1—2fach-fiedersp.

1. Kaps. kahl; Stbgf. nach oben nicht verbreitert.

a. Btstiele meist abstehend behaart.

Kaps. kurz, verkehrt-eif.; Ränder der Nläppchen einander deckend. 5—7. Rote Kornblume: **P. Rhoeas** L. 43.

b. Btstiele angedrückt-behaart; Kaps. längl., verkehrt-eif., am Grunde verschmälert; Nläppchen deutlich von einander getrennt. Narbenstrahlen den Rand der Kaps. erreichend; Saft der Pfl. weiss, sich rasch gelb färbend. 6—7. Mühlethal, Ramsen.

P. Lecoqii Lamot.

Narbenstrahlen den Rand der Kaps. nicht erreichend; Saft farblos od. grünl., weiss werdend; Bl. tiefer gel. als an den vorigen. 6—7. Mühlethal, Ramsen.

P. collinum Bogenh. 45.

2. Kaps. steifhaarig; Stbgf. nach oben verbreitert.

Kaps. lang, keulenf. 5—7. Neunkirch, Schlatt, Dörflingen, Schleitheim.

P. argemone L. 46.

B. Stengelbl. unget. od. etwas eingeschnitten, stengelumfassend.

St. kahl; Kaps. kugelig od. eif.-längl. 6—8. Cult.

Mäggis: **P. somniferum** L. 47.

20. *Chelidonium. Schöllkraut. XIII.*

6—7. Auf Schutt, an Mauern.

Warzechrut, Tüfelsmilch: **Ch. majus** L. 48.

5. Fam. Fumariaceen.

21. *Corydalis. Lerchensporn. XVII.*

4. Im Wald: Stein, Mammern, Wutachthal.

Gugucheblume: **C. cava.** Schw. Krt. 49.

22. *Fumaria. Erdrauch. XVII.*

Kbl. eilanzett, ¹/₈ so lang als die Kr.; Fr. kugelig, am Scheitel etwas eingedrückt; Kr. 8–9 mm. lang, purpurrötl. 5.

F. officinalis L. 50.

K. ¹/₈—¹/₅ so lang als die Kr.; Fr. kugelig, kleiner, am Scheitel nicht vertieft; die Kr. kleiner u. blasser. 6–9. Rayat, Griesbach, Fützen, Schleitheim, Hallauerberg, Beringer Randen.

F. Vaillantii L. 51.

6. Fam. Cruciferen, Kreuzblütler.

23. *Nasturtium. Brunnenkresse. XV.*

A. Kr. weiss.

St. wurzelnd; Bl. gefiedert, untere 3zählig, obere 3—7paarig; seitenst. Fiederchen elliptisch, das endst. eif. od. herzf., grösser. 6—9. In reinem Wasser. Mühlethal, Stein.

N. officinalis R. Br. 52.

Aendert ab: Pfl. sehr klein, Blchen kurz gestielt. In Strassengräben unterh. Hohenkrähen. *N. microphyllum* Rchb.

St. sehr lang; Blchen aus herzf. Grunde lanzettl. Schweizersbild.

N. siifolium.

B. Kr. gelb.

1. Krbl. kaum länger als der K.

Untere Bl. leierf., obere tief-fiedersp.; Schoten längl., gedunsen, etwa so lang als ihr Stiel. 5—6. Auf Wydlen, bei Oberneuhaus, Hilzingen, Thayngen. **N. palustre** R. Br. 53.

2. Krbl. länger als der K.

St. am Grunde wurzelnd; untergetauchte Bl. meist fiedersp., die über Wasser stehenden meist unget., nach dem Grunde verschmälert; Schötchen oval od. längl., 3—4 mal kürzer als sein Stiel. 6. Am Rhein (Rheinhalde), Wutach, Mammern.

N. amphibium R. Br. 54.

Bl. sämmtl. tief-fiedersp., die Fiedern längl.-lanzettl.; Schote lineal, etwa so lang als ihr Stiel. 6—7. Bei Herblingen, am Rheine (Schlösschen Wörth), Paradies. **N. sylvestre** R. Br. 55.

Bl. leierf.-fiedersp.; Endabschnitt gross; Schötchen längl., an beiden Rändern zusammengedrückt, kürzer als sein Stiel; Gr. lang. 6. Bei Wangen und am Rheine herunter bis Schaffhausen. **N. riparium** Grml. 56.

24. *Barbarea. Winterkresse. XV.*

4—6. Ueberall. **B. vulgaris** R. Br. 57.

25. *Turritis. Turmkraut. XV.*

6—7. An sonnigen Hängen des Randens, Schweizersbild, Orsernthal, Hemishofen. **T. glabra** L. 58.

26. *Arabis. Gänsekresse. XV.*

A. Schoten sichelf., abwärts gebogen.

Untere Bl. elliptisch, obere längl. mit tiefherzf. Grunde stengelumfassend: Schoten sehr lang, einseitswendig. 5. Hohentwiel,
Hohenkrähen. **A. Turrita** L. 59.

B. Schoten aufrecht od. abstehend.

St. ästig, aufsteigend, am Grunde mit seitl. Blrosetten; untere
Bl. längl. od. rundl., in den langen Blstiel verschmälert. die
obern stengelumfassend; Krbl. verkehrt-eif. 4—6. In Rüdlingen auf Mauern. **A. alpina** L. 60.

St. steif-aufrecht, unterwärts von einfachen Haaren rauh: untere
Bl. mit gestutztem, obere mit herzf. Grunde sitzend; Kr.
klein, weiss, 5. Häufig. **A. hirsuta** Ssop. 61.

27. *Cardamine. Schaumkraut. XV.*

A. Blstiele pfeilf.-geöhrt.

Bl. vielpaarig; Blttchen der untern Bl. eif., die der obern längl.-
lanzett. 5. Herblingen, Freudenthal, niederer Hengst b. Bargen, Felsen des Schlosses Laufen, Katharinenthal, Kapf b.
Stein. **C. impatiens** L. 62.

B. Blstiele nicht geöhrt.

1. Krbl. wenig länger als die K.

St. mehrblttrig; Gr. so lang als die Breite der Schote; diese
auf abstehendem Stiele aufrecht. 4—6. Schleitheim, Scharenwald. **C. sylvatica** L. 63.

St. armblttrig: Gr. kürzer als die Breite der Schote, diese samt
dem Stiele aufrecht; Stbgf. meist 4. 4. Dörflingen, Rheinhalde, Flurlingen. **C. hirsata** L. 64.

2. Krbl. fast 3mal so lang als der K.

St. hohl; Krbl. 2mal so lang als die Stbgf., violett; Abschnitte der Stglbl. lineal und ganzrandig. 4. Auf Wiesen häufig. »Milchsüppli« : **C. pratensis** L. 65.

St. markig: Krbl. wenig länger als die Stbgf.; Abschnitte der Stglbl. längl. od eilängl., eckig-gezähnt. 4—6. An Bächen. **C. amara** L. 66.

28. Deutaria. Zahnwurz. XV.

Bl. gefiedert; Bt. lila. 4, 5. Am Hemming, im Beringerthal, bei Thayngen, zwischen Lohn und Opfertshofen.
D. digitata L. 67.

Bl. gefiedert; Bt. weiss od. blasslila. 4. Bei Beringen, bei Neunkirch, im Wutachthal, hinter Hohenklingen.
D. pinnata L. 68.

D. digenja Grml. (digitata-pinnata) an der Holdersteig im Beringerthal.

29. Sisymbrium. Rauke. XV.

Schoten an den St. angedrückt, pfrieml. zugespitzt; Bl. schrotsägef., fiedersp. 5—6. Häufig. **S. officinale** Scop. 69.

Schoten abstehend, kantig; Bl. unget., weichhaarig. 6. Schleitheim, Stühlingen. **S. strictissmum** L. 70.

Schoten aufwärts gebogen, 1½mal so lang als das Stielchen; Bl. 2—3fach-fiederschnittig mit linealen Abschnitten. 5—9. Höhgau, Gailinger Berg (Brunner). **S. Sophia** L. 71.

30. Alliaria. Knoblauchhederich. XV.

4. Häufig in Hecken und Gebüsch. **A. officinalis** Andrz. 72.

31. Stenophragma. Schmalwand.

4. 5. Auf Aeckern, an Mauern. (Sisymbr. Thalianum).
S. Thalianum Celak. 73.

32. Conringia. XV.

6. Auf Aeckern des Randens, Griesbach, Lohn, Schleitheim. (Erysimum orientale R. Br.)
C. orientalis Andrz. 74.

33. *Erysimum. Schotendotter. XV.*

Btstiele 2—3mal so lang als der K. 6. Auf Griesbach, im Eschheimerthal, Klettgau. **E. cheiranthoides** L. 75.

Btstiele kürzer als der K. 5. 6. Hohenkrähen, Mägdeberg, Hallauerberg. **E. crepidifolium** Rchb. 76.

34. *Brassica. Kohl. XV.*

A. Schoten mehr od. weniger abstehend.

Obere Bl. sitzend, längl.: Trauben locker, schon vor dem Aufblühen verlängert; K. aufrecht, geschlossen. 4. 5. Chabis, Kohl, Rosenkohl, Blumenkohl, Kohlrabe.
B. oleracea L. 77.

Obere Bl. eif., mit tiefherzf. Grunde, stengelumfassend; Traube während des Aufblühens flach; K. zuletzt wagrechtabstehend. 4. 5. Reps und Räbe. **B. Rapa** L. 78.

Obere Bl. mit dem verbreiterten herzf. Grunde halbstengelumfassend; Traube locker, schon während des Aufblühens verlängert; K. zuletzt halboffen. 5.
Lewat, Bodencholrabe: **B. Napus** L. 79.

B. Schoten aufrecht, dem St. angedrückt.

Alle Bl. gestielt; K. wagrecht abstehend. 6. Bei Unterhallau, Trasadingen.
Schwarzer Senf. (Sinapis nigra): **B. nigra** Koch 80.

35. *Sinapis. Senf. XV.*

Bl. ungleich gezähnt, untere leierf.; Frschnabel wenig zusammengedrückt. 5. Aecker. **S. arvensis** L. 81.

Bl. gefiedert: Schnabel breit, 2schneidig. 6. Verwildert, weisser Senf, Sommerölsamen. **S. alba** L. 82.

36. *Erucastrum. Rampe. XV.*

Bt. weissgelbl., die untern mit Deckbl.; K. fast aufrecht. 5. 6. Stammheim, Oerlingen, im Thurtbal, bei Rüdlingen, Gailingen, Untereschenz, Bahnhof Etzweilen.
E. Pollichii Sch. Sp. 83.

Bt. citronengelb, ohne Deckbl.; K. abstehend. 5. 6. Bei Dörflingen, am linken Ufer des Untersees.
E. obtusangulum Rchb. 84.

Schoten angedrückt; Bl. leierf., kurzhaarig; obere lineal-lanzett.
6. Einmal bei Oberhallau (Ziegler), Schaffhausen (Schalch).
(Sinapis incana L.)   **E. incanum** Koch 85.

37. Diplotaxis. Doppelsame. XV.

6. Büsingen, Gailingen, Stein.   **D. muralis** Dec. 86.

38. Alyssum. Steinkraut. XV.

K. bis zur Frzeit bleibend; Bt. klein; Krbl. blassgelb; langer
Stbf. nicht geflügelt. 4. 5. An trockenen Orten.
A. calycinum L. 87.
K. abfallend; Blbl. goldgelb; längere Stbfd. geflügelt. 5. Hohent-
wiel.   **A. montanum** 88.

39. Lunaria. Mondviole. XV.

5. 6. Bei Thayngen, Kerzenstübli bei Lohn, Stein (Schalch).
L. rediviva L. 89.

40. Erophila. Hungerblume. XV.

3. Auf Aeckern und Mauern. (Draba verna L.)
E. Verna E. Mey. 90.

41. Cochlearia. Meerrettig. XV.

5. Ob Feuerthalen, Rheinufer b. Kloster Stein und cult.
C. Armoracia L. 91.

42. Camelina. Leindotter. XV.

**A. Stglbl. lineal-längl., nach dem Grunde verschmälert, buch-
tig gezähnt od. fiedersp.**
Schötchen an der Spitze gestutzt. 5. 6. Oberhallau. (C. Foetida Fr.)
C. dentata Pers. 92.

**B. Stglbl. längl.-lanzett od. lanzett, ganzrandig od. gezähnelt.
Schötchen oben abgerundet.**
Pfl. zieml. kahl; Frchttrauben zu mehreren, mässig verlängert;
Schötchen verkehrt-eirund; Klappen stark gewölbt. 6. 7.
Herblingen, Ramsen, Griesbach, Eschheimerthal.
C. sativa Crantz 93.

Pfl. reichlicher behaart; Frchttrauben einzeln od. wenige, sehr verlängert; Schötchen verkehrt-eirund, birnf.; Klappen weniger gewölbt; Bt. blasser gelb. 5. Zwischen Löhningen und Gächlingen, Wilchingen. **C. microcarpa** Andrz. 94.

43. Thlaspi. Täschelkraut. XV.

A. Schötchen gross, flach zusammengedrückt, ringsum breit geflügelt.

St. kantig; S. bogig-runzelig. 5. Aecker. **T. arvense** L. 95

B. Schötchen kleiner, wenigstens auf einer Seite etwas gewölbt, ohne od. mit gegen den Grund verschwindendem Flügel.

St. stielrund, ästig; Pfl. ohne nichtblühende Rosetten (1jährig). Gr. fehlend; Fächer 4samig; S. glatt. 4. Häufig.

T. perfoliatum L. 96.

St. stielrund, einfach, mit nicht blühenden Rosetten (2—mehrjährig). Gr. lang; Fächer 2samig; S. glatt. 4. Geisbergwald, Freudenthal, Wilchingen, Teufelsküche, Grimmelshofen a. d. Wutach. **T. montanum** L. 97.

44. Iberis. Bauernsenf. XV.

5. Randen (Thalisbänkli). **J. amara** L. 98.

45. Lepidium. Kresse. XV.

A. Schötchen deutlich ausgerandet.

1. Stbl. mit pfeilf. Grunde, stglumfassend.

Schötchen ungeflügelt; Gr. lang. 6. Zwischen Schleitheim und Stühlingen, Osterfinger Bad. **L. Draba** L. 99.

Schötchen geflügelt; Gr. kurz. 6. Felder, Wegränder.

L. campestre R. Br. 100.

2. Stbl. nicht pfeilf., stglumfassend.

Schötchen an der Spitze breit geflügelt. 6. Binninger Ried. Gartenkresse. **L. sativum** L. 101.

B. Schötchen sehr schwach ausgerandet.

Schötchen rundl. ungeflügelt; Gr. kurz. 6. Schloss Laufen, Hohfluh, Hohentwiel, Hohenkrähen.

L. latifolium L. 102.

46. Capsella. Hirtentäschel. XV.

4—10. Ueberall. Säckeldieb: **C. Bursa pastoris** Mönch. 103.

47. Senebiera. Krähenfuss.

7. Neunkirch, Unterhallau, Oberhallau.

S. coronopus Poir. 104.

48. Isatis. Waid. XV.

4. 5. Nohl, Felsenthal. **J. tinctoria** L. 105.

49. Myagrum. Hohldotter. XV.

5. Schlösschen Wörth (Ziegler). **M. perfoliatum** L. 106.

50. Neslea. Ackernüsschen. XV.

5. 6. Aecker, z. B. Buchthalen, Eschheimerthal, Schleitheim, Bleiche bei Stein. **N. paniculata** Desv. 107.

50a. Rapistrum. Repsdotter. XV.

6. Zwischen Neunkirch und Oberhallau (Ziegler), Wilchingen (Gremli). **R. rugosum** Bergt. 108.

51. Raphanistrum. Hederich. XV.

6. Aecker. **R. Lampsana** Gärtn. 109.

52. Raphanus. Rettich. XV.

5. 6. Cult. **R. sativus** L. 110.

VII. Fam. Cistineen.

53. Helianthemum. Sonnenröschen. XIII.

6—8. An sonnigen Orten. **H. vulgare** Dec. 111.
Die var. albiflorum Koch an Weinbergsmauern b. Stein (Vetter).

VIII. Fam. Violarieen.

54. Viola. Veilchen. V.

A. Die obern Krbl. aufwärts gerichtet, die 2 seitl. wagrecht abstehend od. abwärts gerichtet; Gr. oben ohne keulenf. Verdickung.

1. Bl. u. Btstiele aus dem Wurzelstock entspringend; Kbl. stumpf.
   a. Ausläufer fehlend.

Fransen der Nebenbl. kahl, kürzer als der Querdurchmesser der Nebenbl.; Bt. geruchlos, violett, selten weiss. 4. In Hecken, an Waldrändern. **V. hirta** L. 112

Fransen der Nebenbl. gewimpert, die mittlere so lang als der Querdurchmesser des Nebenbl.; Bt. schwach wohlriechend, hellblau. 4. An lichten Stellen im Gebüsch, z. B. Stein etc.
V. collina Bess. 113.
b. Ausläufer vorhanden.

Bl. breit-eif., tiefherzf.; Nebenbl. lanzett, am Rande nebst den Fransen kahl. 4. **V. odorata** L. 114.
2. Bl. u. Btstiele aus dem Wurzelstock entspringend; Kbl. spitz.
Btstiele kahl; Nebenbl. gefranst. Beringerthal (Gremli).
V. perplexa Grem.
3. Alle Btstiele aus beblätterten Stengeln od. Zweigen entspringend; Kbl. spitz.

2a. Pfl. mit grundst. Bl.
Krbl. violett, Sporn gleichfarbig, schlank, kaum gefurcht. 4. 5. Wälder, Gebüsche. **V. silvatica** Fr. 115.
Krbl. blau; Sporn weissl., dick, gefurcht. 4. 5. Wälder, Gebüsche, Wilchingen (Gremli). **V. Riviniana** Rchb. 116.

2b. Pfl. ohne grundst. Bl.
Bl. längl.-eif., am Grunde herzf. od. fast abgestutzt, wenig gezähnt und wenig zugespitzt, länger als breit; Nebenbl. der mittleren Bl. kürzer als der Blstiel, wenig tief gefranst; Kr. blau; Sporn fast doppelt so lang als das Klehanhängsel. 5. 6. Nicht häufig. **V. canina** L. 117.
Bl. lanzett, am Grunde gestutzt od. etwas keilf. in den Blstiel verlaufend; Nebenbl. der mittleren Bl. mindestens halb so lang, die der oberen ebenso lang als der Blstiel. 5 (V. pratensis M. u. K.) **V. pumila** Chaix 118.
3. Btstiele teils aus dem Wurzelstock, teils aus beblätterten Zweigen entspringend.
Kbl. zugespitzt; St. am Grunde mit bräunl. Schuppen; Bl. gross, breitherzf.; Nebenbl. ganzrandig, gewimpert, nicht gefranst; Kr. der ersten Bt. gross, blauviolett, wohlriechend, die spätere verkümmert. 4. Wälder. **V. mirabilis** L. 119.

B. Auch die 2 seitl. Krbl. aufwärts gerichtet; Gr. oben keulenf. verdickt.
St. aufsteigend od. aufrecht; untere Bl. herzeif., obere lanzett; Nebenbl. bttartg., der mittl. Zipfel viel grösser. 6—8. Aecker, Gärten. Stiefmütterli, Jessesli: **V. tricolor** L. 120.

IX. Fam. Resedaccen.

55. *Reseda. Resede. XI.*

K. 4t.; Bl. unget., lineallanzett. 6. Auf Schutt; Büsingen, Hohentwiel. **R. luteola** L. 121.

K. 6t.; mittlere Stglbl. 1—2fach flederschnittig. 6. Wegränder, Felder. **R. lutea** L. 122.

X. Fam. Droseraccen.

56. *Drosera. Sonnenthau. V.*

Bl. fast kreisrundl., plötzlich in den Blstiel zusammengezogen. 7. Binninger Ried, Enge-Sumpf*), Pfaffensee bei Herblingen, Egelsee bei Thayngen, Scharen. **D. rotundifolia** L. 123.

Bl. aufrecht, lineal-längl., 3—4mal so lang als breit, allmählig in den Blstiel verschmälert. 7. Scharen, Schlatt, Etzweiler Ried, Ramser Mösli, Stein, Huttwylersee.
(D. congifolia Hayn.) **D. anglica** Hud. 124.

57. *Parnassia. Herzblatt. V.*

7. Auf Sumpfwiesen, Grezengraben, Enge.
P. palustris L. 125.

XI. Fam. Polygaleen.

58. *Polygala. Kreuzblume. XVI. XVII.*

A. Bt. gelb, zu 1 od. 2 in den obern Blwinkeln.

Bl. lederartig, immergrün. 4. 5. Dörflingen, Schlatt, Wutachthal (Grimmelshofen), ob Eschenz, bei Mammern.
P. Chamaebuxus L. 126.

B. Bt. blau, rosenrot od. weiss, in Trauben; Bl. abfallend.

1. Adern der Flügel verästelt, netzf. miteinander verbunden. Kraut nicht bitter; Deckbl. alle halb so lang als das Blstielchen. 5. 6. Kohlfirst, Randen, Wolkenstein. **P. vulgaris** L. 127.

Die noch unentwickelten Bt. von den obersten Deckbl. überragt. 5. 6. Randen, Stein. Häufiger als d. v.
P. comosa Schk. 128.

---

*) Durch Herrn Prof. Merklein gepflanzt 1853.

2. Adern der Flügel wenig verästelt, netzf. mit einander verbunden.

Stämmchen ziemlich verlängert, untere Bl. gross, verkehrt-eif.,
eine Rosette bildend; Bt. klein, blau, rötlich od. weiss, Flügel 3—4 mm., schmäler als die Kaps. 5. 6. Sumpfige Stellen,
Scharen, Gailingen. **P. austriaca** Crantz. 129.

XII. Fam. Sileneen.

59. *Dianthus. Nelke. X.*

A. Bt. büschelig-gehäuft.

St. kahl; Bl. schmal-lineal; Btbüschel von ovalen, häutigen
Schuppen fast ganz eingehüllt; Kbl. durch häutige Rand-
streifen verbunden. 6. Stein, Dörflingen, Enge, Hohentwiel.
(Tunica prolifera Scop.) **D. prolifer** L. 130.

St. oben rauhhaarig; Bl. lanzett; Hüllschuppen lanzett-pfrieml.,
grün, länger als der K. 6. Scharenwald, Kohlfirst, Kressenberg. **D. Armeria** L. 131.

St. kahl; Bl. lineal, an der Basis mit langer Scheide; Hüllschuppen braun, lederartig, kürzer als der K.; Bt. zu 2—6. 6.
Häufig. **D. Carthusianorum** L. 132.

B. Bt. einzeln od. rispig.

1. Platte der Krbl. unget., nur gezähnt.

St. weichhaarig mit 1btgen Aesten; Kschuppen mit der Granne
halb so lang als die Kröhre. 6. Ramsen, Gottmadingen,
Schrotzburg. **D. deltoides** L. 133.

St. kahl, 1btg.: Kschuppen 4mal kürzer als die Röhre; Krbl. am
Grunde bärtig. 7. Wilchingen, Hohentwiel.
D. caesius L. 134.

2. Platte der Kr. fiedersp.-eingeschnitten.

Stämmchen sehr ästig, dicht rasig. 7. Griesbach, Schleitheim,
Wald zwischen Rheinau und Flaach.
D. superbus L. 135.

60. *Gypsophila. Gipskraut. X.*

6—8. Bei Buchberg, Eschheimerthal, Kohlfirst, Scharen.
G. muralis L. 136.

61. Saponaria. Seifenkraut. X.

K. walzenf., nicht geflügelt; Krbl. mit Krönchen. 7—9. In Hecken, an uncult. Orten. **S. officinalis** L. 137.

K. 5kantig-geflügelt; Krbl. ohne Krönchen. 6. 7. Griesbach, Oberhallau, Schleitheim, Stein.
(Vaccaria parviflora Mönch.) **S. vaccaria** L. 138.

62. Silene. Leinkraut. X.

A. Krbl. am Grunde ohne Schuppen.

K. röhrig-glockig, 10nervig. 5—8. Gennersbrunn, Buch, Hohentwiel, Mägdeberg. **S. Otites** Sm. 139.

K. aufgeblasen, 20—30nervig. 6—8. Häufig.
Tubechröpfli, Chlöpferli: **S. inflata** Sm. 140.

B. Krbl. am Grunde mit Schuppen.

St. oberwärts drüsig, klebrig; Bt. nickend. 6. 7. Enge, im Loch, Stein. **S. nutans** L. 141.

63. Melandrium. Waldnelke. X. XXII.

A. Bl. zwttg.; Gr. 3.

Krbl. schmutzigweiss od. etwas rötlich. 7—9. Paradies, Oberhallau, Schleitheim, Höhgau, Singen, Mammern.
(Silene noctiflora L.) **M. noctiflorum** Fr. 142.

B. Bt. getrenntgeschlechtig; Gr. 5.

Bt. weiss; Btstiele und K. drüsig-behaart; Kaps. kugelf. mit gerade vorgestreckten od. etwas auswärts gebogenen Zähnen. 5—9. Hemmenthal, Paradies, Stein, Herblingen.
,(M. album Garck.). **M. vespertinum** Martins 143.

Bt. rot; Btstiele und K. zottig, aber nicht drüsig-behaart; Kaps. kugelig-eirund mit zurückgerollten Zähnen. 4. 5. Hemmenthal, Siblinger Randen, Schweizersbild, Wutachthal.
(M. rubrum Garck.). **M. diurnum** Crép. 144.

64. Lychnis. Lichtnelke. X.

Krbl. unget.; St. oberwärts unter den Gelenken klebrig. 5. 6.
Hofenacker, Buch, Gottmadingen.
(Viscaria vulgaris Röhl) **L. viscaria** L. 145.

Krbl. bis unter die Mitte 4sp. 5—7. Paradies etc.
L. Flos cuculi L. 146.

65. Agrostemma. Kornrade. X.

6. 7. Unkraut im Getreide. Raden: A. Githago L. 147.

XIII. Fam. Alsineen.

66. Spergula. Spark. X.

6—9. Ried bei Schaffhausen, Herblingen, Dörflingen, Haslach, Schrotzburg. S. arvensis L. 148.

67. Sagina. Mastkraut. IV. X.

St. liegend, am Grunde wurzelnd; Bl. nicht gewimpert; Btstiele nach dem Verblühen herabgekrümmt. 5—9. Enge, Stadt Schaffhausen, Stein, Ramsen. S. procumbens L. 149.
St. aufrecht od. aufsteigend, nicht wurzelnd; Bl. gewimpert; Btstiele stets aufrecht. 6—9. Wald zwischen Neunkirch und Haslach, Eschheimerthal, Trüllikon, Diessenhofen, Entensee bei Schleitheim, Wutachthal. S. apetala L. 150.
Bl. kahl od. am Grunde nur schwach gewimpert; Btstiele nach dem Verblühen an der Spitze hakenf. herabgekrümmt, zur Frzeit wieder aufrecht; Kbl. der Kaps. angedrückt; Pfl. dunkler grün und mehr ausgebreitet als d. v.: die äussern Kbl. mit einem deutl. Stachelspitzchen. 5. Brachfelder: Wilchingen, Unterhallau. (S. depressa Schultz.) S. ciliata Fr. 151.

68. Alsine. Miere. X.

6—9. Bei Buchberg, Dörflingen, Buchthalen, Etzweilen, Stein, Hemishofen, Hohentwiel, im Wutachthal.
A. tenuifolia Wahlb. 152.

69. Moehringia. Möhringie. X. VIII.

5—6. Hecken, Gebüsche. M. trinervia Clairv. 153.

70. Arenaria. Sandkraut. X.

6—8. Aecker, Mauern. A. serpyllifolia L. 154.

71. Holosteum. Spurre. III. V. X.

4. 5. Aecker, z. B. Paradies, Hemishofen, Herblingen, Thayngen, Bibern, Schlösschen Wörth, Weg nach Jestetten Aazheim gegenüber. H. umbellatum L. 155.

72. Stellaria. Sternmiere. III. V. X.

A. St. stielrund; untere Bl. gestielt.

St. aufsteigend, oberwärts zottig behaart; Bl. herzf., zugespitzt; Blbl. viel länger als der K. 5—9. Feuchte und schattige Stellen: Oberwiesen (Schleitheim) an der Wutach.

S. nemorum L. 156.

St. einreihig behaart; Bl. eif., kurz zugespitzt; Blbl. kaum so lang od. kürzer als der K. od. fehlend. 3—10. Wegränder, Gräben. Hennedarm: **S. media** Cyrillo 157.

B. St. 4kantig; Bl. sämmtl. sitzend.

Bl. ganz kahl; Deckbl. am Rande ungewimpert. 6. 7. Binninger-Ried. (S. palustris Ehrh.) **S. glauca** Witherg. 158.

Bl. am Grunde etwas gewimpert; Deckbl. am Rande gewimpert. 5—8. Wald, Hecken, Wiesen. **S. graminea** L. 159.

73. Malachium. Weichkraut. X.

6—10. Hecken, Gräben. **M. aquaticum** Fries 160.

74. Cerastium. Hornkraut. X.

A. Krbl. ungefähr so lang als der K.

1. Deckbl. sämmtl. krautig, behaart.

Frstiele und Krbl. etwa so lang als der K. 5—9. Marthalen, Buchthalen, Ziegelhütte (Stein), Rheinfall.

C. glomeratum Thuill 161.

Frstiele 2—3mal so lang als der K. 5. 6. Herblingen, Gailinger Berg, Feuerthalen, Jestetten, Merishauserthal, Stein.

C. brachypetalum Desportes. 162.

2. Deckbl. (wenigstens die mittlern und obern) am Rande trockenhäutig.

St. an den unteren Gliedern wurzelnd; Krbl. meist etwas länger als die Kbl. 5—9. Grasplätze, Wegränder.

C. triviale Link. 163.

St. nicht wurzelnd; Blbl. so lang od. etwas kürzer als der K. 4. 5. Hohentwiel, Hemishofen, Rheinfall.

C. semidecandrum L. 164.

Häutiger Rand der Deckbl. schmäler als b. d. v., an den untern oft fehlend; Frstiele weniger herabgebogen. 4. 5. Dörflingen, Jestetten. **C. glutinosum** Fries 165.

B. Krbl. doppelt so lang als der K.

5. 6. An steinigen Hängen; häufig. **C. arvense** L. 166.

XIV. Fam. Lineen.

76. *Linum. Lein. V. XVI.*

A. Bl. wechelst.

1. Krbl. am Rande drüsig gewimpert.
6. 7. Sonnige, steinige Hügel. **L. tenuifolium** L. 167.
2. Kbl. am Rande drüsenlos.
6. 7. Gebaut. Flachs: **L. usitatissimum** L. 168.

B. Bl. wenigstens teilweise gegenst.

5—9. Wiesen; häufig. **L. catharticum** L. 169.

XV. Fam. Malvaceen.

76. *Malva. Malve, Käsepappel. XVI.*

A. Stglbl. handf.-5t.

Oberer Teil des St., Bl. und K. mit angedrückten Haaren besetzt; Teilfrchen kahl. 7. 8. Randen, Höhgau, Hauenthal, Oberhallau. **M. alcea** L. 170.
Eine Form mit nur handf. gelappten Bl. (var. lobata Döll) bei Stein.
St. und Bl. Von einfachen Haaren rauh; Teilfrchen dicht rauhhaarig. 7. 8. Hallauerberg, Rayat, Höhgau, Hemishofen. **M. moschata** L. 171.

B. Stglbl. 3—7lappig.

Krbl. 3—4mal länger als der K.; Aussenkbl. eilängl. 6—9. Wegränder, Schutt. **M. sylvestris** L. 172.
Krbl. 2—3mal länger als der K.; Aussenkbl. lineal-lanzet. 6—9. W. v. Käspappele: **M. neglecta** Wallr. 173.

77. *Althaea. Eibisch. XVI.*

Bl. breiteif., eckig gezähnt, weichhaarig; Krbl. blassrot. 7. 8. In Gärten. Cult. **A. officinalis** L. 174.
Bl. rundl., 5—7lappig, rauhhaarig; Krbl. schwarzrot. 7—10. In Gärten. Cult.
Stockrose, Pappelrose: **A. rosea** Cavanilles 175.

XVI. Fam. Tiliaceen.

78. *Tilia. Linde. XIII.*

Bl. unterseits weichhaarig; Trugdolden 2—5btg. 6. Im Walde, hie und da. (G. platyphylla Scop.) Sommerlinde:
T. grandifolia Ehrh. 176.

Bl. beiderseits kahl; Btstände 7—11btg.; blüht 14 Tage später als d. v. In Anlagen. Winterlinde: (T. ulmifolia Scop.)
T. parvifolia Ehrh. 177.

XVII. Fam. Hypericineen.

79. *Hypericum. Hartheu, Johanniskraut. XVIII.*

A. Kbl. ganzrandig, drüsenlos.

St. aufrecht, 2kantig; Bl. durchscheinend-punktiert; Kbl. lanzettspitz. 7. 8. Wegränder, lichte Waldstellen.
H. perforatum L. 178.

St. aufrecht, 4kantig; Bl. wenig punktiert; Kbl. elliptisch-stumpf. 6—9. Wälder: Eschheimerthal.
H. quadrangulum L. 179.

St. aufrecht, geflügelt-4kantig; Bl. dicht-punktiert: Kbl. lanzettspitz. 7. 8. Paradies, Benken, Kohlfirst, Schützenhaus (Stein).
H. tetrapterum Fr. 180.

St. niederliegend, fadenf., fast 2kantig; Bl. punktiert: Kbl. stumpf, kurzstachelspitzig. 6—9. Enge, Kohlfirst, Wald zwischen Neunkirch und Haslach, Kressenberg, Mammern.
H. humifusum L. 181.

B. Kbl. am Rande drüsig, gesägt.

St. kahl; Kbl. verkehrt-eif., sehr stumpf. 7—9. Im Walde bei Guntmadingen, Feuerthalen, Wilchingen
H. pulchrum L. 182.

St. kahl; Bl. sitzend, am Rande schwach punktiert: Kbl. lanzettspitz. 6—8. Wälder. **H. montanum** L. 183.

St. und die kurzgestielten Bl. weichhaarig: Kbl. lanzett-spitz. 6—8. Osterfingen, Schlatt am Randen, Hemmenthal, Herblingen, Wutachthal. **H. hirsutum** L. 184.

XVIII. Fam. Acerineen.

80. Acer. Ahorn. VIII. XXII.

A. Btstd. eine etwas ästige, hängende Traube.
Bl. unten bläul.-grün. 5. 6. Im Walde.
Bergahorn: **A. pseudoplatanus** L. 185.

B. Btstd. doldentraubig, aufrecht.
Bllappen zugespitzt; Bt. gelbgrün. 4. 5. Blüht etwas früher als
d. v. In Wäldern. Spitzahorn: **A. platanoides** L. 186.
Bllappen stumpf; Bt. grün. 5. Waldränder, Hecken, Gebüsch.
Häufiger als d. v. Massholder: **A. campestre** L. 187.

XIX. Fam. Hippocastaneen.

81. Aesculus. Rosskastanie. VII.

Grosser Baum; Bt. weiss, am Grunde mit gelbl. od. rötl. Flecken.
4. 5. In Anlagen. **A. Hippocastanum** L. 188.
Kleinerer Baum: Bt. hellrot. Fr. weniger stachlig. 5. 6. w. v.
A. carnea Willd. 189.

XX. Fam. Ampelideen.

82. Ampelopsis. Wilde Rebe. V.
7. 8. An Lauben, Mauern. Cult.
A. quinquefolia R. u. Sch. 190.

83. Vitis. Weinrebe. V.
6. Cult. **V. vinifera** L. 191.

XXI. Fam. Geraniaceen.

84. Geranium. Storchschnabel. XVI.

A. Ausdauernde Arten: Der Wurzelstock mit Resten der vorjährigen Bl. besetzt.
1. Btstiele 2btg.
a. St. oberwärts drüsig behaart.
Btstielchen nach dem Verblühen herabgeschlagen, später wieder
aufrecht; Krbl. über dem Nagel kahl und am Rande bärtig-
bewimpert; Stbf. am Grunde kreisf. erweitert. 6—8. Lohn,
Oberhallau, Hohentwiel, Hemmenthal, Füetzen, Schleitheim,
Engestieg, Schaffhausen. **G. pratense** L. 192.

Btstielchen immer aufrecht; Stbf. lanzett; Krbl. auch über dem Nagel bärtig-bewimpert. 6. 7. Waldwiesen.

G. sylvaticum L. 103.

b. St. oberwärts mit drüsenlosen Haaren.

St. ausgebreitet, mit rückwärts gerichteten Haaren; Krbl. verkehrt-eif. 7. Haslach, Hüttweilersee, Stein, Eschenz, Mammern. **G. palustre** L. 194.

St. aufrecht, weichhaarig und etwas zottig; Krbl. 2sp., oberhalb des Nagels beiderseits mit Haarbüschel. 6—9. Wegränder. Häufig. **G. pyrenaicum** L. 195.

2. Btstiele 1btg.

St. mit abstehenden, drüsenlosen Haaren; Blbl. purpurrot. 6—8. An sonnigen, steinigen Hügeln. **G. sanguineum** L. 196.

B. Einjährige Arten.

a. Bl. 5—9t.

1. Frchen glatt, behaart; Samen glatt.

St. mit kurzen Drüsenhaaren; Kr. ungefähr so lang als der K. 5—8. Wegränder. Häufig. **G. pusillum** L. 197.

2. Frchen glatt, oft behaart; Samen netzf.-grubig.

Krbl. verkehrtherzf.; Btstdstielchen kürzer als das Bl.; Frchen behaart. 6—8. Felder, Wege. **G. dissectum** L. 198.

Krbl. verkehrtherzf.; Btstdstiele länger als das Bl.; Frchen kahl. 6—9. W. d. v. **G. columbinum** L. 199.

Krbl. längl., keilf., Frchen abstehend-weichhaarig. 5—9. Hohlenbaum, Hohenklingen, Rheinau, Diessenhofen.

G. rotundifolium L. 200.

3. Frchen runzelig; Samen glatt.

St. zottig-behaart; Krbl. rötl. 5—8. Wegränder.

G. molle L. 201.

b. Bl. 3—5zählig: Blchen gestielt, fiedersp.-eingeschnitten.

St. abstehend behaart; K. nach dem Verblühen geschlossen. 6—10. Häufig. **G. Robertianum** L. 202.

85. Erodium. Reiherschnabel. XVI. X.

3—10. Felder, Wege etc. **E. cicutarium** L'Herit. 203.

XXII. Fam. Balsamineen.

86. Impatiens. Springkraut. V.

6—8. Mühlenthal, Orsernthal, Kressenberg (Stein). **J. noli tangere** L. 204.

XXIII. Fam. Oxalideen.

87. Oxalis. Sauerklee. XVI. X.

St. fehlend; Btstiele 1btg.; Krbl. weiss, rötl. geadert. 4—6. Wälder. Häufig. Hasenklee: **O. acetosella** L. 205.

St. einzeln, aufrecht; Btstiele ohne Nebenbl., 2—5btg.; Krbl. gelb. 6—9. Unkraut in Gärten, auf Aeckern. **O. stricta** L. 206.

St. mehrere; Btstiele am Grunde mit 2 kleinen Nebenbl.; Kr. gelb. 6—9. Schaffhausen, Stein, Mammern. **O. corniculata** L. 207.

XXIV. Fam. Rutaceen.

88. Dictamnus. Diptam. X.

5. 6. Am Randen. (D. fraxinella, Pers.). **D. albus** L. 208.
/.

XXV. Fam. Celastrineen.

89. Staphylea. Pimpernuss. V.

5. Mühlenthal, in Anlagen. **St. pinnata** L. 209.

90. Evonymus. Pfaffenkäppchen, Spindelbaum. VI. V.

5. 6. Waldränder, Hecken. Mutschelleli: **E. europaeus** L. 210.

XXVI. Fam. Rhamneen.

91. Rhamnus. Wegdorn. IV. V. XXII.

Btstiele 2—3mal so lang als die Nebenbl.; Bl. eif. od. elliptisch mit abgerundetem od. etwas herzf. Grunde. 5. 6. Mühlenthal, Gaisberg, im Hemmenthalerthal, Siblinger Randen, Bargen, Hohenklingen, Wangen. **Rh. cathartica** L. 211.

Blstiele so lang od. nur wenig länger als die Nebenbl.; Bl. elliptisch-lanzett, am Grunde verschmälert, viel kleiner als an v. Art. 4. 5. Wangenthal. **Rh. saxatilis** L. 212.

92. *Frangula. Faulbaum. V.*

5. 6. Wälder. (Rhamnus frangula L.) **F. Alnus** Miller 213.

XXVII. Fam. Papilionaceen.

93. *Genista. Ginster. XVI.*

A. St. **kriechend; Aeste blattartig-geflügelt; Bl. sitzend.**
5—7. Waldränder. **G. sagittalis** L. 214.

B. St. **nicht kriechend; Aeste nicht geflügelt.**
1. St. dornig; unterwärts blattlos.
6. 7. Wälder. **G. germanica** L. 215.
2. St. nicht dornig.
Hülsen kahl, selten angedrückt-behaart; Bl. lanzett od. elliptisch-lanzett. 6. 7. Wälder, Gebüsch. **G. tinctoria** L. 216.
Hülsen zottig; St. und Bl. abstehend-kurzhaarig; Bl. breiter als an v. Art; Trauben kürzer. 6. Wangenthal.
G. ovata W. K. 217.

94. *Cytisus. Bohnenbaum. XVI.*

Trauben seitenst., hängend. 5. 6. Zierstrauch, verwildert im Gaisbergwalde. (Forstmeister Steinegger).
Goldregen: **C. laburnum** L. 218.
Trauben endst., aufrecht. 6. 7. Waldige Abhänge.
C. nigricans L. 219.

95. *Ononis. Hauhechel. XVI.*

St. niederliegend od. aufsteigend, oft ohne Dornen; Blttchen oval, drüsenhaarig; K. länger als die Fr. 6. 7. Weg- und Feldränder. (O. repens L.). **O. procurrens** Wallr. 220.
St. aufrecht od. aufsteigend, stets mit zahlreichen, kurzen, sehr spitzigen Dornen und einem Haarstreifen; Blttchen längl.-eif., wenig behaart; Krbl. rot; K. kürzer als die Fr. 6—8. Soll im Paradies und bei Hemmenthal vorkommen.
O. spinosa L. 221.

96. Anthyllis. Wundklee. XVI.

5. 6. Häufig. A. vulneraria L.. 222.

97. Medicago. Schneckenklee. XVIII.

A. Trauben reichbtg.; Hülsen dornenlos.

1. Bt. mittelgross, 8—12 mm.

Bt. violett, blau od. lila; Hülsen mit 2—3 Windungen. 6—9.
Cult. Luzernerklee: **M. sativa** L. 223.
Bt. heller od. dunkler gelb; Hülsen sichelf. gekrümmt od. mit
einer Windung. 6—9. An Wegen. **M. falcata** L. 224.
Bt. schmutzig-gelb, grün od. violett gescheckt; Hülsen 1½—2mal
gewunden. 6—9. Wege, Grasplätze.
M. varia Martyn 225.

2. Bt. klein, gelb.
Hülsen an der Spitze mit einer Windung. 5—9. Wiesen, Wege,
häufig; auch cult. »Zitterlichlee«: **M. lupulina** L. 226.

B. Trauben wenigbtg.; Hülsen dornig.

1. Nebenbl. ganzrandig od. kurz gezähnt; Hülsen mit 5 Windungen.
Pfl. behaart. 5. 6. Emmersberg, Hohentwiel, Buch.
M. minima Bartalino 227.
2. Nebenbl. tief-fiedersp.; Hülsen mit 2—3 Windungen. Pfl. zieml.
kahl.
Stacheln an der Spitze hakig, so lang od. halb so lang als der
halbe Durchmesser der Hülse. 6. Osterfingen, Schaffhausen.
M. denticulata Willd. 228.
Stacheln zieml. gerade, kürzer als der halbe Querdurchmesser
der Hülse. 6. Schaffhausen, Osterfingen (Gremli).
M. apiculata Willd. 229.

98. Melilotus. Steinklee. XVII.

1. Bt. weiss.
7—9. Wege. **M. albus** Descr. 230.
2. Bt. gelb.
Flügel länger als das Schiffchen; Hülsen kahl. 7—9. Wegränder.
(M. officinalis Desr.). **M. arvensis** Wallr. 231.
Flügel so lang als das Schiffchen; Hülsen angedrückt-behaart.
7—9. Beggingen, Schleitheim.
(M. macrorrhiza. Koch.). **M. altissima** Thuill. 232.

99. Trifolium. Klee. XVII.

A. Bt. rot, sitzend.

a. St. niederliegend und wurzelnd; K. nach dem Verblühen
blasig aufgetrieben.

6—9. Gennersbrunn, Wydlen, Rüdlingen, Schleitheim, Diessenhofen, Unterhallau. Stein. **T. fragiferum** L. 233.

b. St. aufrecht; K. nach dem Verblühen nicht blasig aufgetrieben.

1. Krröhre aussen kahl.

Köpfchen längl.-walzenf., meist zu 2; K. 20nervig. 6. 7. Hohfluh,
Schweizersbild, Hohenklingen, Haslach, Scharen etc.
T. rubens L. 234.

Köpfchen kugelig, einzeln; K. 10nervig. 6—8. Wälder.
T. medium L. 235.

2. Krröhre aussen weichhaarig od. zottig.

2a. K. länger, so lang od. wenig kürzer als die Kr.

Köpfchen längl., sehr zottig; Kr. anfangs weissl., später blassrötl. 7—9. Aecker, z. B. Hohfluh, Hohentwiel.
T. arvense L. 236.

2b. K. entschieden kürzer als die Kr.

Nebenbl. eif., plötzl. in eine Granne zugespitzt; Köpfchen zu 2,
von Bl. umhüllt. 5—10. Cult. und wild.
T. pratense L. 237.

Nebenbl. lanzett-pfrieml. 6—8. Eschheimerthal, Enge, Gaisberg.
T. alpestre L. 238.

Nebenbl. eif.; Köpfchen zuletzt walzig, einzeln, am Grunde ohne
Hülle. 6—7. Selten gebaut, verwildert.
T. incarnatum L. 239.

B. Bt. weiss, gelbl. weiss od. blassrötl.

1. Bt. gelbl. weiss, sitzend.

Nebenbl. lanzett-pfrieml.; K. abstehend-rauhhaarig. 6. 7. Schleit-
heim, Hofwiesen, am Seeli b. Dörflingen, im Thaynger Riede,
Erlatinger Mühle, Weg zwischen Oberhallau und Stühlingen.
T. ochroleucum L. 240.

2. Bt. weiss od. blassrötl., gestielt.

St. fast aufrecht; Blttchen unterseits behaart, am Rande dicht-
aderig. 5—8. Häufig. **T. montanum** L. 241.

St. niederliegend, wurzelnd; Blttchen verkehrt-eif.; Köpfchen langgestielt; die 2 obern Kzähne durch eine spitze Bucht getrennt. 5—9. Häufig. **T. repens** L. 242.

Köpfchen kurzgestielt: die 2 obern Kzähne durch eine runde Bucht getrennt; Bt. anfangs weiss, später rosenrot; St. aufrecht od. aufsteigend, hohl. 5—10. An der Wutach, b. Schleitheim, Siblingen, zwischen Hallau und Wilchingen, zwischen Binningen und Storzeln. **T. hybridum** L. 243.

Bt. von Anfang an rosenrot; St. niederliegend od. aufsteigend; nicht od. kaum hohl; Köpfchen kleiner als an d. v..; s.w.v. Klettgau, Mammern. **T. elegans** Sav. 244.

C. Bt. gelb.

1. Köpfchen 5—15btg.; Fahne fast glatt. St. schwach ausgebreitet; Kr. blassgelb. 5—10. Wiesen: Haslach. **T. minus** Relh. 245.

2. Köpfchen 20—50btg.; Fahne vorn löffelf. erweitert, gefurcht. Blttchen alle sitzend; Nebenbl. am Grunde nicht breiter. 6. 7. Im lichten Walde. **T. agrarium** L. 246.

Das mittlere Blttchen langgestielt; Nebenbl. eif. 6—9. Wegränder, Grasplätze. **T. campestre** Schreb. 247.

100. Lotus. Schotenklee. XVII.

St. aufsteigend, solid; Dolden 2—6btg.; Kzähne aufrecht, 15 bis 30 cm. 5—9. Häufig. **L. corniculatus** L. 248.

St. aufrecht, hohl; Dolden 6—15btg.; Kzähne vor dem Aufblühen zurückgebogen, 4—80 cm. Entensee b. Schleitheim, am Rhein, Bleiche (Stein), Wangen, Oberstaad, Eschenz. **L. uliginosus** Schk. 249.

101. Tetragonolobus. Spargelerbse. XVII.

5—9. Zwischen Schleitheim und Füetzen, Seebi b. Schleitheim, Nussbaumen, Hüttwylen, Gailingerberg, Stein. **T. siliquosus** Roth 250.

102. Colutea. Blasenstrauch. XVII.

5—7. In Anlagen. Chlöpferli: **C. arborescens** 251.

103. Robinia. Robinie, Akazie. XVII.

6. In Anlagen. **R. Pseudacacia** L. 252.

104. Oxytropis. Spietzkiel. XVII.

5. 6. Hohentwiel. **O. pilosa** Dec. 253.

105. Astragalus. Tragant. XVII.

St. anliegend-behaart; Bl. 8—12paarig; Hülsen rundl. aufgeblasen, rauhhaarig. 6. 7. Hohentwiel, Binningen, Hallauerberg, Siblingen. **A. Cicer** L. 254.

St. fast kahl; Bl. 5—6paarig; Hülsen 3kantig-lineal, fast kahl. 7. Waldränder, Gebüsche. **A. glycyphyllus** L. 255.

106. Coronilla. Kronwicke. XVII.

A. Nägel der Krbl. 3mal so lang als der K.; Hülse fast stielrund.
Aestiger Strauch; Dolde 2—3btg. 4—6. An steinigen Abhängen. **C. Emerus** L. 256.

B. Nägel der Krbl. ungefähr so lang als der K.; Hülse 4flügelig.
Blkr. weiss mit roter Fahne; Nebenbl. lanzett, nicht zusammengewachsen. 6—8. Klettgau, Siblinger Randen, Stein. **C. varia** L. 257.

Blkr. gelb: Nebenbl. klein, fadenf., die untern verwachsen. 6. 7. Nach Süden geneigte Randenfelder, Beringen, Osterfingen. **C. montana** Scop. 258.

107. Hippocrepis. Hufeisenklee. XVII.

5—7. Sonnige, trockene Stellen. Häufig. **H. comosa** L. 259.

108. Onobrychis. Esparsette. XVII.

5—7. Cult. und verwildert.
(O. viciaefolia Scop.). **O. sativa** Lam. 260.

Onobrychis montana Dec. mit niederliegendem od. aufsteigendem, 10—20 cm. langem St., kürzere und breitere Blttchen und kleinere Bt. findet sich auf Randenhorn (Schalch) und auf der Gräten bei Merishausen.

109. Vicia. Wicke. XVII.

A. Trauben 6–30btg., länger als die Bl.

1. Gr. unter der Narbe bärtig: Trauben 6–30btg.

Nebenbl. mit haarspitzigen Zähnen. 6—8. Scharen, Stein, Wutachthal.   **V. dumetorum** L. 261.

2. Gr. ringsum behaart; Traube 12—30btg.

a. Nebenbl. handf.-eingeschnitten mit haarspitzigen Zähnen; Bl.
6—9paarig.

Bl. weiss mit violetten Adern. 6—8. Wald u. Gebüsche: Schweizersbild, Kohlfirst, Wanne oberhalb Neunkirch, Randen.
V. silvatica L. 262:

b. Nebenbl. halbspiessf., ganzrandig; Bl. 8—12paarig.

Blkr. bläul. od. blau-violett; Trauben etwa so lang od. etwas
länger als die Bl.; unterer Kzahn lanzett; Platte der Fahne
so lang als ihr Nagel. 6—8. Hecken, Wegränder. Häufig.
V. Cracca L. 263.

Trauben meist weit länger als die Bl.; unterer Kzahn am Grunde
pfrieml.; Platte der Fahne meist doppelt so lang als ihr Nagel; Bl. grösser als b. d. v. 6—8. Hohentwiel, Hohenklingen.
V. tenuifolia Dec. 264.

**B. Trauben 1—6btg., etwas kürzer od. so lang als die Bl.,
Bt. klein.**

1. Kzähne ungefähr so lang od. länger als die Kr.

Trauben 1—3btg; Hülsen kahl; S. linsenf. 6. 7. Unkraut im Ge-
treide; hie und da.   Linse; **V. Lens.** Coss. Germ. 265.
Trauben 3—7btg.; Hülsen behaart; Samen fast kugelig. 5—9.
Scharen, Neunkirch, Hohenstoffeln, Schrotzburg, Hemishofen.
V. hirsuta Mönch. 266.

2. Kzähne deutl. kürzer als die Kr.

Bl. 3—4paarig; Trauben etwa so lang als die Bl. 5—9. Oelberg,
Enge, Dörflingen, Reyat. **V. tetrasperma** Schreb. 267.

C. Trauben 1—6btg., viel kürzer als die Bl.

1. Bl. 4—8paarig, gewöhnlich mit ästiger Wickelranke.

Blttchen breiteif.; Kzähne ungleich; Trauben meist 5btg.; Kr.
schmutzig-violett. 4—9. Wiesen, Wegränder; häufig.
V. sepium L. 268.

Blttchen lineal und längl.; Kzähne ungleich; Bt. einzeln od. zu zweien; Hülse rauhhaarig; Kr. hellgelb. 6. 7. Hohenstoffeln. (Ziegler). **V. lutea L. 269.**

Blttchen der untern Bl. verkehrt-eif., die der obern längl. verkehrteif., alle stachelspitzig; Kzähne gleichlang; Bt. einzeln und zu zweien; Fahne blau, Flügel purpurrot; Hülse meist kurzbehaart. 5—7. Cult. und als Unkraut auf Aeckern.

V. sativa L. 270.

Die Stammform hiezu: V. angustifolia All. mit einfarbigen Bt. und abstehenden, meist kahlen, schwarzen Hülsen bei Gächlingen, Neunkirch.

2. Bl. 2—3paarig, in eine Stachelspitze endigend. Bt. gross, weiss, die Flügel mit schwarzem Fleck. 6. 7. Cult. Saubohne: **V. faba L. 271.** (Im Klettgau eine Form mit 10—12btgen Trauben häufig.) (Gremli).

111. Lathyrus. Platterbse. XVII.

A. Blttchen fehlend od. nur an den untern Blstielen vorhanden.

Blkr. gelb; Blstiele meist rankenf.; Nebenbl. sehr gross. 6. Unter Getreide, z. B. Siblingen, Neunkirch, Schleitheim.

L. Aphaca L. 274.

Blkr. rot, Blstiele lanzett ohne Ranken; Nebenbl. sehr klein. 5—7. Aecker, z. B. auf Griesbach, Hausen im Wutachthal.

L. Nissolia L. 275.

B. Blstiele mit Blttchen, in eine Wickelranke endigend.

1. St. ungeflügelt, kantig.

Bt. gelb; Pfl. kahl. 6. 7. Griesbach, Schleitheim, Klettgau, Etzweilen, Hohentwiel. **L. tuberosus L. 276.**

Bt. rot; Pfl. weichhaarig. 6—8. Wiesen. Häufig.

L. pratensis L. 277.

2. St. geflügelt.

a. Trauben 1—2btg.; Bl. 1paarig.

Hülsen rauhhaarig. 6—8. Auf Aeckern hie und da. Neunkirch, Schleitheim. **L. hirsutus L. 278.**

b. Trauben mehrbtg.; Bl. 1—mehrpaarig.

b1. Blstiele flügellos; Bt. blau.

6—8. Binninger Ried. **L. palustris L. 279.**

b2. Blstiele geflügelt; Bt. rot.

Alle Bl. 1paarig. 6—8. Eschheimerthal, Wald zwischen Gottmadingen und Singen, Ramsen, Hofenacker, Hohenkrähen.
L. silvestris L. 280.

Untere Bl. 1paarig, obere 2—3paarig. 7. 8. Löhninger Randen, Hemmenthal, Merishausen, Wirbelberg.
L. heterophyllus L. 281.

C. Blstiele mit einer Stachelspitze endigend. (Orobus L.)

1. St. deutl. geflügelt.

Bl. 2—3paarig; Wurzelstock stellenweise knollig verdickt. 4. 5. Laubwälder. Häufig. (Orobus tuberosus).
L. montanus Bernh. 282.

2. St. ungeflügelt.

Bl. 2—3paarig; Kr. rot, später blau. 4. 5. Häufig.
(Orobus vernus L.). **L. vernus** Bernh. 283.

Bl. 4—6paarig; Kr. violettrot. 6—7. Stuhlsteig, Wirbelberg, Durstgraben. **L. niger** Bernh. 284.

112. Phaseolus. Bohne. XVII.

Trauben kürzer als die Bl.; Kr. weiss, selten violett; Hülsen glatt. 7. 8. Cult. **P. vulgaris** L. 285.

Trauben länger als die Bl.; Kr. hochrot. 7. 8. Cult.
P. multiflorus L. 286.

XXVIII. Fam. Amygdaleen.

113. Amygdalus. Mandel. XII.

3. 4. Cult. Pfirsich. (Persica vulgaris.). **A. Persica** L. 287.

114. Prunus. Pflaume. XII.

A. Bt. fast sitzend; Fr. sammtartig-behaart.

3. 4. An Spalieren. Bareieli, Aprikose: **P. Armeniaca** L. 288.

B. Bt. gestielt; Fr. kahl.

1. Bt. zu 1—3; Fr. bereift.

Blstiele meist kahl; Fr. kugelig, aufrecht. 4. 5. Hecken und Gebüsch. Häufig. Schlehe, Schwarzdorn: **P. spinosa** L. 289.

Btstiele sehr fein weichhaarig; Fr. kugelig, nickend. 4. 5. Merishausen. Chrieche, Reine Claude: **P. insititia** L. 290.

Btstiele weichhaarig; Fr. längl., hängend. 4. 5. Cult.
Zwetschge, Pflaume, Zibarthe: **P. domestica** L. 291.

2. Bt. doldig; Fr. unbereift.

Bl. etwas runzelig, unterseits weichhaarig, an der Spitze des
Blstiels mit 2 Drüsen. 4. 5. Cult. und wild in Wäldern.
Süsskirsche: **P. avium** L. 292.

Bl. flach, kahl; Blstiel drüsenlos. 4. 5.
Sauerkirsche, Wiechsli, Oehmli: **P. Cerasus** L. 293.

3. Bt. in Trauben od. Doldentrauben.

Bl. elliptisch, fast doppelt gesägt; Bt. in hängenden Trauben. 5.
Wild im Scharen, Etzweilen.
Traubenkirsche: **P. Padus** L. 294.

Bl. rundl.-eif., stumpf-gesägt; Bt. in 3—12btgen Doldentrauben.
Im Wangenthal. Weichselkirsche: **P. Mahaleb** L. 295.

XXIX. Fam. Rosaceen.

115. Spiraea. Spierstaude. XII. XXII.

A. Bt. meist eingeschlechtig; Bl. ohne Nebenbl.

Bl. gross, mehrfach zusammengesetzt; Bt. klein, in rispig angeordneten Aehren. 6. 7. Mühlenthal, Bruchhalde etc.
S. Aruncus L. 296.

B. Bt. zwttg.; Bl. mit Nebenbl.

Blttchen gross, unget., das endst. grösser, handf., 3—5sp. 6. 7.
Auf feuchten Wiesen, an Gräben. **S. Ulmaria** L. 207.

Blttchen klein, fiedersp. eingeschnitten; Wurzelfasern knollig.
6. 7. Scharenwiese, Dörflingen, Neuhausen, Rüdlingen, Ep-
penberg (Stein). **S. Filipendula** L. 298.

116. Geum. Nelkenwurz. XII.

Bt. aufrecht; Krbl. gelb, ohne Nagel; Frköpfchen ungestielt.
6—9. Hecken und Gebüsch. **G. urbanum** L. 299.

Bt. nickend; Krbl. rötl.-gelb mit langem Nagel; Frköpfchen im
Kelche mit langem Stiele. 5. 6. Feuchte Wiesen, Gräben.
„Bachglöggli": **G. rivale** L. 300.

117. *Rubus. Brombeere.* XII.

A. Pfl. strauchartig; Bl. 3—7zählig; Nebenbl. der Basis des Blstiels angewachsen.

St. aufrecht mit schwachen borstenartigen Stacheln; Bl. gefiedert mit 3—7 Blttchen; Kr. kürzer als der K.; Fr. rot. 5—7. Im Walde verbreitet. Himbeere: **R. Idaeus** L. 301.

St. ausgebreitet, stachelig; Bl. 3—5zählig; Kr. länger als der K.; Fr. schwarz od. dunkelrot. 5—8. Häufig. **R. fruticosus** Koch 302.

Jahrestriebe liegend, mit schwachen Stacheln; Bl. meist 3zählig, die seitl. Blttchen fast sitzend; Fr. blaubereift. 6—9. Scharenwald, Griesbach. **R. caesius** L. 303.

B. Pfl. krautig; Bl. 3zählig; Nebenbl. frei.

Bl. langgestielt; Bt. in wenigbtgen Doldentrauben, weiss; Fr. rot. 5. 6. Wälder da und dort. Steinbeere: **R. saxatilis** L. 304.

118. *Fragaria. Erdbeere.* XII.

A. Seitenblttchen meist kurzgestielt.

Haare der Btstiele wagrecht abstehend; Stbgf. der sterilen Bl. doppelt so lang als das Frköpfchen; Bt. grösser als an den folgenden. 5. 6. Schweizersbild, Hohenklingen (Sulger), bei Osterfingen (Pfähler). **F. elatior** Ehrh. 305.

B. Seitenblttchen fast sitzend.

Haare aller od. doch der seitl. Btstiele aufrecht od. anliegend; Frkn. abstehend od. zurückgekrümmt. 4. 5. **F. vesca** L. 306.

Frchtkn. angedrückt. 5. 6. Waldränder: Hohentwiel, Reyat, Schweizersbild, Osterfingen (Pfähler). Ihre Fr. werden „Brüstli" genannt. **F. collina** Ehrh. 307.

119. *Comarum. Siebenfingerkraut.* XII.

6. 7. An Bächen, etc. Thayngen, Herblingen, Entensee b. Schleitheim, Eschheimerthal, Weiherholz ob Mammern. **C. palustre** L. 308.

120. Potentilla. Fingerkraut. XII.

A. Bt. weiss od. rötl.

1. Grundst. Bl. gefiedert, obere 3zählig.

5. 6. Schweizersbild, Stetten, Beringen, Scharenwiese, Stein.

P. rupestris L. 309.

2. Grundst. Bl. gefingert.

a. Bl. meist 5zählig.

St. 1—5btg.; untere Bl. 5zählig. 4. 5. Beringer Teufelsküche, Scharen, Hohentwiel, Büsingen, Dörflingen, Haslach, Singen.

P. alba L. 310.

b. Bl. 3zählig.

Stbf. fadenf.; die mittlern Blttchen jederzeits 4—6zähnig; die äussersten Kzifpel kaum halb so lang als die innern. 3. 4. Waldränder, Raine, verbreitet.

P. Fragariastrum Ehrh. 311.

Stbf. fast so breit als der Stbb.; die mittlern Blttchen jedenseits 6—10zähnig; äussere Kzipfel so lang od. fast so lang als die innern. 4. 5. Mühlenthal, Reyat, Freudenthal, Rheinhirt.

P. micrantha Ramond 312.

B. Bt. gelb.

1. Bl. unterbrochen gefiedert.

5—8. An Strassengräben, häufig.

P. anserina L. 313.

2. Bl. gefingert.

a. St. niederliegend und wurzelnd od. aufsteigend und nicht wurzelnd, aber in diesem Falle die Bt. meist 4zählig.

St. aufsteigend, nicht wurzelnd; Stglbl. sitzend; Nebenbl. gross, tief 3—5sp. 5—8. Wälder.

(Tormentilla erecta L.). **P. tormentilla** Scop. 314.

St. niederliegend u. oft wurzelnd; Stglbl. gestielt; Nebenbl. klein, unget. 4—8. An Wegen, Gräben etc.

P. reptans L. 315.

b. St. aufsteigend od. aufrecht; Bl. 5zählig.

b₁. Bl. unterseits grau- od. weissfilzig.

St. und Blstiele weissfilzig ohne längere, abstehende Haare; Blttchen am Rande umgerollt. 6—9. Hohentwiel.

P. argentea L. 316.

St. und Blstiele locker graufilzig und nebenbei mit längern Haaren; St. 10–15 cm., wenigstens teilweise seitlich aus den Winkeln einer centralen Blrosette aufsteigend; Blstiele dünn, zur Frchtzeit gekrümmt; Blttchen glatt. 5. 6. Hohentwiel. (P. collina Koch, P. praecox Schultz.). **P. Güntheri** Pohl. 317.

St. 30–70 cm.; mittelst., bei zur Btzeit noch fehlender Blrosette-Blstiele steif, gerade, s. w. v. 6–9. Schaffhausen, am Herb; linger Schloss, Schleitheim, Hohentwiel, Hohenkrähen.

P. canescens Bes. 318.

   b2. Bl. unterseits grün.

St. meist zahlreich, fast aus einem Punkte entspringend, aufsteigend od. ausgebreitet; mehr- bis vielbtg.; Blttchen nicht selten 7–9zählig, meist bis gegen den Grund gezähnt 4. 5. Wolfsbuck, Beringer Randen, Gailingerberg, Eschenz, Mammern.   **P. opaca** L 319.

St. niederliegend od. aufsteigend, wenigbtg.; Blttchen 5- selten 7zählig, meist nur vorn gezähnt; Haare dem Blsticle angedrückt od. doch vorwärts gerichtet, selten fast wagrecht abstehend und dann etwas steif. 3–5. Sonnige Orte, Hügel, überall.   **P. verna** L. 320.

Haare der Blstiele fast wagrecht abstehend, s. w. v. 4. Schaffhausen, Wangenthal, Gailingerberg.

P. aurulenta Gremli 321.

Bt. kleiner: Krbl. nicht ausgerandet; Blttchen kleiner, bis zur Mitte stumpfer gezähnt; w. d. v. **P. prostrata** Gremli 321a.

121. *Agrimonia. Odermennig. XI. VII. VIII. IX.*

6–8. Gebüsche, Waldränder.   **A. Eupatoria** L. 322.

122. *Rosa. Rose. XII.*

A. Bt. gelb.

Stbb. pfeilf. 6. Büsingen, Paradies, Hohentwiel.

R. lutea Mill. 323.

B. Bt. purpurn, rosenrot od. weis.

1. Nebenbl. der nichtblühenden Zweige schmal mit aufwärts gerichteten fast röhrenf. zusammenneigenden Rändern; Stacheln zu 2 gegenst., unter die Nebenbl. gestellt. 5. 6. Mühlenthal (kaum wild), ehemalige Spitalmühle und ob dem Schützenhaus (Stein).   **R. cinnamomea** L. 324

2. Nebenbl. der nicht blühenden Zweige zieml. flach; Stacheln
meist zerstreut, selten zu 2 gegenst.

a. Stacheln sehr ungleich; d. h. neben grössern noch zahlreiche
kleinere, gerade, borstenf.

a₁. Stacheln alle ganz gerade.

Die mehrjährigen St. stachellos, die jährigen gedrungen stachelig;
Blttchen doppelt-gesägt; Frstiele zurückgekrümmt; Fr. nach
oben halsf. zusammengezogen; Kzipfel mit etwas verbreiter-
tem Ansängsel am Ende. 6. 7. Randen oberhalb Beggingen
und Schleitheim.   **R. alpina** L. 325.

Blttchen einfach gesägt; Kzipfel ohne Anhängsel; Frstiele gerade;
Fr. flach-kugelig. 5. 6. Osterfingen, Beringen, Merishausen.
                                         R. spinosissima L. 326.

a₂. Grosse Stacheln mehr od. weniger gekrümmt.

Btstiele und Kelche mit drüsentragenden Borsten besetzt; Blttt-
chen elliptisch od. rundlich: unterseits drüsenlos. 6. Griesbach, Wirbelberg, bei Aazheim im Rothriss (Forstmeister
Vogler), Auhalde bei Schleitheim, Hemmenthal, Merishausen,
Neunkirch, Hohenhöwen.   **R. gallica** L. 327.

b. Stacheln am selben Zweige von zieml. gleicher Grösse und
Gestalt.

b₁. Gr. in eine kahle Säule von der Länge der Stbf. verwachsen;
Kzipfel kurz, fast unget.; Aeste peitschenf., niederliegend.

6. 7. Randen, Stein.   **R. arvensis** Huds. 328.

b₂. Gr. getrennt od. in ein anscheinend kurzgestieltes, wenig
vorragendes Köpfchen vereint, äussere Kzipfel meist fiedersp.

* Blttchen der untern Bl. unterseits wenigstens auf den stärkern
Seitennerven drüsig, stets doppelt gezähnt.

Blttchen klein od. mittelgross, unterseits reichdrüsig; die Drüsen
über die ganze Fläche verbreitet; wenigstens die grössern
Stacheln sichelf. gekrümmt. 6. Enge, Hohentwiel, hinter der
Bleiche (Stein).   **R. rubiginosa** L. 329.

Blttchen unterseits armdrüsig; die Drüsen nur auf den stärkern
Nerven od. auch zahlreicher, aber dann die Stacheln fast
od. ganz gerade und die Blttchen gross. 6. Mühlenthal,
Griesbach, Erlatinger Mühle, Stein.
                                         R. tomentosa Sm. 330.

** Blttchen unterseits drüsenlos, höchtens auf dem Mittelnerv, nie auf den Seitennerven drüsig.

6. Verbreitet. Hagrose, Hagebutze: **R. canina** L. 331.

XXX. Fam. Sanguisorbeen.

123. Alchemilla. Sinau, *Frauenmantel. IV. I. XII.*

Grundst. Bl. langgestielt, 7—9lappig; Lappen ringsum gesägt; Bt. klein, in ej.d- und seitenst., gabeligen Btständen; Stgf. 4; Pfl. fast kahl öd. abstehend weichhaarig. 5—8. An Wegen, Waldrändern. **A. vulgaris** L. 332.

Grundst. Bl. unterseits fast seidenartig-zottig behaart. W. d. v. Wilchingen. **A. montana** Willd.

Bl. handf.-3t., mit eingeschnittenen Lappen; Bt. sehr klein, in dichten. sitzenden Knäueln; Stbgf. meist 1. 5—8. Aecker: Schrotzburg, bei Herblingen, Büsingen etc.

A. arvensis L. 333.

124. Sanguisorba. Wiesenknopf. IV. II. XXXI.

Bt. 2geschlechtig in eif.-längl. dunkelbraunen Köpfchen: Gr. 1. 6—8. Scharenwiese, Griesbach, zwischen Gottmadingen und Singen, Beringen, Buchberg, Stein.

S. officinalis L. 334.

Bt. in kugeligen, anfangs grünen, später rötl. Köpfchen; die untern männl., die obern weibl.; die mittlern oft zwttg. 5—7. Wiesen, Wegränder.

(Poterium Sanguisorba L.; S. dictyocarpa Spach.)

S. minor Scop. 335.

XXX. Fam. Pomaceen.

125· Crataegus. Weissdorn. XII.

Bl. verkehrt-eif., 3—5lappig; Gr. meist 2; Fr. hellrot, 1—3steinig. 5. 6. Hecken, Waldränder.

Mehlbeeri: (Mespilus oxyocantha Gärtn.).

C. oxyacantha L. 336.

Bl. tiefer eingeschnitten; Gr. meist 1; Fr. dunkelrot, meist 1steinig; blüht 14 Tage später als d. v. Hecken etc.

(Mespilus monogyna Wild.) **C. monogyna** Jacq. 337.

126. *Mespilus. Mispel. XII.*

5 - 6. In Gärten, cult.; nicht häulig.

M. germanica L. 338.

127. *Cotoneaster. Zwergmispel. XII.*

Bl. rundl.-eif.; K. kahl, nur am Grunde etwas weichhaarig; Bt. zu 1—3; Fr. nickend. 4. 5. Dörflingen, Schweizersbild, Hohentwiel, Hohenklingen. **C. vulgaris** Lindl. 339.

Bl. grösser, abgerundet-stumpf; K. nebst den Btstielen weissfilzig; Btstände reichbtger; Fr. aufrecht. 5. Griesbach, Gailingerberg, Osterfingen, Merishausen.

C. tomentosa Lindl. 340.

128. *Cydonia. Quitte. XII.*

5. Cult.   Chüttene: **C. vulgaris** Pers. 341.

129. *Pirus. Apfel- und Birnbaum. XII.*

Blspreite ungefähr so lang als der Blstiel; Gr. an der Basis angewachsen. 4. 5. In Wäldern; cult.

Birnbaum: **P. communis** L. 342.

Blstiel ungefähr halb so lang als die Blfläche; Gr. an der Basis angewachsen. 4. 5. In Wäldern; cult.

Apfelbaum: **P. malus** L. 343.

130. *Aronia. Felsenmispel. XII.*

4. 5. An Felsen: Klus, im Loch, Schweizersbild, Merishausen, Hohenklingen, Hohentwiel. **A. rotundifolia** Pers. 344.

131. *Sorbus. Eberesche. XII.*

A. Bl. nupaarig-gefiedert, in der Jugend unterseits wolligfilzig; ausgewachsen kahl.

Knospen filzig-trocken; Gr. meist 3; Fr. klein, scharlachrot. 5. 6. Wälder. Vogelbeere: **S. aucuparia** L. 345.

Knospe kahl, klebrig; Gr. 5; Bt. und Fr. grösser als an v.; Fr. rot od. gelb. 5. Bargen, Merishausen, Moosthal b. Herbjingen.

S. domestica L. 346.

B. Bl. elf., gelappt od. doppelt gesägt.

Bl. rundeif., unterseits filzig; Fr. rot. 5. Mühlenthal, Griesbach.
Mehlbeeri: **S. aria** Crantz. 347.

Bl. breit-eif., ausgewachsen kahl; Fr. braun. 5. Wirbelberg,
Griesbach, bei Lohn; seltener als v.
Eltschbire: **S. torminalis** Crantz. 348.

XXXII. Fam. Onagrarieen.

132. Epilobium. Weidenröschen. VIII.

A. Bl. zerstreut; Blkr. ausgebreitet; Stbgf. und Gr. abwärts
gebogen.

Bl. lanzett, netzadrig; Blbl. langbenagelt. 6—8. Offene Waldstellen, häufig.
(E. angustifolium Koch). **E. spicatum** Lam. 349.

Bl. lineal, aderlos; Blbl. am Grunde verschmälert. 7. 8. In Kies-
gruben bei der Stadt, Randegg, Diessenhofen, Rüdlingen,
Hohenhöwen.
(E. Dodonaei Koch.). **E. rosmarinifolium** Haenk. 350.

B. Untere Bl. gegenst.; Blkr. trichterf.; Stbgf. und Gr.
aufrecht.

1. Narben getrennt, auseinandertretend.

a. Junge Bt. mit den Astspitzen aufrecht; Bl. sitzend od. die
untersten sehr kurz gestielt.

Wurzelstock im Herbste mit Ausläufern; Bl. etwas herablaufend,
nebst dem St. zottig-behaart; Bt. gross. 6—9. An Gräben,
Bächen, z. B. im Hauenthal, Hemishofen.
E. hirsutum L. 351.

Wurzelstock ohne Ausläufer; Bl. nicht stengelumfassend und
nicht herablaufend, nebst dem St. weichhaarig; Bt kleiner.
6—8. W. d. v., z. B. Neuhausen, Kapf (Stein), Hallau.
E. parviflorum Schreb. 352.

b. Junge Bt. mit den Astspitzen nickend; Bl. deutl. gestielt.

St. und Bl. angedrückt-flaumhaarig. 6—10. Mauern, Gräben,
Wälder. **E. montanum** L. 353.

2. Narben zusammenneigend.

a. St. ohne erhabene Linien od. nur mit 2 von den Blrändern
herablaufenden, dichthaarigen Streifen.

6—8. Engesumpf, Egelsee, Hüttwylerse.
E. palustre L. 354.

b. St. mit 2—4 erhabenen Längslinien.
b₁. Bl. deutl. und zieml. lang gestielt, eiläng. an beiden Enden
spitz.
Bt. klein, blass-rosenrot. 7—8. Gräben, Mauern, z. B. der Stadt.
(E. tetragonium L.) **E. roseum** Schreb. 355.
b₂. Bl. sitzend od. sehr kurz gestielt.
Bl. zu 3—4, quirlig, längl.-eif., zugespitzt; St. fast einfach; Bt.
gross, rosenrot. 7. 8. Rosenegg.
E. trigonum Schrank. 356.
Untere Bl. gegen-, obere wechelst.; St. ästig, oberwärts dicht
flaumhaarig; Bt. klein. 6. 7. Kohlfirst, Hauenthal, zwischen
Unterhallau und Eberfingen, Rosenegg.
E. adnatum Gris. 357.

133. Oenothera. Nachtkerze. VIII.
6—8. Eschheimerthal, Wutachthal, Hohentwiel, Stein, Hemishofen, Hohenklingen. **O. biennis** L. 358.

134. Circaea. Hexenkraut. II.
Bl. eif., gezähnelt; Btstiele am Grunde ohne Deckbl.; Frfächer
gleichgross. 6—8. An feuchten, schattigen Waldstellen: Rheinhirt, Engestieg etc. **C. lutetiana** L. 359.
Bl. herzeif., buchtig-gezähnt; Btstiele am Grunde mit kleinen,
borstenf. Deckbl.; Frfächer ungleich. 6—8. W. v., z. B. im
Wutachthal etc. **B. intermedia** Ehrh. 360.

XXXIII. Fam. Haloragecen.
135. Myriophyllum. Tausendblatt. XXI.
Bt. quirlig in den Winkeln der obern Bl; Deckbl. sämmtlich
kammf.-fiedersp. 6—8. Herblingen, Hüttwylersee, Rhein, Allmend (Stein), Etzweiler Ried. **M. verticillatum** L. 361.
Bt. in laubblattlosen Aehren; die untern Deckbl. eingeschnitten,
die übrigen ganzrandig. 6—8. Im Rhein, Gräben etc.
M. spicatum L. 362.

XXXIV. Fam. Hippurideen.
136. Hippuris. Tannenwedel. I.
6—8. Im Rhein b. Paradies, Eschenz, Stein.
H. vulgaris L. 363.

XXXV. Fam. Callitricheen.

137. *Callitriche. Wasserstern. XX. II.*

A. Bl. am Grunde verschmälert od. lineal, die obersten meist
zu einer Rosette gehäuft.
Deckbl. etwas gebogen; Gr. aufrecht, bis kurz vor der Frreife
bleibend; Kanten der Fr. sehr schmal, spitz, gekielt. 5—10.
Bei Herblingen, Thayngen, Allmend (Stein).
C. vernalis Kütz. 364.
Deckbl. kreissichelf., an der Spitze hakenf.: Gr. sehr lang, zurück-
gekrümmt, bald abfallend; Kanten der Fr. schmal-geflügelt.
7—9. Bei Diessenhofen (Dr. Hanhart).
C. hamulata Kütz. 365.

B. Bl. sämmtl. lineal, am Grunde etwas breiter; obere Bl.
nie zu einer Rosette gehäuft.
Kanten der Fr. flügelig-gekielt. 7. Im Kanale des Binninger
Riedes. **C. autumnalis** L. 366.

XXXVI. Fam. Ceratophylleen.

138. *Ceratophyllum. Hornblatt. XXI.*

7. 8. Weiher auf dem Gute Löwenstein bei der Stadt, im Rhein
(Dr. Vogler), in einem Wiesentümpel b. Bibern, Wangen.
C. demersum L. 367,

XXXVII. Fam. Lythrarieen.

139. *Lythrum. Weiderich. XI.*

Bl. herzlanzettf.; Aehren aus Btquirlen zusammengesetzt; K. am
Grunde ohne Deckbl.; Stbgf. 2mal so viel als Krbl. 7—9.
Feuchte Orte, Ufer; häufig. **L. Salicaria** L. 368.
Bl. lineallanzett; Bt. einzeln in den Blachseln, klein; K. am
Grunde mit 2 kleinen Deckbl.; Stbgf. soviel als Krbl. od.
weniger. 7—9. Dörflingen. **L. hyssopifolia** L. 369.

XXXVIII. Fam. Tamariscineen.

140. *Myricaria. Tamariske. XVI.*

6. 7. Am Rheinfall, am Rheinufer b. Rüdlingen.
M. germanica Desv. 370.

XXXIX. Fam. Philadelpheen.

141. Philadelphus. Pfeiffenstrauch. XII.

5. 6. In Anlagen.   Zimmetrösli: **P. coronarius** L. 371.

XXXX. Fam. Cucurbitaceen.

142. Bryonia. Zaunrübe. XXI. XXII.

5—7. Hecken und Gebüsch.   **B. dioica** Jacq. 372.

XXXXI. Fam. Portulaceen.

143. Portulaca. Portulak. XI.

6—9. Emmersberg, auf Schutt bei Büsingen, Oelberg, bei der Wilchinger Kirche, Paradies, Stein.
P. oleracea L. 373.

XXXXII. Fam. Paronychieen.

144. Herniaria. Bruchkraut. V.

6—9. Auf Sandfeldern, z. B. bei Rüdlingen.
H. hirsuta L. 374.

XXXXIII. Fam. Scierantheen.

145. Scleranthus. Knäuel. V. X.

A. Kzipfel llneal-längl., abgerundet-stumpf, mit einem breiten weissen Rande, zur Frchtzeit fast geschlossen.

5—9. Aecker; verbreitet.   **S. perennis** L. 375.

B. Kzipfel eif., zieml. spitz mit sehr schmalem weissl. Rande.

St. fast vom Grunde an gabelästig; die Bl. einzeln in den Achseln der Aeste und gehäuft an den Enden der letztern. 6—9. Aecker.   **S. annuus** L. 376.

St. meist niedriger als an d. v., einfach od. nur kurz-ästig mit sitzenden Knäueln von Bt. an den Knoten. 4—6. Wilchingen (Gremli), Hohentwiel unter der Meierei (Sulger).

XXXXIV. Fam. Crassulaceen.

146. Sedum. Fettkraut. X.

A. Bl. flach, breit.

Bl. längl. od. eif., die untern mit breitem Grunde sitzend, die obern am Grunde kurzherzf.; Blkr. grünl.-gelb. 8. 9. Am Rossberge bei Osterfingen, bei Büsinger Weinbergen, Griesbach, Reyat. **S. maximum** Satton 378.

Bl. verkehrt-eif., die untern kurzgestielt, die obern mit abgerundetem Grunde sitzend; Blkr. purpurrot. 7. 8. Osterfingen, Wilchingen, Reyat, Stein. **S. purpurascens,** Koch. 379.

B. Bl. schmal, stielrund od. halbstielrund.

1. Blkr. weiss od. rötl.

Bl. walzenf.-stumpf; Rispe kahl od. sehr zerstreut drüsig behaart 7. 8. Felsen, Mauern, überall. **S. album** L. 380.

Bl. kurz-elliptisch; Rispe drüsig weichhaarig. 6. 7. Hohentwiel, Herblinger Schloss, Schaffhausen. **S. dasyphyllum** L. 381.

2. Blkr. gelb; Bl. ohne Stachelspitze.

Bl. klein, eif., mit stumpfem Grunde sitzend, von scharfem, beissendem Geschmack. 6. 7. Mauern, Wege.
Mauerpfeffer: **S. acre** L. 382.

Bl. lineal-walzlich, am Grunde mit einem über die Anheftungsstelle herabgezogenen, stumpfen Sporn; ohne scharf beissenden Geschmack. 7. 8. Mühlenthal, Rheinau, Hohfluh, im Boll (Stein). **S. sexangulare** L. 383.

3. Blkr. gelb; Bl. kurz-stachelspitzig.

7. 8. Gegenüber Nohl, auf Sand b. Rüdlingen, Hohentwiel.
S. reflexum L. 384.

147. Sempervivuen. Hauswurz. XI.

7. 8. Auf Felsen am Hohentwiel, Osterfingen, Enge, Stein.
S. tectorum L. 385

XXXXV. Fam. Grossularieen.

148. Ribes. Johannis- und Stachelbeere. V. XXII.

A. Strauch stachelig; Btstiele 1—3btg.

4. 5. In Hecken und Gärten; ganz verwildert auf dem Buchberg, Emmerberg (Merishausen). **R. Grossularia** L. 386.

B. Strauch stachellos; Bt. in vielbtgen Trauben.

1. Trauben aufrecht, drüsig-behaart.

Bt. gelbl.-grün. 4. 5. Schlossholz bei Herblingen, Hohhengst bei Bargen (Forstmeister Vogler), Randenburg, Mägdeberg, Hohenstoffeln, auf Ried (Merishausen), Hemmenthal, Stein.

R. alpinum L. 387.

2. Trauben nickend od. hängend.

Bl. unterseits drüsig-punktiert; Deckbl. pfrieml.; K. glockig, weichhaarig; Fr. schwarz, mit wanzenartigem Geschmack. 4—5. Hie und da; cult.

Schwarze Johannisbeere: **R. nigrum** L. 388.

Bl. unterseits nicht punktiert; Deckbl. eif.; K. beckenf.-kahl; Beeren rot, bei cult. Sträuchern auch weiss. 4. 5. Cult.

Johannistrübli: **R. rubrum** L. 388.

XXXXVI. Fam. Saxifrageen.

149. Saxifraga. Steinbrech. X.

A. Bl. am Rande od. an der Spitze mit einer Reihe kalk-absondernder Punkte.

Blkr. weiss od. gelbl.-weiss, oft rot punktiert; Krbl. rundl. 6. 7. Hohentwiel.

S. Aizoon Jacq. 390.

Blkr. pomeranzengelb; Krbl. lineallanzett, spitz. 7. Auf Sand bei Rüdlingen.

S. mutata L. 391.

B. Bl. ohne diese kalkabsondernden Punkte.

Wurzel einfach; St. bebltt.; untere Bl. verkehrt-eif.-spatelf., unget. od. 3lappig; obere handf. 3sp. 3—5. Mauern, Wege.

S. tridactylites L. 392.

Wurzelstdck mit körnigen Knöllchen besetzt; St. armblttg.; untere Bl. nierenf., lappig-gekerbt, obere 3—5sp. 4—6. Hinter dem Oelberg, im Herblingerthal, Hohentwiel.

S. granulata L. 393.

150. Chrysosplenium. Milzkraut. VIII. X.

Bl. wechselst., rundl.-nierf., tief gekerbt. 3. 4. Hinter Hemmenthal, im Thale hinter der Steiner Klinge, bei Buch, Osterfingen, Guntmadingen, Stein.

C. alternifolium L. 394.

Bl. gegenst., halbkreisf., schwach gekerbt. 4—5. Im Steinathal unterhalb Rosbach (Merklein).

C. oppositifolium L. 395.

XXXXVII. Fam. Umbelliferen.

151. *Hydrocotyle. Wassernabel. V.*

7—9. Im Riede bei Hüttweilen, Allmend bei Stein.

H. vulgaris L. 396.

152. *Sanicula. Sanikel. V.*

5. 6. In schattigen Wäldern.

S. europaea L. 397.

153. *Astrantia. Sterndolde. V.*

6—8. Galli und Hohengst bei Bargen (Forstmeister Vogler), im Steinathal zwischen Rasbach und Untermettingen, am Wege von der Thalmühle bei Engen nach Bittelbrunn.

A. major L. 398.

154. *Cicuta. Wasserschierling. V.*

7. 8. Binninger Ried, Hausemer See.

C. virosa L. 399.

155. *Apium. Sellerie. V.*

7—9. Cult.   »Zellere«: **A. graveolens** L. 400.

156. *Petroselinum. Petersilie. V.*

6. 7. Cult.   Peterli: **P. sativum** Hoffm. 401.

157. *Falcaria. Sicheldolde. V.*

7—10. Schleitheim, Hemmenthal, Löhningen, Aecker bei Hilzingen, am Fusse des Hohenstoffeln.

F. vulgaris Bernh. 402.

158. *Ammi. Ammi. V.*

7. 8. Unter Lucerne, z. B. Oberhallau, Dörflingen.

A. majus L. 403.

159. *Aegopodium. Geissfuss. V.*

6—8. An Hecken, im Grase etc.   **A. podagraria** L. 404.

160. Carum. Kümmel. V.

5. 6. Wiesen, häufig. C. carvi L. 405.

161. Pimpinella. Biebernell. V.

St. beblättert, kantig-gefurcht; Blfiedern kurzgestielt; Gr. länger als der Frkn. 6—9. Wiesen, Wälder.

P. magna L. 406.

St. oberwärts fast blattlos, stielrund, fein gerillt, Blfiedern sitzend; Gr. zur Blzeit kürzer als der Frkn. 6—9. Trockene, uncult. Stellen; häufig. P. saxifraga L. 407.

162. Berula. Berle, Sumpfeppich. V.

7. 8. Gräben und Bäche, z. B. Mühlenthal, Stein.

B. angustifolia Koch. 408.

163. Bupleurum. Hasenohr. V.

A. Bl. vom St. durchwachsen, eif.; Dolde 5strahlig.

6. 7. Aecker: Randen, Reyat, Klettgau, Schleitheim.

B. rotundifolium L. 409.

B. Bl. nicht durchwachsen.

Bl. mit nur einem durchgehenden Längsnerven und zahlreichen anastomosierenden Seitennerven, obere sitzend, mit tief-herzf. Grunde stengelumfassend; Hülchenbl. breitelliptisch. 7. 8. Am Randen, z. B. oberhalb Siblingen, Thalisbänkli.

B. longifolium L. 410.

Bl. mit mehreren Längsnerven, ohne anastomosierende Seiten-nerven, obere lanzettl., an beiden Enden spltz; Hüllchenbl. lineal-lanzett. 7—9. Schleitheim, Säckelamtshüsli, Hemmen-thal. B. falcatum L. 411.

164. Oenanthe. Rebendolde. V.

7. Im Binninger Ried. O. Phellandrium Lam. 412.

165. Aethusa. Gleisse, Hundspetersilie. V.

6—9. Aecker, Schutt. A. cynapium L. 413.

166. Föniculum. Fenchel. V.

7. 8. In Gräben, hie und da cult. F. officinale All. 414.

167. Seseli. Sesel. V.

7. 8. Waldränder bei Biethingen, Dörflingen.

S. annuum L. 415.

168. Libanotis. Heilwurz. V.

7. 8. Steinige Abhänge des Randens.

L. montana Crantz. 416.

169. Silaus. Silau, Rosskümmel. V.

7. 8. Auf Wiesen, z. B. Griesbach, Scharenwiese.

S. pratensis Bess. 417.

170. Selinum. Silge. V.

7. 8. Eschheimerthal, Scharenwiese, Ramser Möösli.

S. carvifolium L. 418.

171. Levisticum. Liebstöckel. V.

7. 8. In Gärten auf dem Lande (Zürichgebiet).

L. officinale Koch. 419.

172. Angelica. Brustwurz. V.

7—9. Feuchte Waldstellen, z. B. Klus, Stein.

A. silvestris L. 420.

173. Peucedanum. Haarstrang. V.

A. St. hohl, gefurcht; Striemen der Berührungsfläche bedeckt.

Blfiedern tieffiedersp. mit lineal-lanzettl. zugespitzten Zipfeln: Hülle und Hüllchen häutig, berandet. 7. 8. Egelsee, Wasser-gräben im Klettgau, Binninger Ried.

P. palustre Mönch. 421.

B. St. dicht; Striemen sichtbar.

Verästelungen des Blstiels in spitzem Winkel abstehend; Blttchen meergrün, fast dornig-gesägt; Fr. nicht ausgerandet; Striemen der Berührungsfläche fast parallel. 7. 8. Mühlen-thal, Steinhölzli, Randen, Wolkenstein.

P. Cervaria Cuss. 422.

Verästelungen des Blstiels rechtwinklig od. im stumpfen Winkel
zurückgeschlagen; Blttchen glänzend, fast fiedersp., gezähnt;
Fr. an der Spitze ausgerandet; Striemen der Berührungsfläche bogig neben dem Rande verlaufend. 7. 8. Rheinufer
gegenüber Nohl, Hohfluh, Osterfingen, Büsingen, Dörflingen,
Sandfelsen (Stein). **P. oreoselinum** Mönch. 423.

174. *Anethum. Dill. V.*

6—8. Gewürzpfl. in Gärten. **A. graveolens** L. 424.

175. *Pastinaca. Pastinak. V.*

7. 8. Wiesen, Wegränder etc. **P. sativa** L. 425.

176. *Heracleum. Bärenklau. V.*

5—9. Wiesen, überall. **H. Sphondylium** L. 426.
Variert: Zipfel der Blabschnitte verlängert, lanzett od. lineal-lanzett.
Schleitheim, im Walde ob Beggingen.
H. elegans Jacq. 427.

177. *Laserpitium. Laserkraut. V.*

St. stielrund, feingerillt und kahl. 6—8. In Randenwäldern,
Mammern. **L. latifolium** L. 428.
St. gefurcht, unterwärts rauhhaarig. 7. 8. Am Lendenberg, bei
Schleitheim, Häuser an der Aa. **L. prutenicum** L. 429.

178. *Orlaya. Breitsame. V.*

6—8. Aecker auf dem Randen. **O. grandiflora** Hoffm. 430.

179. *Daucus. Möhre. V.*

6—9. Wiesen überall, auch gebaut (gelbe Rübe).
D. carota L. 431.

180. *Caucalis. Haftdolde. V.*

6—9. Aecker: Randen, Reyat, Hohentwiel.
C. daucoides L. 432.

181. *Torilis. Borstendolde. V.*

Hülle weichbttg.; Stacheln der Fr. einwärts gekrümmt, nicht
widerhakig. 6—9. Wegränder, Hecken.
T. Anthriscus Gmel. 433.

Hülle 1bttg. od. fehlend: Stacheln der Fr. widerhakig. 7. 8.
Buchthalen, Dörflingen, Aazheim, Paradies, Rosenegg, Mägdeberg, Hohentwiel. **T. infesta** Koch. 434.

182. *Scandix. Nadelkerbel. V.*

5. 6. Griesbach, Randen, Klettgau.
S. pecten veneris L. 435.

183. *Anthriscus. Kerbel. V.*

Dolde vielstrahlig; Bl. der Hüllchen 5—8, zurückgeschlagen, gewimpert; Fr. längl. mit kurzem Schnabel. 4—6. Wiesen und Hecken, überall. „Bangele": **A. silvestris** Hoffm. 436.
Dolde 3—5strahlig; Bl. der Hüllchen zu 1—4, klein; Fr. lineallängl.; Schnabel halb so lang als der untere verdickte Teil der Fr. 5. 6. Breite (Th. Bahnmaier), Schloss Laufen (Sulger). **A. cerefolium** Hoffm. 437.

184. *Chaerophyllum. Külberkropf. V.*

A. Gr. so lang als das Stengelpolster.

Bl. doppelt fiedert., Fiedern lappig-fiedersp. mit stumpfen, kurzstachelspitzigen Zipfeln; Hüllchen vielbttg., gewimpert. 5. 6. Hecken und Gebüsche: Mühlenthal.
C. temulum L. 438.

Bl. 3—4fach-fiederschnittig, Fiedern tieffiedersp., mit spitzen, an den obern Bl. sehr schmal linealen Zipfeln; Hüllchen 4- bis 6bttg., kahl. 6. 7. Schaffhausen, Hohenstoffeln, Baar, Hohentwiel. **C. bulbosum** L. 439.

B. Gr. länger als das Stengelpolster.

6. 7. Gennersbrunn, Schleitheim, Hohentwiel, Mägdeberg, Hohenstoffeln. **C. aureum** L. 440.

185. *Conium. Schierling. V.*

6—8. Beggingen, Schleitheim, Trasadingen, Paradies, Hohentwiel, Mägdeberg.
Gefleckter Schierling: **C. maculatum** L. 441.

7

XXXXVIII. Fam. Araliaceen.

186. *Hedera. Epheu. V.*

9. 10. An Bäumen, Felsen, Mauern.   **H. Helix** L. 442.

XXXXIX. Fam. Corneen.

187. *Cornus. Hornstrauch. IV.*

Trugdolde flach, nach den Bl. erscheinend, hüllenlos; Bt. weiss.
5. 6. Hecken und Gebüsch.
„Hartriegel, Chengertis": **C. sanguinea** L. 443.
Dolde vor den Bl., mit 4bttger Hülle; Bt. gelb. 3. 4. Cult. Verwildert z. B. an einem Waldrand zwischen Langwiesen und
Feuerthalen, Wirbelberg, Enge (Forstmeister Vogler).
„Cornell Kirsche, Thierli": **C. mas** L. 444.

L. Fam. Loranthaceen.

188. *Viscum. Mistel. XXII.*

3. 4. Schmarotzer auf verschiedenen Bäumen (Apfelbäumen,
selten Nadelhölzern und Eichen).   **V. album** L. 445.

LI. Fam. Caprifoliaceen.

189. *Adoxa. Bisamkraut. VIII. X.*

3. 4. Enge, Auhalde bei Schleitheim, im Wutachthal, bei Grimmelshofen, Hohenstoffel, Hemishofen, Stein.
A. moschatellina L. 446.

190. *Sambucus. Hollunder. V.*

A. Sträucher od. kleine Bäume; Nebenbl. klein od. fehlend.
Stbb. gelb; Bt. weiss od. schmutzigweiss in flachen Trugdolden;
Fr. schwarz. 6. 7. In Wald und Gebüsch; in Anlagen cult.
Holder, „Schlehbüchseholz": **S. niger** L. 447.
Bt. grünl.-gelb in eirunden Rispen; Fr. rot. 4. 5. Höhgau, Reyat.
S. racemosa L. 448.

B. St. krautlg, grün; Nebenbl· bttartig.

Stbb. rot, zuletzt schwarz; die Bl. beim Zerreiben widerlich
riechend. Randen, Reyat, Wangenthal, Kressenberg (Stein),
Hohentwiel. „Lackte": **S. Ebulus** L. 449.

191. Viburnum. Schneeball. V.

Bl. unget.-eif., dichtfilzig; Bt. anfangs rot, später schwarz. 5. 6.
Wald, Gebüsch. „Hulftere": **V. Lantana** L. 450.

Bl. 3—5lappig; randst. Bt. grösser als die übrigen und geschlechtslos; Fr. rot. 5. 6. Wie v. aber nicht so häufig.
V. Opulus L. 451.

Die Varietät mit lauter geschlechtslosen Bt. in Anlagen: („Schnee-
ball").

192. Lonicera. Geissblatt, Heckenkirsche. V.

A. St. windend; Bt. kopfig-quirlig.

Obere Blpaare am Grunde verwachsen, das endst. Btköpfchen
gestielt. 5. 6. In Hecken und Gebüsch verwildert, auch cult.
Geissblatt: **L. caprifolium** L. 452.

B. St. aufrecht; Bl. zn zweien, gestielt.

Frkn. nur am Grunde verwachsen; Btstdstiele etwa so lang als
die Bt. 5. 6. Hecken, überall. **L. Xylosteum** L. 453.

Frkn. ganz od. fast ganz verwachsen; Btstdstiele 3—4mal so
lang als die Bt. Im Gebüsch: Reyat, Randen, Mammern.
L. alpigena L. 454.

LII. Fam. Stellaten.

193. Sherardia. Scherardie, Ackerröte. IV.

5—10. Auf Aeckern, häufig. **S. arvensis** L. 455.

194. Asperula. Waldmeister. IV. III.

A. Fr. kahl od. zerstrent-kurzhaarig.

1. Bt. blau, endst., gebüschelt mit mehrbttger Hülle.

5. 6. Auf Aeckern des Reyats und des Randens, Schweizersbild,
Klosterfeld. **A. arvensis** L. 456.

2. Bt. weiss; Btstand locker, ohne Hülle.

a. Bl. meist zu 8, stachelspitzig, blaugrün.

Kr. weiss; Fr. glatt. 6. 7. Gaisberg, Thayngen, Beringer Randen, Hohentwiel. **A. glauca** Bess. 457.

b. Bl. zu 4—6.

Untere Blquirle 6-, obere 4zählig; Deckbl. rundl.-eif., ohne Stachelspitze; Kr. meist 3sp.; Fr. glatt. 6. 7. Wirbelberg, Mühlenthal, Beringer Randen. **A. tinctoria** L. 458.

Alle Blquirle 4zählig; Deckbl. lanzett, stachelspitzig; Kr. meist 4sp.; Fr. körnig-rauh. 6. 7. Trockne Orte, verbreitet.

A. cynanchica L. 459.

B. Fr. mit hakigen Borsten besetzt.

Untere Blquirle 6-, obere 8zählig. 5. 6. Schattige Wälder.

A. odorata L. 460.

195. Galium. Labkraut. IV.

A. Bt. bttwinkelst., teils zwttg., teils getrenntgeschlechtig.

Btstiele mit Deckbl.; St. rauhhaarig. 4—6. Waldränder, Hecken, Mauern, z. B. bei Paradies, Sandfelsen (Stein).

G. Cruciata Scop. 461.

B. Bt. end- und seitenst., in rispigen Btständen, zwttg.

a. Blkr. weiss.

1. St. durch aufwärts gekrümmte Stacheln rauh.

1a. Pfl. sumpfiger Standorte; Durchmesser der Kr. grösser als der der ausgewachsenen Fr.; diese ohne hakige Borsten. Bl. stachelspitzig zu 6—8; Stbb. gelb; Fr. feinkörnig. 6—7. Gennersbrunn, am Gailingerberg und Stoffel.

G. uliginosum L. 462.

Bl. ohne Stachelspitze, zu 4—5; Stbb. rot; Fr. glatt. 5—7. Beringer Randen, Scharen, Egelsee, Wydlen, Stein.

G. palustre L. 463·

Aendert: Pfl. mit stärkerem, höherem St. (60—100 cm.); gröss. Bl.; weniger abstehenden Rispenästen und grösserer deutl. runzliger Fr. 5—7. Allmend (Stein).

G. elongatum Présl. 464.

1b. Pfl. trockner Standorte; Durchmesser der Kr. kleiner als der der ausgewachsenen Fr.

St. kletternd; Bl. am Rande und auf der Rippe rauh; Fr. gross, hakig-borstig. 6—9. Hecken, Gebüsche, Aecker.
„Chlebere": **G. aparine** L. 465.

Aendert mit kleinen kahlen Fr. Griesbach (Sulger), Wilchingen unter Lein (Gremli). Auch als Art.
G. spurium L. 466.

Pfl. kleiner; St. aufrecht od. liegend; Btstiele nach dem Verblühen zurückgekrümmt; Fr. grösser, warzig. 6—9. Aecker: Gaisberg, Randen, Reyat, Klettgau.
G. tricorne With. 467.

2. St. glatt, kahl od. behaart.

2a. Bl. 3nervig; Quirle 4zählig.

St. aufrecht; Bl. breitoval, kurzstachelspitzig; Fr. borstig-steifhaarig. 5—7. Auf der Enge.
G. rotundifolium L. 468.

St. schlaff; Bl. lanzett ohne Stachelspitze; Fr. hakig-borstig. 6—8. Feuchte Wiesen: Eschheimerthal, Dörflingen, Griesbach, Scharen, Hochranden, Halde ob dem Osterflnger Bad.
G. boreale L. 469.

2b. Bl. 4rippig; Quirle 6—8zählig.

St. stielrund, mit 4 feinen Rippen; Btstiele vor dem Aufblühen nickend, haarfein; Bl. längl.-lanzett; 6. 7. Wälder.
G. silvaticum L. 470.

St. 4kantig; Btstiele stets gerade; Krzipfel mit einer Haarspitze endigend; Bl. lineal-lanzett; Fr. kahl, etwas runzelig. 5—8. Wiesen, Wegränder, Hecken.
G. Mollugo L. 471.

St. 4kantig; Btstiele stets gerade; Krzipfel ohne Haarspitze; Bl. lineal-lanzett, vorn verbreitert; Fr. durch wenige Knötchen rauh. 5—7. Triften, Waldränder.
G. silvestre Poll. 472.

b. Blbl. gelb.

St. fast stielrund; Bl. schmal-lineal, am Rande eingerollt. 6—9. Trockne Wiesen, Raine: Scharen, Rändle.
G. verum L. 473.

LIII. Fam. Valerianeen.

196. *Valeriana. Baldrian. III. XXII.*

A. Bt. alle gleichf.; Bl. alle fiederschnittig.
Blfiedern 7—11paarig, lanzett od. lincallanzett. 6. 7. Wiesen, Gebüsch, z. B. Randen.
„Chatzewurze": **V. officinalis** L. 474.

B. Alle od. doch die untern Bl. nnget.; Pfl. zweihäusig;
männl. Bt. gross, weiss; weibl. Bt. klein, rötl.
Wurzelstock mit Ausläufern; Stbl. leierf.-fiedersp. 5. 6. Feuchte
Wiesen, Gräben, häufig.   **V. dioica** L. 405.
Wurzelstock ohne Ausläufer; Stbl. 3t. 5. 6. Guntmadingen, Randenburg, Hohentwiel.   **V. tripteris** L. 476.

197. *Valerianella. Ackersalat. III.*

A. Ksaum an der Fr. undentl.; Frühlingspfl. (4. 5.)
St. 15 cm.; Bt. bläul.; Fr. eif. zusammengedrückt, beiderseits
ziemlich flach, querrunzelig; Aecker.
„Nüsslisalat": **V. olitoria** Poll. 477.

B. Ksanm an der Fr. dentl., schief 3zähnig, der hintere Zahn
grösser; St. 30—40 cm.; Sommerpfl. (6. 7).
Fr. ei-kegelf.; die leeren Fächer sehr eng, fadenf., von einander
entfernt. 6. 7. Aecker; häufig.
V. Auricula Dec. 478.
Fr. ei-kugelf., aufgetrieben; die leeren Fächer grösser als das
fruchtbare; genähert, w. v.   **V. Morisonii** Dec. 479.

LIV. Fam. Dipsaceen.

198. *Dipsacus. Karden. IV.*

Bl. gestielt, an der Spitze des Blstiels geöhrt; Hüllbl. nicht
stechend, kürzer od. etwa so lang als die Spreubl.; Bt.
weiss; Köpfchen fast kugelig; Stbb. schwärzlich. 7. 8.
Hecken, Ufer: Mühlenthal, Hauenthal, Wangenthal, Stein.
D. pilosus L. 480.

Bl. sitzend: Köpfchen längl.-eirund; Hüllbl. stechend, die äussern viel länger als die Spreubl.; Bt. blass-lila. 7. 8. Wegränder etc. **D. silvestris** Huds. 481.

199. Knautia. Knautie, Wittwenblume. IV.

St. von kurzen Haaren etwas grau und von längern steifhaarig; obere Bl. fiedersp.; die untern meist unget.; Bt. violett-blau, die randst. grösser. 5—9. Wiesen, Raine.
K. arvensis Koch 482.

St. am Grunde steifhaarig; Bl. unget. od. am Grunde eingeschnitten; Bt. rötl., die randst. wenig grösser. 6—8. Hemmenthal, Wutachthal, Stein. **K. silvatica** Duby. 483.

200. Succisa. Abbiss. IV.

7—9. Feuchte Wiesen, Wälder. **S. pratensis** Mönch 484.

201. Scabiosa. Krätzkraut, Scabiose. IV.

6—9. Trockene Hügel, Grasplätze Enge.
S. Columbaria L. 485.

LV. Fam. Compositen.

202. Eupotorium. Wasserdost. XIX.

7—9. Feuchte Gebüsche, Ufer. **E. cannabinum** L. 486.

203. Tussilago. Huflattich. XIX.

3, oft schon 2. Auf tonigem Boden. **T. Farfara** L. 487.

204. Petasites. Pestwurz. XIX.

Bl. bis auf die Seitennervenäste ausgeschnitten; Gr. der Zwttbt. an der Spitze seicht 2sp. mit sehr kurzen, eif. Narben; Bt. rötl.-weiss. 3. 4. Merishauserthal, Schluchwirtshaus, Wutachthal, Kressenberg (Stein). **P. officinalis** Mönch. 488.
Einschnitte nicht bis zu den Seitennervenästen reichend; Gr. der Zwttbt. an der Spitze tief 2sp. mit langen, lineal-lanzettl. Narben; Bt. gelbl.-weiss. 3. 4. Feuchte Stellen des Randenabhanges gegen Schleitheim, im Langgrund (Forstmeister Vogler), Wannenberg bei Neunkirch.
P. albus Gärtn. 489.

205. Linosyris. Goldaster. XIX.

7—9. Büsingen, Dörflingen, Gennersbrun, Westseite des Hohentwiel. **L. vulgaris** Casson 490.

206. Aster. Aster, Sternblume. XIX.

Hüllbl. vollkommen krautartig; St. und Bl. kurz-steifhaarig;
Pfl. 30—45 cm. hoch. 6—9. Sonnige Stellen.
A. Amellus L. 491.
Hüllbl. nach oben hin krautig, am Grunde mit zieml. breitem,
trockenhäutigem Rande; Köpfchen klein. 8. 9. Zwischen
Langwiesen und Feuerthalen am Rhein.
A. parviflorus Nees. 492.

207. Bellidiastrum. Sternliebe. XIX.

5. 6. Bergwälder, Schluchten des Randens, Rayat.
B. Michelii Casson 493.

208. Bellis. Gänseblümchen, Masliebchen. XIX.

Blüht fast das ganze Jahr.
„Geisseblümli": **B. perennis** L. 494.
Aendert mit röhrigen Randbt., in Gärten (Stein).
B. tubulosa Sulger 495.

209. Stenactis. Schmahlstrahl. XIX.

7—9. Lichte Waldstellen, Kohlfirst, Randen, Stein.
S. annua Nees. 496.

210. Erigeron. Berufkraut. XIX.

Köpfchen sehr klein, zu vielen in längl. Rispe; Strahl wenig
länger als die Hülle, schmutzig-weiss. 7. 8.
E. canadensis L. 497.
Köpfchen grösser, zu 1—5 am Ende der Aeste in doldentraubi-
gem Btstand; Strahl länger als die Hülle, violettrot. 6—8.
Raine, Wegränder. **E. acris** L. 498.

211. Solidago. Goldrute. XIX.

Köpfchen in aufrechten Trauben; mittlere Bl. in den geflügelten
Blstiel herablaufend. 7—10. **S. Virgaurea** L. 499.

Köpfchen kleiner, aber zahlreicher, in einseitswendigen, an der Spitze zurückgekrümmten Trauben; Pfl. 1,7—2,5 m. hoch. 8—10. Am Rheine verwildert. **S. canadensis** L. 500.

212. *Inula. Alant.* XIX.

St. 1—mehrköpfig, fast kahl; obere Bl. herzf.-stengelumfassend, fast kahl. 6—8. Bruchhalde, Scharenwiese, Stein.
J. salicina L. 501.

St. 1—3köpfig, wagrecht abstehend behaart; Bl. rauhhaarig, die obern mit verschmälertem Grunde sitzend. 5. 6. Wirbelberg, Gaisberg, Kriegerthal. **J. hirta** L. 502.

213. *Conyza. Dürrwurz.* XIX.

6—8. Wirbelberg, Engestieg, Wangenthal, Hohenklingen.
(Inula Conyza Dec.) **C. squarrosa** L. 503.

214. *Pulicaria. Flöhkraut.* XIX.

7—9. Beringer Teufelsküche, Scharen, Benken, Hallauerberg, Stein. **P. dysenterica** L. 504.

215. *Buphthalmum. Rindsauge.* XIX.

7. 8. Randen, Scharenwiese, Stein, Kriegerthal.
B. salicifolium L. 505.

216. *Rudbeckia. Nonnenhut.* XIX.

7. In einer sumpfigen Wiese unterhalb Stein.
R. laciniata L. 506.

217. *Helianthus. Sonnenblume.* XIX.

7—9. Aus Nordamerika stammend; cult.
H. annuus L. 507.

218. *Bidens. Zweizahn.* XIX.

St. und Bl. dunkelgrün; Bl. 3t. od. fiedersp.-5t., in einen kurzen geflügelten Stiel verschmälert; Köpfchen aufrecht; Pappus meist 2spitzig. 7—9. An Gräben etc.
B. tripartita L. 508.

St. und Bl. hellgrau; Bl. unget. lanzettl., die obern am Grunde etwas verwachsen; Köpfchen nach dem Verblühen nickend; Pappus meist 4spitzig. 7—9. W. d. v. Gailingen, Uhwiesen, Ramsen, Gottmadingen. **B. cernua** L. 509.

219. *Filago. Fadenkraut. XIX.*

A. Hüllbl. zugespitzt, zur Reifezeit nicht ausgebreitet; Köpfchen zu 10—30, geknäuelt.

Filz gelbgrau; Spitzen der Hüllbl. rot. 7. 8. Diessenhofen.
F. apiculata Sm. 510.

Filz gräul., Spitzen der Hüllbl. gelbl. 7. W. d. v. Ramsen.
F. canescens Jord. 511.

B. Hüllbl. stumpfl., zur Reifezeit ausgebreitet; Köpfchen zu 2—7.

Pfl. dichtfilzig; St. rispig mit aufrechten Aesten; die äussern Hüllbl. lineal. 6—8. Hohentwiel, Kohlfirst, Paradies, Oberneuhaus, Ramsemerfeld. **F. arvensis** L. 512.

Pfl. dünnfilzig, später fast kahl; St. gabelästig; die äussern Hüllbl. kurzeif.; die Pfl. kleiner und schlanker a. d. v. 7. 8. Schaffhausen, Hofenacker (Buch). **F. minima** Fr. 513.

220. *Gnaphalium. Ruhrkraut. XIX.*

A. Köpfchen gleichartig, sämmtl. fruchtbar.

1. Köpfchen knäuelig-gehäuft.

Hüllbl. blassgelb; Bl. am Grunde verschmälert. 6—8. Ramsen, Randegg, Hohentwiel. **G. luteoalbum** L. 514.

Hüllbl. bräunl.; Bl. halbstglumfassend. 6—9. Feuchte Orte: Wydlen, Scharen, Schrotzburg, Hemishofen.
G. uliginosum L. 515.

2. Köpfchen in langen Aehren.

St. steif-aufrecht, einfach; untere Bl. lanzett, mittlere allmälig kleiner werdend. 6—8. Wälder: Enge, Stein.
G. silvaticum L. 516.

B. Köpfchen ungleich, die einen mit fruchtbaren weibl. Bt., die andern mit sterilen Zwitterbt.; Pappus der letztern an der Spitze verdickt.

5. 6. Scharenwiese, Rodenberg b. Diessenhofen, Stein, Mammern. (Antennaria dioica. Gärtn.). **G. dioicum** L. 517.

221. Artemisia. Beifuss. XIX.

A. Frboden behaart.

Bl. seidenhaarig-weissgrau, 2—3fach fiederschnittig mit lanzettl. Zipfeln; Rispenäste abstehend. 7. 8. Hohentwiel.

Wermut: **A. Absynthium** L. 518.

B. Frboden kahl.

Köpfchen graufilzig, kugelig od. kugelig-eirund; St. rispig-ästig; Bl. mit linealen Zipfeln. 7. 8. Mägdeberg (Ziegler und Th. Bahnmaier). **A. pontica** L. 519.

Köpfchen meist kahl, längl. od. längl. eirund; Bl. mit lanzettl. Zipfeln. 7—9. Ungebaute Orte, Wegränder, z. B. im Hofe des Klosters Paradies, Thayngen, Schleitheim, beim Schlösschen Wörth, Ramsen, Bibern, Hohentwiel.

A. vulgaris L. 520.

222. Tanacetum. Reinfarn. XIX.

6—9. An der Wunderklinge, Hohentwiel. **F. vulgare** L. 521.

223. Achillea. Schafgarbe. XIX.

Bl. schmal, 2—3fach fiedersp.; Strahlbt. 4—5, halb so lang als die Hülle. 6—10. Häufig. **A. millefolium** L. 522.

Bl. unget., lineal-lanzett; Strahl 8—10btg., so lang od. länger als die Hülle. 6—9. Scharenwiese, Dörflinger Weiher, Thayngen, Wangenthal, Wutachthal. **A. Ptarmica** L. 523.

224. Anthemis. Hundskamille. XIX.

A. Spreubl. lineal-borstenf., meist nur am obern Teile des verlängert-kegelf. Frbodens.

5. 6. Buchberg, Diessenhofen, Stammheim.

A. Cotula L. 524.

B. Spreubl. längl. od. lanzett, starr stachelspitzig.

Frboden fast halbkugelig; Frchtchen 4kantig zusammengedrückt. 6—8. Auf Halden und Aeckern des Randens (Dühlenbuck b. Merishausen) und Reyats, am Hügel von Staufen, Hohentwiel. **A. tinctoria** L. 525.

Frboden zur Frchtzeit verlängert-kegelf.; Frchen stumpf-4kantig. 5—9. Aecker z. B. Breite b. Schaffhausen, Ramserfeld.

A. arvensis L. 526.

225. *Matricaria. Kamille. XIX.*

Frboden kegelf., hohl; Fr. mit 5 feinen Rippen. 5—8. Auf Aeckern
als Unkraut. Gramille: **M. chamomilla** L. 527.

Frboden halbkugelig, solid; Fr. mit starken Rippen. 6—9. Eschheimerthal, Höhgau, Auhalde b. Schleitheim, Stein.
M. inodora L. 528.

226. *Leucanthemum. Wucherblume. XIX.*

St. 1köpfig od. in einige verlängerte einköpfige Aeste get.; untere
Bl. unget., spatelf., gekerbt; obere lineal-längl. gesägt. 5—10.
Wiesen. „Grosse Geisseblume“: (Chrysanthemum Leucan-
themum L.) **L. vulgare** Dec. 529.

Köpfchen in einer Doldentraube; Bl. sämmtlich fiederschnittig
mit 8—15 Fiederpaaren. 6. 7. Mühlenthal, Randenhalden,
Hohenklingen, Wolkenstein.
L. corymbosum Gs. Godr. 530.

227. *Doronicum. Gemswurz. XIX.*

5. 6. Wutachthal, Hohentwiel. **D. Pardalianches** L. 531.

228. *Senecio. Kreuzkraut, Baldgreis. XIX.*

I. Aussenkelch fehlend od. nur durch einige Schüppchen ange-
deutet.
Untere Bl. in einen breitgeflügelten Stiel zusammengezogen. 5.
Binninger Ried, Auhalde b. Schleitheim, b. Blumberg, Gai-
lingerberg gegen Buch.
S. spathulaefolius Dec. 532.

II. Köpfchen mit Aussenkelch, aus kleinen Deckblchen bestehend.

A. Bt. sämmtlich röhrenf., gelb.

Bl. kahl od. spinnwebig-wollig, die obern mit geöhrtem Grunde
stglumfassend; Hüllbl. mit schwarzer Spitze; blüht fast das
ganze Jahr. **S. vulgaris** L. 533.

B. Randbt. zungenf., meist zurückgerollt, gelb.

Pfl. klebrig-drüsig-behaart; Blzipfel lanzett, buchtig-gezähnt;
äussere Hüllbl. halb so lang als die innern; Fr. kahl. 6—10.
Enge, Rosenegg, Hohentwiel, b. Buchberg.
S. viscosus L. 534.

Bl. weichhaarig, drüsenlos; Blzipfel lineal, gezähnt: äussere Hüllbl. sehr kurz; Fr. anliegend-behaart. 6—9. In frischem Hau. **S. silvaticus** L. 535.

C. Randbt. zungenf., flach; Bl. get.

1. Die Blchen der Aussenhülle zu 4—6, etwa halb so lang als die Hüllbl.; Wurzelstock kriechend.

Die obern Bl. mit kleinen und unget. od. 2sp. Oehrchen; alle Fr. behaart. 7—9. An Wegen und Hecken: Büsingen, Enge. **S. crucifolius** L. 536.

2. Die Blchen der Aussenhülle zu 1—2, viel kürzer als die Hüllbl.; Wurzelstock kurz.

Untere Bl. zur Btzeit meist abgestorben, mittlere mit vielt. Oehrchen fiedert.; Abschnitte derselben fast rechtwinklig von der Mittelrippe abstehend; scheibenst. Fr. dicht behaart; Pfl. $1^1/_2$—1 m. hoch. 6—8. Wirbelberg, b. Basadingen und im Höhgau. **S. Jacobaea** L. 537.

Untere Bl. zur Btzeit meist noch frisch; Abschnitte derselben schief von der Mittelrippe ausgehend; scheibenst. Fr. kahl od. schwach behaart; Pfl. 15—30 cm. hoch. 6. 7. Im Langenmooser Ried, am Weiher bei Ossingen, Gailingerberg, Oerlingen, b. Singen, Hofenacker (Ramsen). **S. aquaticus** Huds. 538.

D. Bl. unget., sonst wie C.

Bl. mit einem schmal geflügelten, am Grunde kaum verbreiterten Stiel versehen; Aussenhüllbl. meist 4; Strahlbt. 4—8. 7. 8. Randenwälder, oberhalb Beggingen, Wutachthal zwischen Hallau und Stühlingen, Hohenstoffeln. **S. Fuchsii** Gremli 539.

Bl. sitzeud, verlängert-lanzett; Aussenhüllbl. meist 10; Strahlbt. meist 13. 7. 8. Buchthalen, am Rheine, Scharen, Oerlingersumpf, Stein. **S. paludosus** L. 540.

229. Calendula. Ringelblume. XIX.

6—9. Hie und da auf Schutt, halb verwildert.

Stinkende Hoffart: **C. officinalis** L. 541.

230. *Cirsium. Kratzdistel. XIX.*

A. Bl. oberseits von kurzen Dörnchen rauh.

Bl. herablaufend, unterseits mit spinnwebartiger Wolle dünn besetzt; Köpfchen eif. 6—9. Waldränder, Schutt. Zwischen Büsingen und Schaffhausen, Eschheimertbal, Stein.
C. lanceolatum Scop. 542.

Bl. stglumfassend, nicht herablaufend, unterseits filzig; Köpfchen kugelig. 6—9. Randen, Hemmenthal, Hohhöwen, Wunderklinger Mühle. **C. eriophorum** Scop. 543.

B. Bl. oberseits kahl od. behaart, nicht dornig.

1. Bt. teilweise 2häusig; Kr. bis zum Grunde 5t., mehrmals kürzer als die Röhre; Pappus 3mal länger als die Kr.; Köpfchen klein, langgestielt, doldentraubig.
7—9. Auf uncult. Boden, lästiges Unkraut auf Aeckern.
C. arvense Scop. 544.

2. Alle Bt. zwttg.; Pappus kürzer als die Kr.

a. Bl. herablaufend; Kr. purpurrot; Köpfchen klein, geknäuelt. 6—9. Feuchte Wiesen. **C. palustre** Scop. 545.

b. Bl. nicht herablaufend, unterseits grün od. spinnwebig-wollig; Kr. purpurrot.

b1. St. sehr kurz od. scheinbar fehlend, das Köpfchen also auf der ausgebreiteten Blrosette sitzend; selten wird der St. bis 15 cm. lang und ist dann dicht bebtt.; Bl. stachelig-gewimpert; Köpfchen gross, einzeln od. selten 2—4.
7—9. Randen, Scharen, Hohentwiel. **C. acaule** All. 546.

b2. St. 30—100 cm., oberhalb bllos; Saum der Kr. länger als die Röhre.

Wurzelfasern in der Mitte verdickt; Bl. unterseits spinnwebig-wollig, nicht od. halbstglumfassend; Stgl. 1—3köpfig, die Köpfchen auf verlängerten Stielen. 6. 7. Scharen.
C. bulbosum Dec. 547.

Wurzelfasern nicht verdickt; Bl. zerstreut-weichhaarig, stglumfassend; Köpfchen zu 2—5 gehäuft, selten einzeln und langgestielt. 6—8. Auf Wiesen b. Bargen, Beggingen, Thayngen, Binninger Ried, Scharen. **C. rivulre** Link. 448.

c. Bl. nicht herablaufend, fast kahl; Kr. gelbl.-weis.

Bl. stglumfassend; Köpfchen gehäuft, von grossen blassen Deckbl.
umgeben; Blchen des Hüllk. mit kurzem, weichem Dorn.
7—9. Feuchte Wiesen, Gräben.   **C. oleraceum** Scop. 549.

Cirsium-Bastarde nach Bruuner:

C. oleraceo-acaule: Etzwiese, Scharenwiese.

— — rivulare: Binninger Ried.

— acauli-bulbosum: Scharenwiese, Etzwiese.

— bulboso-oleraceum: Hüttweilen und Binninger See, Allmend
Stein, Hemishofen.

— palustri-bulbosum: Binninger Ried.

231. Carduus. Distel. XIX.

A. Köpfchen meist einzeln.

Bl. mit derben Stacheln; Köpfchen rundl., gross, nickend, auf
weissfilzigen Stielen; äussere Hüllbl. über der Basis zurück-
gebrochen, mit starken Stacheln endend. 6—8.
                                        C. nutans L. 550.
Bl. fiedersp. od. gezähnt; Köpfchen auf langen, bllosen Stielen;
Hüllbl. kurzstachelspitzig, mehr od. weniger abstehend. 6—9.
Abhänge des Randens.   **C. defloratus** L. 551.

B. Köpfchen meist zu 2—3 gehäuft; St. und Aeste bis an das Köpfchen kraus-geflügelt.

St. schmal geflügelt, oben kurz-filzig, Bl. unten filzig od. fast
kahl; die obern unget.-eilanzettl., mit breiter Basis sitzend,
Hüllbl. in eine pfrieml. Spitze auslaufend, fast so lang als
die Bt. 7—9. An der Wutach.   **C. personata** Jacq. 552.
St. breiter geflügelt; Bl. krauser-gelappt und stachlig-gezähnt;
Hüllbl. stachelspitzig, kürzer als die Bt. 7—9. Wegränder,
Schutt, überall.   **C. crispus** L. 553.
Variiert mit unterseits grünen Bl. Kriegerthal.
                                    C. crispo-nutans.
C. multiflorus Gand. — C. polyanthemos Schleicher.

232. Onopordon. Eselsdistel. XIX.

7. 8. Paradies, Büsingen, Wangenthal, Hohentwiel, Hohenstoffeln.
                                    O. Acanthium L. 554.

233. *Lappa. Klette. XIX.*

A. Köpfchen fast gleich hoch stehend.

Blttchen des Hüllk. sämmtlich grün, pfrieml. und hakenf. 7. 8. Im Walde zwischen Hausen und Stühlingen, Diessenhofen, Wangenthal, Buchberg. (L. major Gärtn.). **L. officinalis** All. 555.

Hüllk. stark spinnwebig-wollig, die innern Blttchen desselben lineal-lanzett mit aufgesetzter, kurzer Stachelspitze, rot. 7. 3. Dörflingen, Weg zwischen Neunkirch und Oberhallau, Osterfinger Bad. **L. tomentosa** L. 556.

B. Köpfchen übereinanderstehend.

Die innern Blttchen des Hüllk. oft purpurrot; Köpfchen etwa haselnussgross; Bt. meist länger als die Hüllkr.; Fr. 5—7 mm. lang; Pfl. 50—70 cm. hoch mit aufrecht-abstehenden Aesten. 7. 8. **L. minor** Dec. 557.

Köpfe sehr gross, die obern gedrängt stehend; Bt. etwa so lang als die Hüllbl.; Fr. 8—11 mm. lang; Pfl. 100—130 cm. hoch mit abstehenden, zuletzt fast hängenden Aesten. 7. Früher als d. v. Schienerberg, Stühlingen, Schleitheim, zwischen Unterhallau und Eberfingen, Holdersteig b. Beringen.

L. nemorosa Körnike 558.

234. *Carlina. Eberwurz. XIX.*

St. stets einfach und einköpfig, meist verkürzt, scheinbar fehlend; Bl. tief-fiedersp.; alle gestielt; innere Hüllbl. weissglänzend. 7—9. Enge, Scharen, Randen, Hohentwiel, Hohhöwen. **C. acaulis** L. 559.

St. einfach od. ästig, 1—mehrköpfig; Bl. längl. lanzett, gezähnt, dornig, die obern sitzend; innere Hüllbl. strohgelb. 7—9.

C. vulgaris L. 560.

235. *Serratula. Scharte. XIX.*

7. 8. Griesbach, Scharen, Rayat, Stein, Osterfinger Bad.

S. tinctoria L. 561.

236. *Centaurea. Flockenblume. XIX.*

A. Hüllblchen dornenlos, an der Spitze trockenhäutig, unget. od. gefranst, die letzte Franse den übrigen gleich.

Anhängsel der Hüllbl. gewölbt, unget. od. die untern kammf. gefranst. 6—10. Wiesen, Wegränder. **C. Jacea** L. 562.

Anhängsel der Hüllbl. aufrecht, alle fiederig-gefranst, etwa mit Ausnahme der obersten. **7—10.** Kohlfirst.

C. nigra L. 563.

B. Die letzte Franse der Hüllbl. breit, oft dornartig.

1. Randbt. blau.

Bl. herablaufend, längl.-lanzett, unget., wollig od. spinnwebig-behaart; Randbt. hellblau, sehr weit hervortretend; Pappus kurz. **5—8.** Randenburg, Schleitheim, Galli, Hohhengst bei Bargen (Forstmeister Vogler), Wutachthal, Mammern.

C. montana L. 564.

Bl. lineal-lanzett, nicht herablaufend, die untern am Grunde oft gezähnt; Pappus so lang als das Frchen. **6—8.**

C. Cyanus L. 565.

2. Randbt. rot.

Bl. sämmtlich 1—2fach fiedersp.; Abschnitte lanzettl. mit einem schwieligen Punkte endigend. **6—8.** Wegränder etc.

C. Scabiosa L. 566.

C. Hüllchen mit 3t. od. fiedert. Dorne.

Bl. lineal-lanzett, herablaufend; Hüllk. wellig; Bt. hellgelb. **7—9.** Unter Luzerne, ziemlich selten und unbeständig.

C. solstitialis L. 567.

237. *Lampsana. Rainkohl. XIX.*

6—9. Aecker, lichte Waldstellen, Wegränder.

L. communis L. 568.

238. *Arnoseris. Lämmerlattich. XIX.*

7—9. Auf Sandboden; bei Hofenacker.

A. minima Link. 569.

239. *Cichorium. Wegwarte. XIX.*

Btst. Bl. lanzett mit etwas breitem Grunde stglumfassend. **7—8.** (Eine grössere Form mit rübenf. Wurzel gebaut).

C. Intybus L. 570.

Btst. Bl. breiteif. mit herzf. Grunde stglumfassend. **7. 8.** Salatpfl. Cult.

C. Endivia L. 571.

240. Leontodon. Löwenzahn. XIX.

St. meist mehrköpfig; Köpfchen vor dem Aufblühen aufrecht; Strahlen des Pappus alle gleich; federige Bl. kahl od. fast kahl. 6—9. Wiesen, an Wegen. **L. autumnalis** L. 572.

St. stets 1köpfig; Köpfchen vor dem Aufblühen nickend; die innern Strahlen des Pappus federig, die äussern kurz und rauh. 7—10. W. v. (var. L. hastilis). **L. hispidus** L. 593.

241. Picris. Bitterkraut. XIX.

7—9. Wiesen, Triften, überall. **P. hieracioides** L. 574.

242. Helminthia. Wurmsalat. XIX.

7. 8. Unter Lucerne, selten und unbeständig. **H. echioides** Gärtn. 575.

243. Tragopogon. Bocksbart. XIX.

Bt. tiefgelb und entschieden länger als die Hüllbl.; Köpfchen sich erst Nachmittags 2 Uhr schliessend; randst. Fr. schuppig-stachelig; Stbb. schwarz, längsgestreift. 5—8. Wiesen. „Habermarkste": (T. pratensis L.). **T. orientalis** L. 576

Bt. hellgelb, kürzer, selten so lang als die Hüllbl.; Köpfchen sich schon Vormittags 11 Uhr schliessend; randst. Bt. knotig; Stbbröhre ganz schwarz-braun. 5—9. Wolfsbuck, Schweizers-bild, Osterfingen, Schleitheim. **T. dubius** Vill. 577.

244. Scorzonera. Schwarzwurz. XIX.

6. 7. Cult. in Gärten. **S. hispanica** L. 579.

245. Hypochaeris. Ferkelkraut. XIX.

6—8. Lichte Waldstellen, Grasplätze. **H. radicata** L. 579.

246. Taraxacum. Pfaffenröhrlein. XIX.

A. Aeussere Hüllbl. angedrückt.

Bl. aufrecht, schwach gezähnt od. fast ganzrandig. 4. 5. Scharen-wiese, Allmend (Stein). **T. paludosum** Schlecht. 580.

B. Aeussere Hüllbl. zurückgeschlagen od. doch abstehend.

Aeussere Hüllbl. lineal-lanzett, die innern meist schwielenlos.
4—10. Wiesen.

„Tüfelsblume, Chütteneblume" (Leontodon Taraxacum L.)
T. officinale Web. 581.

Aeussere Hüllbl. lanzett od. eilanzett, die innern unter der Spitze
meist mit einer Schwiele; Bl. feiner zert. a. a. v. 4. Katharinenthal. **T. laevigatum** Dec. 582.

247. Chondrilla. Krümling. XIX.

7. 8. Neuhausen, Dörtlingen, Diessenhofen, Hohentwiel.
C. juncea L 583.

248. Prenanthes. Hasenlattich. XIX.

7. 8, Gaisberg, Kohlfirst, Rheinhard, Stein.
P. purpurea L. 584.

249. Lactuca. Lattich, Salat. XIX.

Frchen beiderseits mit mehreren erhabenen Rippen; Bt. gelb.
7. 8. Wirbelberg, Hohentwiel. **L. Scariola** L. 585.
Frchen auf der Mitte mit einer Rippe; Bt. blau. 5. 6. Felsen,
steinige Orte. **L. perennis** L. 586.

250. Phoenixopus. Mauerdistel. XIX.

7. 8. Kohlfirst, Rheinhard, Merishauser Randen.
(Prenanthes muralis L.; Lactuca muralis Gärtn.)
P. muralis Koch 587.

251. Sonchus. Gänsedistel. XIX.

**A. St. ästig; Aeste doldentraubig, Hülle meist kahl, selten
mit Drüsen.**

Bl. weich, fiedersp. od. schrotsägef., die obern stglumfassend mit
zugespitzten Oehrchen; Fr. 3rippig, zwischen den Rippen
querrunzelig. 6—10. In Gärten, auf Schutt.
S. oleraceus L. 588.
Bl. derb, dornig gezähnt, die obern mit gerundeten Oehrchen;
Fr. zwischen den Rippen fast glatt. 6—10. Im Walde zwi-
schen Aazheim und Osterfingen, im Scharen, Stein.
S. asper All. 589.

B. St. einfach, die Köpfchen doldentraubig; Hülle dicht drüsenhaarig.

Bl. buchtig-fiedersp., die obersten unget. Auf Aeckern, z. B. bei Neunkirch, Stein. **S. arvensis** L. 590.

252. Crepis. Pippau. XIX.

A. Frchen deutl. geschnäbelt.

1. Köpfchen vor dem Blühen nickend; Gr. gelb. Pfl. übelriechend. 6—8. An der Strasse nach Diessenhofen, auf Aeckern b. Schleitheim, im Durstgraben, Station Herblingen. (Barkhausia foetida Dec.) **C. foetida** L. 591.

2. Köpfchen stets aufrecht; Gr. bräunlich. Hülle und Köpfchenstiele mit steifen, fast stechenden, gelbl Borsten besetzt. 6—8. Unter frischgesäeter Lucerne, aber unbeständig, z. B. bei Schaffhausen, Singen. (Barkhausia setosa Dec.). **C. setosa** Hall. fil. 592.

Hülle kurz drüsen- und mehr od. weniger sternhaarig; nach dem Verblühen von der halben Länge des Pappus. 5. 6. Häufig. (Barkhausia taraxacifolia Dec.). **C. taraxacifolia** Thuill. 593.

B. Frchen an der Spitze verschmälert od. kurz geschnäbelt, Pappus schneeweis, biegsam.

1. St. bllos, an der Spitze vielköpfig, untere Stiele der Trauben 2—3köpfig.

5. 6. Randen, Altorf, im Neuhauserholze, am Hemming, Hemmenthal, Mammern. **C. praemorsa** Tausch. 594.

2. St. bllos od. am Grunde wenigbttg., an der Spitze filzig, 1köpfig, sehr selten gabelig verzweigt; Hüllk. graufilzig od. kurzhaarig.

6. 7. Schweizersbild, Eschheimerthal, Wutachthal, Gennersbrunn, Dörflingen, Weg nach Thalisbänkli. **C. alpestris** Tausch. 595.

3. St. bebttrt., an der Spitze doldentraubig.

a. Stglbl. mit öhrchenf., gezähntem, seltener fast spiessf. Grunde. Köpfchen 30—45 mm. im Durchmesser; äussere Hüllbl. lanzett, abstehend; Gr. gelb. 5—10. Wiesen, überall. **C. biennis** L. 596.

b. Stglbl. mit pfeilf. Grunde.
Aeussere Hüllblttchen angedrückt, lineal; innere auf der Innenseite kahl; Köpfchen 15—20 mm. im Durchmesser. 6—9. Auf Wiesen, Brachfeldern, an Wegrändern.
C. virens Vill. 597.

Aeussere Hüllblttchen etwas abstehend, innere auf der Innenseite angedrückt-behaart; Stglbl. am Rande umgerollt; Köpfchen ziemlich klein. 5—9. Zwischen Merishausen und Thalisbänkli, Ebringen, Bietingen, Aach, Hofenacker.
C. tectorum L. 598.

C. Pappus schmutzig-weiss, unten bräunlich, zerbrechlich.
Köpfchenstiele und Hüllbl. mit schwarzen Drüsenhaaren; Stglbl. eif., am Grunde herzf.-stglumfassend. 5—8. Herblingen, Scharenwald, Binninger See, Stein.
C. paludosa Mönch. 599.

253. Hieracium. Habichtskraut. XIX.

A. Frchen sehr klein (1—1,5 mm.); am obern Rande gekerbtgezähnt; Strahlen des Pappus sehr dünn, gleichlang; Pfl. oft mit Ausläufern.

1. St. bllos od. 1bttg., nie köpfig od. gabelig-mehrköpfig; Bl. borstenhaarig, unterseits stets mit Sternhaaren; die randst. Zungen unterseits rot gestreift, Ausläufer lang.
5—10. Grasplätze, Wiesen. H. Pilosella L. 600.
2. St. 2—vielköpfig; Köpfchen kürzer gestielt a. b. d. v., an der Spitze des St. doldentraubig od. trugdoldig genähert; Bl. mit od. ohne Sternhaare; Zungen gleichfarbig.
a. St. 3—5 (2—7) köpfig; 5—20 cm. hoch.
St. bllos od. 1bttg.; Bl. bläul.-grün, zungenf., fast ganz kahl, am Grunde gewimpert. 5—10. Wiesen, Brachfelder.
H. Auricula L. 601.
b. St. 10—100köpfig; 30 cm. hoch und darüber.
b₁. Bl. bläul.-grün, oberseits kahl od. mit langen Borstenhaaren; Haare des St. länger als die Dicke des St.
St. schlank, dicht od. engröhrig; grundst. Bl. zur Btzeit noch frisch. 6. 7. Wiesen, uncult. Orte.
H. praealtum Vill. 602.

St. stärker, weitröhrig; grundst. Bl. zur Btzeit oft z. T. ver-
welkt; St. und beide Blflächen mit zahlreichen Borsten- und
Sternhaaren; Hülle mit langen, einfachen Haaren; Zungen
oft eingerollt. 6. 7. Haslach (Ziegler).   **II. Zizianum** Tausch. 603.

b₂. Bl. grün, beiderseits behaart.

Wurzelstock kurz, abgebissen od. herabsteigend, ohne oberirdi-
sche, bebttrte, niederliegende Ausläufer; Bl. unterseits stets
mit Sternhaaren; Köpfchen trugdoldig; Köpfchenstiele und
Hüllen von zahlreichen, langen, weissen Haaren zottig. 5—7.
Lohnemer Buck, Mühlenthal, Freudenthal, Schüsselbühl,
Hohentwiel, Mägdeberg.

(H. Nestleri. Vill.). H. cymosum L. 604.

Wurzelstock schief od. kriechend, oft mit niederliegenden, be-
bttterten Ausläufern; Bl. unterseits mit od. ohne Sternhaare.
St. hohl, langhaarig, unterwärts oft rot; Köpfchenstiele und
Hülle durch am Grunde schwarze Borsten und zahlreiche
schwarze Drüsenhaare dunkel gefärbt. 6—8. Katzenthal
(Brunner).   **II. pratense** Tauch 605.

**B. Frchen grösser (2,5—5 mm. lang), am obern Rande etwas
verdickt, nicht gezähnt; Strahlen des Pappus ungleich; Ausläufer stets fehlend.**

Bei den ausläuferlosen 1—wenigköpfigen Arten unter A. sind die
Bl. unterseits mit Sternhaaren besetzt; die ausläuferlosen viel-
köpfigen dagegen haben sehr kleine Köpfchen od. rötl. Bt.

1. Haare der Bl. alle od. doch wenigstens teilweise drüsentragend.
(Der Rand des Bl. ist zu beobachten!); Köpfchenstiel drüsenhaarig; Zungen kahl; Grubenränder des Frbodens kahl od.
fast kahl; Bl. eilängl., grob-eingeschnitten-gezähnt od. fiedersp.; das untere der stglst. von gleicher Grösse wie die grundst.
und gestielt; St. niedrig, etwas bogig, 2—3blttg., sich in 2 bis
mehrere lange, 1köpfige Aeste auflösend; Hüllbl. mit langen,
abstehenden weissen Haaren, aber ohne Sternhaare. 6. 7.
Hohentwiel.   **II. Jacquinii** Vill. 606.

Zunge deutlich gewimpert; Grubenränder des Frbodens stark
fransig-gewimpert; St. mehr- bis vielblttg.; obere Bl. breit,
mit halbstglumfassendem Grunde; Pfl. schmierig-klebrig,

mit kleinbltgen Aesten, die oft teilweise verkümmerte Köpfchen tragen. 6. 7. Hohfluh, Schloss Laufen, Enge, Schleitheim. **H. amplexicaule** L. 607.

2. Haare der Bl. drüsenlos, bisweilen fehlend.

a. Grundst. Bl. zur Btezeit noch frisch, selten vertrocknet; Stglbl., wenn vorhanden, gestielt od. mit verschmälertem Grunde sitzend; Zungen kahl, selten gewimpert; Köpfchen stieldrüsenhaarig.

a₁. St. bllos od. 1—2blttg.

Bl. bläul.-grün, meist gefleckt, oberseits kahl od., wenn behaart, die Haare etwas länger und steifer als an der folgenden. 6—10. Wälder, Gebüsche, Mauern. **H. praecox** Schulz. 608.

Bl. grün, meist ungefleckt, beiderseits behaart, die Haare kurz und weich; Aeste meist bogig-aufsteigend od. weit abstehend. 6—10. W. v. **H. murorum** L. 609.

a₂. St. 3—mehrblttg.: (grundst. Bl. am Grunde meist mehr od. weniger verschmälert).

Grundst. Bl. weniger zahlreich; Stglbl. zahlreicher als a. d. v.; St. unterwärts meist rauhhaarig; Aeste meist bogig. 7. Diessenhofen, Lohn, Enge, Schaffhausen. **H. vulgatum** Fr. 610.

b. Grundst. Bl. zur Btezeit nicht mehr vorhanden: Zungen kahl; spätblühende Arten.

b₁. Hüllbl. angedrückt; Gr. meist braun: Aeste nicht doldenf.; Hüllbl. wenig-reihig; innere etwas verschmälert zulaufend, oft sogar spitzl.; meist mit zertreuten, einfachen und sternf. Haaren, am Rande bleichgrün; St. hohl, schlanker als an d. folgenden.

Bl. weniger zahlreich, schmäler, an beiden Enden langvorgezogen, jederseits mit 2—3 grossen Zähnen: Köpfchen etwas kleiner: Hüllbl. weniger stumpf, bleicher, weniger dachig. 8. Waldränder und Gebüsche. **H. tridentatum** Fr. 611.

Hüllbl. mehrreihig, deutl. dachig, alle entschieden stumpflich, Stglbl. zahlreicher, Hülle, besonders getrocknet, schwärzlich. 8. W. v. **H. boreale** Fr. 612.

b₂. Hüllbl. teilweise mit abstehend-zurückgebogener Spitze, kahl; Gr. meist gelb; obere Aeste nicht doldenf. genähert; Bl. lanzett od. lineal-lanzett, am Grunde mehr od. weniger verschmälert. 7.—9. Auf nicht cult. Boden. **H. umbellatum** L. 613.

LVI. Fam. Campanulaceen.

254. Jasione. Jasione. V.

6—10. Wälder, auf nicht cult. Boden.　　J. montana L. 614.

255. Phyteuma. Rapunzel. V.

Btstand kugelig; Hüllbl. eilanzett; Kr. dunkelblau. 5—7. Wiesen und uncult. Stellen: Hauenthal, Stein.

　　　　　　　　　　　　　　　P. orbiculare L. 615.

Btstand eif. od. längl., nach dem Verblühen walzlich; Hüllbl. lineal; Bt. gelbl.-weiss; Bl. meist gefleckt. 5. 6. Wälder, verbreitet.　　　　　　　　　　P. spicatum L. 616.

256. Campanula. Glockenblume. V.

A. Bt. gestielt in Aehren od. Rispen.

1. Hauptstgl. unentwickelt, in einer Blrosette endigend; blühende St. seitl.; grundst. Bl. rundl.

Grundst. Bl. zur Btzeit meist vertrocknet; Btstd. rispig-vielbtg.; Bt. blau. 5—9. Ueberall.　　C. rotundifolia L. 617.

Grundst. Bl. bleibend; St. 5—6bltg.; Kr. hellblau. 6—8. Im Wutachbette, Wyden bei Schleitheim.

　　　　　　　　　　　　　　C. pusilla Haenke 618.

2. Hauptstgl. verlängert.

　　a. Bodenst. Bl. herzeif.; Fr. nickend.

Wurzelstock mit unterirdischen Ausläufern; St. stumpfkantig; Bl. kurzhaarig; Kzipfel lanzett, nach dem Verblühen zurückgeschlagen; Kr. 20—28 mm.; Bt. in langer, einseitswendiger Traube. 6—8. Felder, Wegränder.

　　　　　　　　　　　　　C. rapunculoides L. 619.

Wurzelstock ohne Ausläufer; St. scharfkantig; Bl. steifhaarig; Kzipfel breit od. eilanzett, aufrecht od. etwas abstehend: Kr. grösser, 35—40 mm.; Bt. zu 1—3 auf blwinkelst. Stielen. 7.—9. Wälder.　　C. Trachelium L. 620.

b. Bodenst. Bl. längl., in den Blstiel verschmälert; Fr. aufrecht.

　　b₁. Kzipfel schmal, lineal od. pfrieml.

Rispe vielbltg., lang; Deckbl. nahe am Grunde der seitl. Btstiele. 5—9. Wald- und Wegränder.　　C. Rapunculus L. 621.

Rispe locker-doldentraubig; Deckbl. über der Mitte der seitl. Btstiele. 5—9. W. v.　　C. patula L. 622.

b₂. Kzipfel breiter, lanzett od. eilanzett.

Untere Bl. längl. keilf., in den Blstiel verschmälert, obere lanzett bis lineal, sitzend; Traube od. Rispe armbltg.; Kr. gross, hellblau; Pfl. ½—1 m. hoch. 6—8. Wald und Gebüsch.
C. persicifolia L. 623.

B. Bt. sitzend, in end- und seitenst. Knäueln.

Untere Bl. in den Blstiel verschmälert; Kzipfel eif.; Gr. länger als die Kr.; Pfl. fast stechend-steifhaarig. 6—8. Gaisberg, im Walde zwischen Gottmadingen und Singen, Griesbach, Kressenberg (Stein). **C. Cervicaria** L. 624.

Untere Bl. am Grunde meist herzf.; Kzipfel lanzett; Gr. meist kürzer als die Kr.; Pfl. kurzhaarig od. fast kahl. 5—9. Wiesen, Waldränder, verbreitet. **C. glomerata** L. 625.

257. Specularia. Frauenspiegel. V.

Kzipfel lineal, so lang od. länger als der ausgewachsene Frkn. und die 15—20 mm. breite, purpurviolette Kr. 6—9. Aecker, unter Getreide, häufig.
S. Speculum A. Dec. 626.

Kzipfel lanzett, länger als die 8—10 mm. breite Kr.; halb so lang als der Frkn. 4—5. Griesbach, Hohentwiel.
S. hybrida A. Dec. 627.

LVII. Fam. Vaccinieen.

258. Vaccinium. Heidelbeere. VIII. X.

Bl. abfallend, kahl; Kr. kugelig; Aeste scharfkantig. 4. 5. Wälder, z. B. Enge. **V. Myrtillus** L. 628.

Bl. immergrün; Kr. radf. mit zurückgeschlagenen Zipfeln; St. kriechend, mit fadenf., liegenden Aesten. 6—8. Torfsümpfe, Binninger Ried, Engesumpf, Allmend (Stein).
Moosbeere: (Oxycoccus palustris. Pers.) **V. Oxycoccus** L. 629.

LVIII. Fam. Ericineen.

259. Calluna. Heide. VIII.

8—10. Wälder etc. (Erica vulgaris L.)
C. vulgaris Salisb. 630.

LIX. Fam. Pirolaceen.

260. *Pirola. Wintergrün. X.*

A. St. 10tg.; Bl. kleingezähnelt; Bt. gross, wohlriechend, mit flach ausgebreiteter, weisser Kr.

5. 6. Rändli, im Föhrenwald. (Wohl eingewandert mit aus dem Gebirge bezogener Föhrensame;) (Forstmeister Vogler.)
P. uniflora L. 631.

B. Bt. in einer Dolde; Bl. lanzett-keilf.; Kr. rosenrot.
6. Bei Andelfingen. **P. umbellata** L. 632.

C. Bt. in einer Traube.
1. Traube einseitswendig.

Bl. eif., spitz; Kr. grünl.-weiss. 6. 7. Enge, Hohenklingen, Wolkenstein, Kressenberg. **P. secunda** L. 633.

2. Traube allseitswendig.

a. Stbgf. aufwärts-, Gr. abwärts gekrümmt.
Kzipfel lanzett, zugespitzt, halb so lang als die weisse Kr.; Traube vielbtg. 6. 7. Wälder: Scharen, hinter Aazheim, Enge.
P. rotundifolia L. 634.

Kzipfel eif, so breit als lang, viermal kürzer als die hellgrüne Kr.; Traube armbtg. 6. 7. Randen, im Birch, bei Gennersbrunn, Stein. **P. chlorantha** Sw. 635.

b. Stbgf. gleichmässig zusammenneigend; Gr. gerade, aufrecht od. schief.

N. doppelt so breit als der Gr.; Kr. weiss od. rötlich, kugelig schliessend. 6. 7. Enge, Kohlfirst, zwischen Büsingen und Herblingen, Stein. **P. minor** L. 636.

LX. Fam. Monotropeen.

261. *Monotropa. Ohnblatt. VIII. X.*

Krbl. und Stbgf. behaart; Frkn. länglich. 7. 8. Scheint selten zu sein. Kapf (Stein). **M. Hypopitys** L. 637.

Krbl. und Stbgf. kahl; Frkn. oval. 7. 8. In Wäldern.
M. glabra Bernh. 638.

LXI. Fam. Aquifoliaceen.

262. Ilex. Stechpalme. IV.

5. 6. Orsernthal, Stammheimerthal, Eschenz, Mammern.

J. Aquifolium L. 639.

LXII. Fam. Oleaceen.

263. Ligustrum. Hartriegel. II.

5—7. Hecken und Gebüsch.

„Geisshasliholz": **L. vulgare** L. 640.

264. Syringa. Flieder. II.

4. Zierstrauch in Anlagen.   „Holder": **S. vulgaris** L. 641.

265. Fraxinus. Esche. II. XXII.

4. Wälder, Gebüsche, Bächen entlang.

F. excelsior L. 642.

LXIII. Fam. Asclepiadeen.

266. Vincetoxicum. Schwalbenwurz. V. XVI.

6—8. Auf steinigem Boden, im Gebüsch.

V. officinale Mönch 643.

LXIV. Fam. Apocineen.

267. Vinca. Sinngrün, Immergrün. V.

4. 5. Hecken und Gebüsch; rotblühende Formen in den Ruinen des Hohenstoffeln, Schrotzburg, Hemming.

V. minor L. 644.

LXV. Fam. Gentianeen.

268. Menyanthes. Fieber- od. Bitterklee. V.

5. Gräben: Herblingen, Thayngen, Egelsee, Scharen, Seen von von Binningen, Hüttweilen, Sumpf bei Schlatt, Allmend (Stein).   **M. trifoliata** L. 645.

269. Gentiana. Enzian. V. IV.

A. Saum der Kr. kahl.

1. Bl. in den obern Blwinkeln und an der Spitze des St. quirlig-
gehäuft.

Bl. elliptisch; Kr. radf., 5t., gelb; Zipfel 3mal so lang als die
Röhre. 7. 8. Randen, Kriegerthal. **G. lutea** L. 646.

Bl. lanzett, am Grunde scheidenartig verbunden; K. glockig;
Kr. 4sp., blau. 7—9. Triften, Waldränder: Enge, Griesbach,
Wolkenstein. **G. Cruciata** L. 647.

2. Bl. in den obern Blwinkeln einzeln od. zu zweien; Kr.
nicht blau.

a. Kr. kugelig-glockig.

Hauptstgl. kurz, mit schuppenf. Bl.; blühende St. seitl., aufrecht,
1—mehrblg.; Bl. lineal- od. lineal-lanzett. 6—9. Sumpfwiesen:
Scharen, Griesbach, Andelfingen, Rheinufer bei Stein.
G. Pneumonanthe L. 648.

Hauptstgl. entwickelt; Bl. eilanzett, lang zugespitzt. 7—9. Kohlfirst, Hemishofen, Mammern. **G. asclepiadea** L. 649.

b. Kr. mit walzenf. Röhre und flach ausgebreitetem Saume.

Pfl. ausdauernd, rasig, mit nichtblühenden, rosettentragenden
Trieben; St. 1btg.; Bl. elliptisch od. elliptisch-lanzett, spitz;
Kanten des K. schmal geflügelt. 4—8. Spitzwiesen, Scharen,
Dörflingen, Hemmenthal, oberhalb Hof Bargen, Höhgau,
Stein. **G. verna** L. 650.

Pfl. 1jährig, ohne nichtblühende Blrosetten; St. vielbtg.; Bl.
rundl.-eif., stumpflich, weicher a. a. d. v.; K. aufgeblasen,
geflügelt-kantig. 5. 6. Scharenwiese, Herblingen, Dörflingen,
oberhalb 3 Schlatt, Bleiche (Stein).
G. utriculosa L. 651.

B. Schlund der Kr. gewimpert.

St. 1btg. od. mit einigen 1btgen Aesten; Bl. lineal-lanzett; Kr.
gross, hellblau, mit 4t. Saume; Saumlappen am Rande gewimpert. 8—10. Triften, Waldränder.
G. germanica Willd. 652.

St. ästig; Bl. eilanzett; Kr. violett mit 5t. Saume; die Basis der
Lappen mit 5 wimperig-zerschlitzten Schuppen besetzt. 8. 9.
Randen, Freudenthal. **G. ciliata** L. 653.

270. Erythraea. Tausendguldenkraut. V.

St. einfach, erst oberwärts ästig; Bl. oval-längl., die untern ro-
settig-gehäuft; die mittlern Bt. jeder Gabel fast sitzend. 7—9.
Lichte Waldstellen.   **E. Centaurium** Pers. 654.

St. meist schon von unten od. doch von der Mitte an ästig; Bl.
eif., nicht rosettig; die mittlern Bt. jeder Gabel deutlich gestielt; Pfl. kleiner. 6—9. Wiesen bei Gennersbrunn, Binningen, Dörflingen, Hüttwylen, Stein, Mammern.
         E. pulchella Fr. 655.

LXVI. Fam. Polemoniaceen.

271. Polemonium. Sperrkraut. V.

5. 6. Wutachthal (weissblühend), cult.
         P. coeruleum L. 656.

LXVII. Fam. Convolvulaceen.

272. Convolvulus. Winde. V.

Bl. pfeilf.; Deckbl. gross, eif. od. herzeif., der Bt. genähert; Fr.
gross, weiss. 7—9. Hecken, Gebüsch.
         C. sepium L. 657.

Bl. nierenf.; Deckbl. klein, lineal, von der Bt. entfernt; Kr. kleiner, rötl. od. weiss. 6—9. Aecker.   **C. arvensis** L. 658.

273. Cuscuta. Flachsseide. V.

A. Röhre der Kr. so lang als der Saum.

Bt. meist 4zählig, Schuppen in der Krröhre klein, aufrechtange-
drückt; Gr. kürzer als die Frkn. 6—8. Hohentwiel, Lage bei
Diessenhofen, Dörflingen, Wolkenstein, Strasse nach Hemishofen.   **C. europaea** L. 659.

Bt. meist 5zählig; Krröhre durch die grössern, gegeneinander
geneigten Schuppen geschlossen; Gr. länger als der Frkn.
6—8. Auf Thymus und Klee.
         C. Epithymum Murr. 660.

B. Röhre der Kr. doppelt so lang als der Saum.

St. meist einfach, bleich. 6—8. Auf Flachsfeldern, Klettgau (Merklein), Ramsen (Schenk).   **C. Epilinum** Weihe 661.

LXVIII. Fam. Boragineen.

274. *Asperugo.* *Scharfkraut.* V.

5—7. Am Fusse des alten Thurmes in Thengen, Hohentwiel.
A. procumbens L. 662.

275. *Echinospermum.* *Igelsame.* V.

6. 7. Hohentwiel (Brunner).   **E. Lappula** Lehmann 663.

276. *Cynoglossum.* *Hundszunge.* V.

5. 6. Strasse nach Diessenhofen, Hohentwiel, Wangenthal.
C. officinale L. 664.

277. *Myosotis.* *Vergissmeinnicht.* V.

A. K. und meist auch der St. angedrückt-behaart.

St. kantig; K. 5zähnig; Gr. so lang als der K.; Trauben ohne
Deckbl. 5—7. Feuchte Wiesen, Gräben.
M. palustris Roth. 665.

Variiert mit verkürzten Trauben, grossen Bt., niedrigem rasenf.
St. An sandigen Stellen des Rheinufers, Scharenwiese, Stein.
M. Rehsteineri Wartmann.

St. stielrund; K. 5sp.; Gr. halb so lang als der K.; Trauben am
Grunde oft bebltrt. 6—8. Scharenwiese, Wydlensee, Katzen-
thalersee.   **M. caespitosa** Schultz 666.

**B. K. und St. abstehend behaart; Haare am Grunde des K.
gekrümmt.**

1. Frstiele kürzer als der K.

Krröhre eingeschlossen; Trauben am Grunde bebltrt.; Bt. klein,
blau. 4—6. Diessenhofen.   **M. stricta** Link 667.

Krröhre zuletzt doppelt so lang als der K.; Trauben bllos; Bt.
anfangs gelb, dann bläulich, zuletzt dunkelblau. 5—6. Im
Ratihart.   **M. versicolor** Rchb. 668.

2. Frstiele so lang od. wenig länger als der K.

Zipfel des Frkn. aufrecht, zusammenschliessend; Saum der Kr.
stets flach, 6—10 mm. 4. 5. Im „breiten Thale" bei Thengen,
im Wutachthal.   **M. silvatica** Hoffm. 669.

Frkn. offen: Frstiele wagrecht abstehend; Saum der Kr. meist concav, 3—4 mm. im Durchmesser. 5. 6. Scharen, Stühlingen, Rheinau, Höhgau, Paradies, Herblingen, zwischen Wilchingen und Osterfingen, Gailingen, Buch.

M. hispida Schlechtendal 670.

3. Frstiele mindestens doppelt so lang als der K.
Frkn. geschlossen; Frstiele gerade abstehend; Saum der Kr. concav. 4—10. Aecker, Wegränder.

M. intermedia Link 671.

278. Lithospermum. Steinsame. V.

A. Frchen glatt, glänzend.

St. sehr ästig; Bl. grünl. gelb und weissl. 5—7. Wald und Gebüsch. Kohlfirst, Reyat, Wunderklingen, Hohentwiel, Stein.

L. officinale L. 672.

Bttragende St. oberwärts 2—3sp., nicht blühende, rankenartig; kriechend; Bl. zieml. gross, rot, dann blau. 5. 6. Waldränder: Herblingen, Schleitheim, Wutachthal.

L. purpureocoeruleum L. 673.

B. Frchen runzelig-rauh.

St. einfach od. unterwärts ästig; Bl. weiss, selten blau. 4—6. Unkraut auf Aeckern.

L. arvense L. 674.

279. Echium. Natterkopf. V.

6—8. An nicht cult. Stellen, auf Schutt, auch cult.

E. vulgare L. 675.

280. Borago. Boretsch. V.

6—8. Auf Schutt, in Weinbergen.

B. officinalis L. 676.

281. Anchusa. Ochsenzunge. V.

6—9. Auf Aeckern.

(Lycopsis arvensis L.). **A. arvensis** Bieb. 677.

282. Symphytum. Bein- und Wallwurz. V.

5—7. Feuchte Wiesen, Gräben.

S. officinale L. 678.

283. *Pulmonaria. Lungenkraut. V.*

Ausgewachsene Bl. der seitl. Triebe (Sommerbl.) langgestielt-
eif. od. eif.-zugespitzt, am Grunde abgerundet od. etwas
herzf., plötzlich in den Blstiel zusammengezogen, oberwärts
mit Borstenhaaren und sehr zahlreichen, äusserst kurzen
Stachelchen; Bl. weissgefleckt. 3. 4. Wälder und Gebüsche.
P. officinalis L. 679.

Sommerbl. allmählig in den Blstiel verschmälert, lanzett od.
längl.-lanzett, oberseits ohne Stachelchen; Bl. nicht gefleckt;
Btstd. sehr borstig und rauh. 4. 5. Wald b. Singen (Brunner).
P. tuberosa Schrank. 680.

LXIX. Fam. Solaneen.

284. *Solanum. Nachtschatten. V.*

A. Bl. unterbrochen-unpaarig gefiedert.

7. 8. Cult. **S. tuberosum** L. 681.

B. Bl. nicht gefiedert.

St. am Grunde holzig, kletternd od. liegend; die obern Bl. spiessf.
od. mit 2 Seitenläppchen; Bt. violett, selten weiss, am Grunde
jedes Zipfels mit 2 grünen Flecken; Beeren längl., rot. 6—8.
Feuchte Gebüsche: Mühlenthal, am Rhein.
S. Dulcamara L. 682.

St. krautig; Bl. eif., buchtig-gezähnt; Kr. weiss; Beere kugelig,
schwarz. 6—10. Schutt, Wegränder.
S. nigrum L. 683.

285. *Physalis. Judenkirsche. V.*

6. 7. Thayngen, Höhgau, Wangenthal, Siblingen, Merishausen,
Rosenegg. **P. Alkekengi** L. 684.

286. *Atropa. Tollkirsche. V.*

6. 7. Wälder: In jungem Hau. **A. Belladonna** L. 685.

287. *Hyoscyamus. Bilsenkraut. V.*

5—7. Schutt, Gartenland, nicht häufig. **H. niger** L. 686.

288. *Nicotiana. Tabak. V.*

Bl. längl.-lanzett, untere verschmälert; Kr. rosenrot mit zugespitzten Lappen; Seitennerven unter spitzem Winkel vom Mittelnerv abgehend. 7. 8. Cult. **N. Tabacum** L. 687.

Bl. breit-eilanzett, aus geöhrtem Grunde herablaufend; Seitennerven fast rechtwinklig vom Mittelnerv abgehend. 7. 8. Selten cult. **N. latissima** Mill. 688.

Bl. eif.; Saum der Kr. mit rundl. stumpfen Zipfeln; Kr. gelbl.-grün. 7. 8. Cult. **N. rustica** L. 689.

289. *Datura. Stechapfel. V.*

6. 7. Schutt, Ackerland, Rebberge.

D. Stramonium L. 690.

LXX. Fam. Scrofularineen.

290. *Verbascum. Waldkraut, Königskerze. V.*

A. Btstd. drüsenhaarig.

Bt. einzeln, selten zu zweien in lockerer Traube; Wolle der Stbf. violett. 6. 7. Selten; auf Schutt, an Wegrändern.

V. Blattaria L. 691.

B. Btstd. ohne Drüsenhaare, aus 4—vielbtgen Knäueln zusammengesetzt.

1. Stbb. der längern Stbgf. mehr od. weniger herablaufend.

a. Bl. vollständig von Bl. zu Bl. herablaufend.

Kr. mit concavem Saume; die 2 längern Stbf. 4mal länger als ihre Stbb. 7. 8. Steinige, sonnige Ort, in jungem Hau.

V. Thapsus L. 692.

Kr. mit fast flachem Saume, die 2 längern Stbf. $1\frac{1}{2}$—2mal länger als ihre Stbb.; Kr. grösser und heller gelb als a. d. v. 7. 8. W. d. v. **V. thapsiforme** Schrad. 693.

b. Bl. kurz- od. halbherablaufend.

7. 8. Katharinenthal (Brunner). **V. phlomoides** L. 694.

2. Stbb. gleich, meist nierenf., nicht herablaufend.

a. Untere Bl. in den Stiel verschmälert; Stbf. weisswollig.

7. 8. Nicht cult. Stellen, Wegränder: Klus, Stein, Paradies.

V. Lychnitis L. 695.

9

b. Untere Bl. am Grunde herzf.; Stbf. mit purpurvioletter Wolle.
7. 8. W. v., aber seltener. Erlatinger Mühle.

V. nigrum L. 696.

291. Scrofularia. Braunwurz. XIV.

St. scharf-4kantig, ebenso wie die Blstiele ungeflügelt; Kzipfel mit schmalem, häutigem Rande. 6—9. Wald und Gebüsch.
S. nodosa L. 697.

St. und Blstiele breitgeflügelt; Kzipfel mit breitem, häutigem Rande; untere Bl. gekerbt; Stbgf.-Rudiment querlängl., fast 3mal so breit als lang, hinten abgestutzt, vorn schwach ausgerandet. 7. 8. An Bächen, Gräben.
S. Neesii Wirtgen 698.

292. Linaria. Leinkraut. XIV.

A. Bt. einzeln, blwinkelst., langgestielt, alle Bl. dentl. gestielt.

1. Bl. langgestielt, herzf. rundl., 5—7lappig, kahl.
St. und Aeste fadenf., wurzelnd; Bt. blauviolett mit 2 gelben Flecken. 5—10. Gartenmauer bei Katharinenthal, beim Gymnasinm, Schloss Hohenklingen.
L. Cymbalaria Mill. 699.

2. Bl. kurzgestielt, eif. od. rundl.-eif., ganzrandig od. gezähnt, behaart; Bt. blassgelb; Oberlippe innen violett.
Bl. eispiessf.; Sporn gerade; Btstiele kahl od. etwas behaart. 7—9.
Auf Stoppeläckern: Orsernthal, Büsingen, Paradies, Stein, Bargen.
L. Elatine Mill. 700.
Bl. rundl. eif.; Sporn bogenf.; Btstiele zottig od. unbehaart 7—9.
W. d. v., Griesbach, Neuhausen, Merishausen, Schrotzburg, Hemishofen.
L. spuria Mill. 701.

B. Bt. einzeln, blwinkelst., sehr lockere Trauben bildend.

Pfl. drüsig behaart; Gaumen der Kr. den Schlund nicht ganz schliessend; Bl. lanzett. 6—10. Auf Aeckern, an Mauern.
L. minor Desf. 702.

C. St. aufsteigend od. aufrecht, nebst den Aesten mit einer Traube od. Aehre endigend.

Bl. lineal od. lineal-lanzett, sitzend; Bt. gross, gelb, mit Sporn.
7—9. Wege, Felder.
L. vulgaris Mill. 703.

293. Antirrhinum. Löwenmaul. XIV.

Bt. in dichter Traube: Kzipfel eif., viel kürzer als die grosse Kr.
6—9. In Gärten, an Mauern, auch verwildert.

A. majus L. 704.

Bt. entfernt; Kzipfel lanzett, länger als die kleinere Kr. 6—9.
Auf Aeckern: Griesbach, Büsingen, Herblingen, Ramsen.

A. Orontium L. 705.

294. Gratiola. Gottesgnadenkraut. II.

7. 8. Langwiesen, Lagwiese b. Diessenhofen, Stein.

G. officinalis L. 706.

295. Limosella. Sumpfkraut. XIV.

6—9. An der Wutach b. Schleitheim, Langwiesen.

L. aquatica L. 707.

296. Veronica. Ehrenpreis.

A. Bt. in seitenst. Trauben od. Aehren.

· 1. K. 4t.

a. St. und Bl. meist kahl; an feuchten Standorten.

a₁. Trauben wechselst.; Kapsel zusammengedrückt, tief ausgerandet, 2lappig.

6—9. Wydlensee, Scharen, Eschheimerthal, Egelsee.

V. scutellata L. 708.

a₂. Trauben gegenst., Kaps. gedunsen, rundl., schwach ausgerandet.

Bl. kurzgestielt, elliptisch od. längl., stumpf, gekerbt-gesägt; Kr.
blau. 5—8. Gräben, Bäche.

„Bachbummele": **V. Beccabunga** L. 709.

Bl. sitzend, lanzett od. eif. spitz, schwach gesägt; Kr. hellblau
mit dunkeln Adern. 5—8. W. d. v., Mühlenthal, Paradies.

V. Anagallis L. 710.

b. St. und Bl. behaart; an trockenen Standorten.

b₁. St. 2reihig behaart.

Bl. fast sitzend; Trauben locker, nur 2—3 Bt. gleichzeitig ge-
öffnet. 4—6. Grasplätze, Wegränder.

V. Chamaedrys L. 711.

b₂. St. ringsum behaart.

St. aufrecht; Bl. sitzend, herzeif. od. lanzett, scharf-gesägt, die
obern lang zugespitzt; Traube lockerbtg. 6. 7. Rüdlingen,
im Walde b. Murkathofe. **V. urticaefolia** L. F. 712.

St. am Grunde kriechend; Bl. langgestielt, eif., gekerbt-gesägt;
Trauben 3—7btg.; Kaps. glatt, oben und unten ausgerandet.
5—6. Krätzgraben, im Wuttachthal, b. Schleitheim, hinter
Hemmenthal. **V. montana** L. 713.

St. am Grunde kriechend; Bl. kurzgestielt, verkehrt-eif., Trauben
dichtbtg.; Fr. fast 3eckig-keilf. 6—10. Lichte Waldstellen:
Rheinhard, Kohlfirst, Stein. **V. officinalis** L. 714.

2. K. 5t., die hintern Läppchen kleiner.

St. aufrecht, nur am Grunde bogenf. aufstrebend; Bl. sitzend,
eif. od. längl.; Fr. verkehrt-eif., spitz ausgerandet. 6. 7. Eschheimerthal, Scharen, Griesbach, Gailingerberg, Stein.
V. Teucrium L. 715.

B. Bt. in endst. Tranben od. Aehren.

1. Bl. am Grunde der Btstiele gleichgestaltet wie die übrigen,
nur kleiner; St. meist niederliegend, mit ausgebreiteten Aesten.

a. Bl. 3—7lappig. Kzipfel an der Fr. herzf., mit den Seitenrän-
dern auswärts gebogen; Fächer der Kaps. 1—2samig.
3—5. Aecker, Mauern, überall. **V. hederaefolia** L. 716.

b. Bl. kerbig-gezähnt; Kzipfel nicht herzf.; Frfächer 3—12samig.

b₁. Bt. zieml. gross (10—15 mm. breit); Fr. in stumpfem Winkel
ausgerandet, die Lappen des Randes zusammengedrückt; Frstiel
viel länger als die Bl.
3—10. Aecker, Wegränder, überall.
V. Buxbaumii Tenore 717.

b₂. Bt. viel kleiner (5—7 mm. breit); Fr. in spitzem od. rechtem
Winkel ausgerandet, die Lappen des Randes mehr od. weniger
aufgetrieben, fast parallel nebeneinander verlaufend.

Kzipfel elliptisch-stumpfl.; Kr. hellblau od. weiss; Stbgf. dicht
über dem Rande der Kr. eingefügt; Gr. nicht länger als die
Ausrandung des Frkn.; Fr. 3—8samig. 4—10. Unkraut auf
Aeckern. **V. agrestis** L. 718.

Kzipfel eif.-spitz: Kr. dunkelblau; Stbgf. w. b. d. v.: Gr. etwas länger als die Ausrandung des Frkn.; Frfächer etwa 10samig. 3—10. Aecker: Paradies, Buchthalen, Griesbach, Stein. **V. polita** Fries 719.

Kzipfel fast spatelf., stumpf; Kr. dunkelblau; Stbgf. in der Mitte der Krröhre eingefügt; Frfächer 3—8samig. 3—10. Griesbach, Rheinhalde, Klettgau (Merklein). **V. opaca** Fries. 720.

2. Bl. am Grunde des Btstiels anders gestaltet als die übrigen (Deckbl.); St. aufrecht od. aufsteigend.

a. Deckbl. sehr klein; der Btstd. von der bebttrten Pfl. also scharf abgesetzt: Krröhre länger als breit.

Bl. gekerbt-gesägt, an der Spitze ganzrandig. 6—8. Scharenwiese, Büsingen, Strasse von Gottmadingen nach Singen, Hohentwiel, Ramsen. **V. spicata** L. 721.

b. Untere Deckbl. von den Stglbl. wenig verschieden, der Btstd. daher von der bebttrten Pfl. nicht scharf abgesetzt: Krröhre sehr kurz.

b1. Samen flach, schildf.

St. am Grunde niederliegend und wurzelnd; Bl. eif. od. längl.: Bt. bläul. od. weiss, mit violetten Streifen, in lockerer Traube: Fr. breiter als lang, stumpf ausgerandet. 5—9. Schützenhaus, Eschheimerthal, Hohfluh, Stein. **V. serpyllifolia** L. 722.

Bl. herzeif.: Bt. blau, fast sitzend in ährenf. Traube: Fr. verkehrt-herzf.-2lappig, gewimpert. 4—8. Grasplätze, Wegränder. **V. arvensis** L. 723.

b2. Samen vertieft, beckenf.

Unterste Bl. eif., mittl. fingerf., 3—5t.: St. und Aeste reichbtg., lockertraubig. 3—5. Hinter der Enge, in Gruben, Paradies, Wiesholz bis Rielasingen. **V. triphyllos** L. 724.

Untere und mittl. Bl. herzeif., gekerbt, sonst w. d. v. 3—5. Eschheimerthal, Büsingen, zwischen Paradies und dem Scharen. **V. praecox** L. 725.

297. *Digitalis. Fingerhut. XIV.*

6—8. Bargen (Hohhengst, Ettenberg), Wegenbach im Herblingerthal, Beggingen, Schleitheim, Hohentwiel, Zollhaus am Randen, Sandfelsen (Stein). (Digitalis grandiflora All.).

D. ambigua Murr. 726.

298. Alectorolophus; Rhinanthus. Klappertopf. XIV.

A. Zähne der Kroberlippe sehr kurz, weissl.; Deckbl. grün, die oberen etwas bräunl. überlaufen.

5. 6. Wiesen am Rhein.   **A. minor** Wimm. Grab. 727.

B. Zähne der Kroberlippe länger als breit, meist violett; Deckbl. namentlich die obern bleich; St. braun gestrichelt.

1. Unterlippe der Kr. vorgestreckt, mit der Oberlippe fast parallel.

K. kahl od. zerstreut behaart; Samen breit-gellügelt; Bt. grösser als a. d. v.; Krröhre etwas gekrümmt. 5. 6. Wiesen, Gailingerberg.   **A. major** Wimm. und Grab. 728.

K. nebst den Deckbl. mehr od. weniger stark behaart; St. schmalgellügelt; K. enger netzadrig a. a. v. 6. Unter Getreide, auf Triften.   **A. hirsutus** All. 729.

2. Unterlippe der Kr. nach unten abstehend, die Oberlippe stark nach oben gekrümmt; K. kahl.

Bl. lineal od. lineal-lanzett; Deckbl. blassgrün, am eif. Grunde kammartig gesägt mit schmalen borstigen Zähnen. 7—9. Auhalde bei Schleitheim, Buchberg und Thüle bei Merishausen, Buch, Strasse nach dem Rändli.
      A. augustifolius Heynh. 730.

299. Pedicularis. Läusekraut. XIV.

5—7. Egelsee, Binninger Ried, Allmend (Stein), Eschenz.
      P. palustris L. 731.

300. Melampyrum. Wachtelweizen. XIV.

A. Aehre kurz, dicht, 4kantig.

Deckbl. herzf., aufwärts zusammengeneigt, kammartig gezähnt. 6—9. Griesbach, Wirbelberg, Gräte bei Merishausen, Osterfingen.   **M. cristatum** L. 732.

B. Aehre allseitswendig.

Deckbl. eilanzett, borstenf. gezähnt, unterseits punktiert; Kr. purpurrot mit gelbem Fleck an der Unterlippe. 6—8. Auf Aeckern des Randens, Gräte, Stein.
      „Kuhweizen": **M. arvense** L. 733.

C. Aehre locker, einseitswendig.

Deckbl. ganzrandig, selten am Grunde breiter und jederseits mit
1 Zahne; Kzähne 3eckig-lanzett, abstehend: Kr. goldgelb,
einfarbig. 6. 7. Berghof bei Thengen, Grimelshofen, Baar.
M. silvaticum L. 734.

Deckbl. am Grunde jederseits mit 1—3 langen, lanzett-pfrieml.
Zähnen; Kzähne lanzett-pfrieml., fast angedrückt; Kr. weiss-
gelb. 6—8. Wälder, Gebüsch. **M. pratense** L. 735.

301. Euphrasia. Augentrost. XIV.

A. **Zipfel der Unterlippe tief ausgerandet oder 2sp.; unteres
Stbbfach der kürzern Stbf. länger stachelspitzig als die
übrigen.**

St. fast stets ästig; Bl. eif.-gezähnt; Bt. fast sitzend; Oberlippe
dunkler od. blasser violett. 7. 10. Wiesen.
E. officinalis L. 736.

B. **Zipfel der Unterlippe unget. od. schwach ausgerandet;
Stbbfächer gleichmässig-stachelspitzig.**

1. Wenigstens die obern btständigen Bl. nebst dem K. mit abstehenden, drüsentragenden Haaren.

a. Bt. rot.

Bl. aus breiterm Grunde verschmälert, lineal-lanzett; Deckbl.
länger als die Bt.; Kzipfel lanzett; Stbb. an der Spitze etwas
wollig. 6—10. Unter Getreide: Wilchingen, zwischen Thayngen und Barzheim. **E. Odontites** L. 737.

Bl. lanzett, an beiden Enden verschmälert; Deckbl. kürzer als
die Bt.; Kzipfel fast 3eckig; St. höher als a. v. 8. 9. Aecker
nach der Ernte; Wiesen, Wegränder.
E. serotina Lam. 738.

b. Bt. gelb.

Bl. lineal-lanzett; Stbf. länger als die bärtig-bewimperte Kr.;
Stbb. kahl. 7—9. Gailingerberg, Fluhrebberg b. Osterfingen.
E. lutea L. 739.

2. Pfl. ohne Drüsenhaare.

St. mit aufrechten, steifen Aesten; Zähne der obern Bl. zugespitzt, nicht od. kurzhaarspitzig; Bt. klein, blassblau od. lila.
7. 8. **E. nemorosa** H. Mart. 740.

302. Lathraea. Schuppenwurz. XIV.

3—5. Im langen Thal ob Siblingen, Auhalde, Wutachhalde bei Schleitheim, Hohenstoffeln, Merishausen, Kohlfirst. (Pfähler). **L. Squamaria** L. 741.

LXXI. Fam. Orobancheen.

303. Phelipaea. Würger. XIV.

St. einfach; K. 5zähnig, der 5. Zahn sehr klein. 6. 7. Auf Achilles: Herblingen, Hohentwiel, Griesbach, Rändli, Schleitheim. (Orobanche coerulea Vill.). **P. coerulea** C. A. Mey. 742. St. ästig; K. 5zähnig. 6. 7. Auf Tabak und Hanf. (Orobanche ramosa L.). **P. ramosa** C. A. Mey. 743.

304. Orobanche. Sommerwurz. XIV.

A. N. gelb od. am Grunde mit einer roten Linie umgeben. Kbl. breit, ungleich 2sp., oft noch mit einem Seitenzähnchen; Kr. rotbräunl., am Grunde gelbl. und gekrümmt, auf dem Rücken gerade, an der Spitze abwärts gebogen: Stbf. etwa bis zur Mitte behaart. 5—7. Auf Luzerne, Melilotus: Auhalde bei Schleitheim. **O. rubens** Wallr. 744. Kbl. getrennt und entfernt, kürzer als die Krröhre; häufig ein 3. rückenst. Kbl.: Kr. fahlgelb, violett überlaufen, über den ganzen Rücken gleichmässig stark gekrümmt; Stbgf. fast in der Mitte der Krröhre eingefügt, nur unterwärts behaart. 6. Auf Peucedanum Cervaria und Seseli Libanotis: Gräte bei Merishausen. **O. Cervariae** Suard. 745.

B. N. rot, braun od. violett.

1. Stbgf. im untern Viertel der Krröhre eingefügt.

a. Stbf. wenigstens bis zur Mitte dichtbehaart; Kbl. meist 2sp., etwa halb so lang als die Krröhre.

Kr. aus allmählig erweitertem Grunde glockig, braungelb, rot überlaufen; auf dem Rücken gekrümmt; Oberlippe vorgegestreckt: Stbgf. fast am Grunde der Kr. eingefügt; Aehre verlängert, vielbtg. 6. 7. Auf Galium: Scharen, Hemmenthal, Merishausen, Hohentwiel.

O. caryophyllacea Sm. 746.

Kr. röhrig-glockig, rotbraun, auf dem Rücken fast gerade; Oberlippe helmartig-abschüssig; Stbgf. etwa im untern Drittel der Krröhre eingefügt; Aehre kurz, wenigbtg. 5. 6. Auf Teucrium Chamaedrys: Tühle bei Merishausen, im Loch bei Schaffhausen, zwischen Büsingen und Dörflingen, Hohenklingen. **O. Teucrii** Holl. Schultz. 747.

b. Stbgf. schwach behaart od. kahl; Kbl. ganz, seltener 2sp., länger als die glockige, rotbraune Kr.
Der mittlere Zipfel der Unterlippe doppelt so lang als die seitl. 6. 7. Auf Thymus: Herblingen, Tühle und Buchberg bei Merishausen, Stein. **O. Epithymum** Dec. 748.

2. Stbgf. im untern Drittel od. noch höher eingefügt.
Kbl. aus eif. Grunde plötzlich schmal-pfrieml. od. 2sp.; Kr. engröhrig, sanftgekrümmt, weissl., violett gestreift od. violett überlaufen: Gr. violett. Auf Klee: häufig.
O. minor Sutt. 749.

LXXII. Fam. Labiaten.

305. *Mentha. Münze. XIV.*

A. Btquirle endst., ährenartig verlängert.

Bl. fast sitzend, längl.-lanzett bis lanzett, beiderseits od. wenigstens unterseits dichtfilzig; Deckbl. und Kzähne linealpfrieml. 7—9. Gräben, Bäche, überall. **M. silvestris** L. 750.

B. Btquirle endst.-kopfig und blwinkelst.

1. Quirle am Stglende kopff. zusammengedrängt, unter diesen noch 1—2 gesonderte blwinkelst., gestielte.
Bl. gestielt, eif., gesägt; Kr. röhrig-trichterf.. stark gefurcht. mit starken pfrieml., an der Fr. gerade vorgestreckten Zähnen. 7—9. Bäche, Gräben. **M. aquatica** L. 751.

2. Quirle alle von einander entfernt in den Winkeln von Laubbl.: der St. mit einem Blbüschel endigend.
Bl. kurzgestielt; K. trichterf. mit 3eckig-lanzettl. zugespitzten Zähnen. 7. 8. Hallauer Armenhaus, Sumpf bei Langwiesen. **M. gentilis** L. 752.

Bl. gestielt; K. kurz, glockig, mit 3eckig-eif., kurzen Zähnen. 7. 8. Stoppelfelder, Gräben. **M. arvensis** L. 753.

306. Lycopus. Wolfsfuss. II. XIV.

7. 8. Löhningen, Ausserwydlen, Scharen, Hofenacker.
L. europaeus L. 754.

307. Salvia. Salbei. II. XIV.

· **A. St. am Grunde holzig.**

Deckbl. hinfällig; Kzähne in eine dornige Granne endigend; Kr.
violettblau. 6. 7. Cult. **S. officinalis** L. 755.

B. St. krautartig.

1. Bt. schwefelgelb, braunpunktiert.

Bl. herzspiessf., die obern lang zugespitzt. 6—8. Mühlebach bei
Bargen, Dostenthal bei Merishausen, Siblinger Randen, Stühlingen, Höhgau. **S. glutinosa** L. 756.

2. Bt. blau, violett, rosenrot od. weiss.

Btscheinquirle 4—12btg.; Krröhre innen mit Haarring; Bt. blau,
rot od. weiss. 5—9. Trockene Wiesen, häufig.
S. pratensis L. 757.

Blstiele der untern Bl. geöhrt; Btscheinquirle 15—30btg.; Krröhre
ohne Haarring; Bt. violett. 7—9. Mühlenthal, Hauenthal,
Hemmenthal, Eschheimerthal. **S. verticillata** L. 758.

308. Origanum. Dosten. XIV.

Bl. eif., spitz, fast kahl; K. 5zähnig; Deckbl. längl.-eif., rot. 7—9.
Steinige Orte, Waldränder. **O. vulgare** L. 759.

Bl. elliptisch-stumpf, beiderseits graufilzig; Deckbl. fast kreisrund. 7—9. Cult. Majoran: **O. Majorana** L. 760.

309. Thymus. Quendel. XIV.

St. oberwärts fast stielrund, ringsum gleichf. behaart; Bl. am
Grunde keilf. verschmälert, unterseits stark nervig; Aeste
niedergestreckt, ausläuferartig. 6—10. Grasplätze höher ge-
legener Orte. **T. Serpyllum** L. 761.

St. oberwärts deutl. 4kantig, 2reihig behaart; Bl. plötzlich in den
Blstiel zusammengezogen, unterseits schwachnervig; Pfl.
dichtrasig. 6—10. Raine, Hügel, überall.
T. Chamaedrys Fr. 762.

310. Satureja. Pfeffer- od. Bohnenkraut. XIV.

7—9. Cult.   **S. hortensis** L. 763.

311. Calamintha. Bergthymian, Calaminthe. XIV.

A. **Halbquirle vielbtg.**, von zahlreichen, borstlichen, lang-
gewimperten Deckbl. hüllenartig umgeben.

7—9. Waldwege, steinige Orte.
        C. Clinopodium Spenn. 764.

B. **Halbquirle ohne od. mit kleinen nicht hüllenartig
gruppierten Deckbl.**

Bl. gestielt, in 3—vielbtgen, gestielten, gabelig verästeten Halb-
quirlen; Fr. rundl. 7—9. Im Gebüsch, auf Felsen: Rheinfall,
Diessenhofen, Klingenberg.(Stein).
        C. officinalis Mönch. 765.

Bl. kurzgestielt, in meist 3btgen, blwinkelst., sitzenden Halb-
quirlen: K. zur Frzeit geschlossen. 6—9. Langwiesen, Rheinfall, Griesbach, Stein.   **C. Acinos** Clairv. 766.

312. Hyssopus. Ysop. XIV.

7—8. Hohentwiel, Hohenhöwen.
     „Chilcheschope": **H. officinalis** L. 767.

313. Nepeta. Katzenmünze. XIV.

6—8. Hohentwiel, Mägdeberg, Ramsen (Schenk).
          N. Cataria L. 768.

314. Glechoma. Gundelrebe. XIV.

4. 5. Hecken und Gebüsch.   **G. hederacea** L. 769.

315. Melittis. Immenblatt, Bienensaug. XIV.

5. 6. Wälder, Gebüsch, häufig.
        M. Melissophyllum L. 770.

316. Lamium. Taubnessel. XIV.

A. **Krröhre gerade od. schwach gekrümmt.**

Obere Bl. sitzend, stglumfassend; Kzähne vor und nach dem
Verblühen zuschliessend. 4—9. Gärten, Felder.
         L. amplexicaule L. 771.

Bl. gestielt; Krröhre schwach gekrümmt, inwendig mit einer
Haarleiste. 3—11. W. d. v. **L. purpureum** L. 772.

B. Krröhre über dem Grunde deutl. gekrümmt.

Obere Bl. fast 3eckig; Einschnürung und Haarring unter der
Erweiterung der Kr., quer; Kr. rot. 4—9. Hecken und Gebüsch. **L. maculatum** L. 773.

Obere Bl. lang zugespitzt, scharfgesägt; Einschnürung und Haarring unter der Erweiterung der Kr., schräg; Kr. weiss mit
gelben Flecken auf der Basis der Unterlippe. 4—10.
„Sugnessle": **L. album** L. 774.

317. Galeobdolon. Goldnessel. XIV.

5—6. Wälder, sehr verbreitet. . **G. luteum** Huds. 775.

318. Galeopsis. Hohlzahn, Hanfnessel. XIV.

**A. St. mit weichen, abwärts angedrückten Haaren besetzt,
unter den Gelenken nicht verdickt.**

Bl. lanzett od. längl.-lanzett. 7—10. Uncult. Stellen, Stoppelfelder.
G. angustifolia Ehrh. 776.

B. St. steifhaarig, unter den Gelenken verdickt.

Mittelzipfel der Unterlippe fast 4eckig, flach. 7—9. Aecker, Wegränder, lichte Waldstellen, häufig.
G. Tetrahit L. 777.

Mittelzipfel der Unterlippe längl., meist ausgerandet, später am
Rande zurückgerollt, violett-braunrot mit weissl. Rande; Kr.
klein, fleischrot mit 2 gelbl. Flecken am Schlunde. 7. 8. Bei
Pfohren, Rietheim. **G. bifida** Bönngh. 778.

319. Stachys. Ziest. XIV.

A. Kr. rot od. braunrot. .

1. Deckbl. so lang od. halb so lang als der K.

St. dichtwollig; Bl. wollig-filzig. 7—10. Oberneuhaus, Erlatinger
Mühle, Kniebreche, Weg vom Schlatterhof nach Füetzen.
Wangenthal. **S. germanica** L. 779.

St. rauhhaarig, oberwärts drüsig-behaart. 6. 7. An freien Stellen
der Randenwälder: Schleitheim, Beggingen; Höwen.
S. alpina L. 780.

2. Deckbl. sehr klein od. fehlend.
a. St. oberwärts drüsig; Bl. langgestielt, eif. od. längl.-eif., am
   Grunde tief-herzf.
6—8. Wälder, häufig.   **S. silvatica** L. 781.
b. St. drüsenlos (die Spitze bisweilen ausgenommen); Bl. sitzend
od. kurzgestielt, längl. od. längl.-lanzett, am Grunde abgerundet
   od. seicht-herzf.
Bl. kurzgestielt, fast gezähnt; Bt. dunkelrot. 7. 8. Gräben, feuchte
Orte: Mühlenthal.
            S. silvatica-palustris. **S. ambigua** Sm. 782.
Bl. mit Ausnahme der untersten sitzend; Bt. hellrot. 7. 8. W. v.
Eschheimerthal, Stein.   **S. palustris** L. 783.

                    B. Kr. blassgelb.
Bl. kahl od. fast kahl; Deckbl. der Halbquirle lanzett od. lineal-
lanzett; Halbquirle 4btg.; Kzähne weichhaarig; Kr. weiss
mit gelber Unterlippe. 7—10. Aecker, häufig.
                                            S. annua L. 784.
Bl. meist kurzhaarig; Deckbl. der Halbquirle eif.; Halbquirle
6—12btg.; Kzähne kahl; Oberlippe an der Basis violett od.
rot-gerandet. 6—10. Steinige Orte, Hügel.
                                            S. recta L. 785.

        320. Betonica. Betonie. XIV.
6—8. Wälder, Wiesen.   **B. officinalis** L. 786.

        321. Ballota. Ballote. XIV.
6—9. Wegränder, Schutt: Gaisberg, Buchthalergässli etc.
                                            B. nigra L. 787.

        322. Leonurus. Löwenschwanz. XIV.
6—8. Buchthalergässli, Gräben bei Gächlingen, Füetzen.
                                            L. Cardiaca L. 788.

        323. Scutellaria. Helmkraut. XIV.
6—8. Wydlen, Scharen, Egelsee, Binninger Ried, Allmend (Stein),
Kressenberg.   **S. galericulata** L. 789

324. Brunella. Brunelle. XIV.

Kr. kaum doppelt so lang als der K., mit gerader Röhre; die beiden längern Stbf. an der Spitze mit pfrieml. Zahne; Aehre den oberst. Laubbpaare unmittelbar aufsitzend. 6—9. Trockene Wiesen, lichte Waldstellen. **B. vulgaris** L. 790.

Kr. fast 3mal so lang als der K. mit aufwärts gekrümmter Röhre; die beiden längern Stbf. an der Spitze mit einem kleinen Höcker; Aehre von obersten Laubbl. etwas entfernt. 7. 8. W. v. Enge, Wolfsbuck. **B. grandiflora** Jacq. 791.

325. Ajuga. Günsel. XIV.

A. Bt. quirlig.

Ausläufer kriechend; Bl. längl.-oval, gekerbt; Deckbl. ganz, gefärbt. 4—6. Wiesen, Strassengräben. **A. reptans** L. 792.

Ausläufer fehlend; Bl. gross, buchtig-gezähnt; Deckbl. 3lappig, grün; Bt. grösser. 5—7. Felder, Hecken: Rosenberg (Schaffhausen), Dörflingen, Stein. **A. genevensis** L. 793.

B. Bt. einzeln, blwinkelst.; Kr. gelb; Bl. 3sp. mit linealen Zipfeln.

6—9. Aecker, Brachfelder: Enge, Wolfsbuck, Stein. **A. Chamaepitys** Schreb. 794.

326. Teucrium. Gamander. XIV.

A. K. 2lippig mit unget. Oberlippe; Kr. blassgrünl.-gelb.

Bl. herzf. od. herzf.-längl., runzelig. 7. 8. Wald und Gebüsch, Hohfluh. **T. Scorodonia** L. 795.

B. K. 5zähnig; Kr. rot.

1. Bl. 1—2fach fiederschnittig.

Pfl. drüsig-flaumig, beim Zerreiben stark riechend. 7—10. Gailingerberg, Hohentwiel. **T. Botrys** L. 796.

2. Bl. unget., gekerbt.

Bl. sitzend, längl.-lanzett, grob gesägt; Bt. zu 2 blwinkelst. 7—9. An Wassergräben: Gennersbrunn, Grüt bei Diessenhofen, Bruderhof (Stein). **T. Scordium** L. 797.

Bl. gestielt, längl.-eingeschnitten-gekerbt; Bl. zu 3 in den Winkeln kleiner, oft gefärbter Bl. 7—9. Häufig.
T. Chamaedrys L. 798.

C. K. 5zähnig; Kr. gelbl.

Bl. lineal-lanzett, in endst. Köpfchen vereinigt. 6—9. Osterberg
und Dühlenbuck bei Merishausen, an Felsen oberhalb des
Osterlingerbades, Begginger Randen.
T. montanum L. 799.

LXXIII. Fam. Verbenaceen.

327. Verbena. Eisenkraut. XIV.

7—9. Wegränder, Gräben, Schutt.   **V. officinalis** L. 800.

LXXIV. Fam. Lentibularieen.

328. Pinguicula. Fettkraut. II.

5. 6. Feuchte Wiesen: Thayngen, Scharen, Stein, Eschenz.
P. vulgaris L. 801.

329. Utricularia. Wasserschlauch. II.

Blzipfel gewimpert; Gaumen gewölbt, den Schlund schliessend;
Sporn 3—4mal länger als breit; Kr. dottergelb. 6—8. Egel-
see, Ried von Hüttweilen, Binninger Ried, Allmend (Stein).
U. vulgaris L. 802.

Blzipfel ungewimpert: Gaumen flach, den Schlund nicht schliessend; Sporn kurz, höckerig; Kr. blassgelb; Pfl. viel kleiner
und zarter als d. v. 6—9. Hüttweilen, Egelsee, Allmend und
im Sankert (Stein).   **U. minor** L. 803.

LXXV. Fam. Primulaceen.

330. Lysimachia. Friedlos. V. XVI.

A. Stbgf. bis zur Mitte verwachsen, den Frkn. bedeckend.

Bt. in endst. Rispe; St. aufrecht; Bl. kurzgestielt, gegenst. 6—8.
Wydlen, Scharen, Egelsee, am Rhein, Stein.
L. vulgaris L. 804.

B. Stbgf. frei od. nur am Grunde verwachsen, den Frkn. nicht bedeckend; Bt. einzeln in den Achseln der Laubbl.; St. niederliegend, an den Enden aufstrebend.

Kzipfel herzeif.; Bl. herzf., rundl.-stumpf. 6. 7. Feuchte Waldstellen, halbtrockene Gräben: Sumpf bei Langwiesen, Hemmenthal, am Rhein. **L. Nummularia** L. 805.

Kzipfel lineal-pfrieml.; Bl. eif.-spitz. 5—7. Schattige feuchte Wälder: Gennersbrunn, Scharen, Gundolfinger Bleiche, Bleiche (Stein). **L. nemorum** L. 806.

331. Anagallis. Gauchheil. V.

Blstiele lang; Krzipfel verkehrt-eif., fein drüsig gewimpert, etwas länger als der K.; Kr. mennigrot. 6—9. Aecker. **A. arvensis** L. 807.

Blstiele kürzer; Krzipfel oval, fast drüsenlos; Kr. blau. 7—9. W. v., besonders auf dem Randen, Wald bei Hemishofen. **A. coerulea** Schreb. 808.

332. Primula. Schlüsselblume. V.

A. Ausgewachsene Bl. flach, kahl, unterseits dicht weiss bestäubt.

Hüllbl. lineal, am Grunde verdickt; Bt. fleischrot. 4—6. Feuchte Wiesen: Spitzwiesen, Scharen, Stein. **P. farinosa** L. 809.

B. Ausgewachsene Bl. runzelig, unterseits behaart.

Bl., Schaft und Dolde kurzhaarig; Krsaum flach; K. nicht aufgeblasen, mit lanzettl. Zähnen; Kr. schwefelgelb. 3. 4. Wälder, Gebüsch: Scharen etc. **P. elatior** Jacq. 810.

Bl., Schaft und Dolde dünn-sammtfilzig; Krsaum glockig-vertieft; K. etwas aufgeblasen, gelbl. mit eif. Zähnen; Kr. dottergelb, wohlriechend. 4. 5. Trockene Wiesen, häufig. **P. officinalis** Jacq. 811.

LXXVI. Fam. Globularieen.

333. Globularia. Kugelblume. IV.

5. 6. Nicht cult., trockene Stellen: Merishausen, Stein. **G. vulgaris** L. 812.

LXXVII. Fam. Plantagineen.

334. *Litorella. Strandling. XXI.*

5—7. Sandige Ufer am Rhein. **L. lacustris** L. 813.

335. *Plantago. Wegerich. IV.*

A. Bl. eif. od. elliptisch.

Bl. ziemlich lang gestielt, aufrecht od. abstehend; Aehrenstiel (ohne die Aehre) aufrecht, so lang od. wenig länger als das Bl.; Stbgf. weisslich. 6—10. Wege, Grasplätze, überall.
P. major L. 814.

Bl. in einen kurzen, breiten Stiel zusammengezogen, meist dem Boden angedrückt; Aehrenstiele am Grunde bogig, 4—5mal länger als das Bl.; Stbgf. violett. 5—9. W. d. v.
P. media L. 815.

B. Bl. lanzett od. lineal-lanzett.

St. gefurcht; Aehre eif. od. eif.-walzlich. 5—9. W. d. v.
P. lanceolata L. 816.

LXXVIII. Fam. Amarantaceen.

336. *Amarantus. Amarant. XXI.*

Bthülle 3blttg.; St. liegend od. aufstrebend; Btknäuel blwinkelst., nur die endst. ährenf. gehäuft. 3 Stbgf. 7. 8. Schutt, Wegränder. (Albersia Blitum Kth.) **A. Blitum** L. 817.

Bthülle 5blttg.; St. aufrecht, rauhhaarig; Btknäuel in end- und seitenst. Aehren; 5 Stbgf. 7—9. W. d. v. Büsingen, Emmersberg, Storchen, Stein. **A. retroflexus** L. 818.

337. *Polycnemum. Knorpelkraut. III.*

Deckbl. kaum so lang als die Bthülle; Fr. klein. 7—9. Aecker. Brachfelder: Zwischen Dörflingen und Gennersbrunn.
P. arvense L. 819.

Deckbl. länger als die Bthülle; Fr. gross. 6—8. W. d. v. Diessenhofen, Schaffhausen, Stein. **P. majus** A. Br. 820.

LXXIX. Fam. Chenopodeen.

338. Chenopodium. Gänsefuss. V.

A. Samen wagrecht.

1. Bl. herzf., tief-buchtig-eckig mit langgezogener Spitze; Samen grubig-punktiert.
7—9. Schutt, Wegränder: Hohfluh, Wisshüsli, Stein.
C. hybridum L. 821.

2. Bl. ungleich-gezähnt.
  a. Btstdaxen und Bthüllen mehlig-bestäubt.
Bl. glänzend; Samen glanzlos, rauh. 7—9. Schutt, Wegränder: Um die Stadt, Storchen, Stein.
C. murale L. 822.
Bl. glanzlos; Samen glatt, glänzend. 7—9. W. d. v.
C. album L. 823.
  b. Btstdaxen und Bthüllen nicht mehlig-bestäubt.
Bl. glänzend; Samen glänzend, glatt. 8. 9. Hohentwiel.
C. intermedium M. K. 824.

3. Bl. ganzrandig.
Bl. eif. od. eif.-längl., unbestäubt; Fr. nicht von der Bthülle bedeckt. 7—9. Felder, Schutt: Bei der Stadt, Stein.
C. polyspermum L. 825.
Bl. rauten-eif., mehlig bestäubt; Fr. von der Bthülle bedeckt; Pfl. sehr übel riechend. 7—9. An Wegen, Mauern: Tannenacker bei der Stadt, Singen.
C. Vulvaria L. 826.

B. Samen senkrecht.

Bl. ganzrandig; Samen sämtlich senkrecht. 5—9. Schutt, Wegränder.
C. Bonus Henricus L. 827.
Bl. buchtig-gezähnt; Samen senkrecht bis wagrecht. 7—9. W. d. v. Hohenstoffel, Randegg, Füetzen, Randenzollhaus.
(Blitum rubrum Rchb.). **C. rubrum** L. 828.

339. Blitum. Erdbeerspinat. 1. V.

6—8. Nicht cult., steinige Orte: Schloss Laufen, Singen.
B. virgatum L. 829.

340. Beta. Runkelrübe, Mangold. V.

7. 8. Cult., mit dünner Wurzel, „Chrut": var. B. cicla L.; mit dicker über den Boden hervorragender, weisser, gelber od. roter Rübe, „Runkelrübe": var. B. rapacea Koch. **B. vulgaris** L. 830.

341. *Spinacia. Spinat.* XXII.

5—6. Cult. „Binetsch“: **S. oleracea** L. 831.

342. *Atriplex. Melde.* XXI.

7. 8. Nicht cult. Orte, Felder. **A. patulum** L. 832.

LXXX. Fam. Polygoneen.

343. *Rumex. Ampfer.* VI. XXII.

A. Bt. zwittg., seltener getrenntgeschlechtig; Bl. am Grunde verschmälert, rund od. herzf., aber weder spiess- noch pfeilf.

1. Alle innern Zipfel der Frhülle schwielentragend.

a. Btquirle sämtlich od. die meisten mit Bl. gestützt.

Bl. lineal-lanzett, alle auch die untersten in den Blstiel verschmälert; innere Zipfel der Frhülle jederseits mit 2 Zähnen von der Länge des Längsdurchmessers des Zipfels. 7. 8. Egelsee bei Thayngen, Binninger Ried. **R. maritimus** L. 833.

Unterste Bl. herzf. od. eif.-längl.; innere Zipfel der Frhülle lineal-längl., stumpf, ganzrandig. 7—9. An Gräben: Scharenwiese.
R. conglomeratus Murr. 834.

b. Btquirle blattlos.

b₁. Innere Zipfel der Frhülle am Grunde mit pfrieml. Zähnen. Untere Bl. gross, herzeif., stumpf. 7. 8. Wiesen, Wegränder: Rheinhalde, Langwiesen, Stein.
R. obtusifolius L. 835.

b₂. Innere Zipfel der Frhülle ganzrandig od. doch mit unmerklichen Zähnen.

Bl. lanzett, am Rande wollig-kraus; innere Zipfel der Frhülle rundlich, fast herzf.; 2 Schwielen oft undeutl. 6—8. Feuchte Wiesen, Gräben, überall. **R. crispus** L. 836.

Bl. längl., lanzett, sehr gross; innere Zipfel der Frhülle eif., 3eckig. 7. 8. Sümpfe, Ufer: Kiesgrube bei Oberneuhaus.
R. Hydrolapathum Huds. 837.

2. Nur einer der innern Zipfel der Frhülle schwielentragend; untere Bl. herzf.-längl.

Frhülle lineal-längl., ganzrandig. 7. 8. Wälder, feuchte Gebüsche.
R. nemorosus L. 838.

Innere Zipfel der Frhülle ei-, fast herzf., stumpf, am Grunde mit
zugespitzten od. pfrieml. Zähnen, an der Spitze ganzrandig,
sämtliche od. nur einer schwielentragend. 7. 8. Schaffhausen (Schalch).

(R. crispo-obtusifolius). **R. pratensis** M. K. 839.

3. Innere Zipfel der Frhülle schwielenlos, häutig.

Untere Bl. herzeif., spitz. 7. 8. Ufer, Gräben: an der Wuttach b.
Schleitheim. **R. aquaticus** L. 840.

B. Bt. 2häusig od. vielehig; Bl. spless- od. pfeilf.

a. Aeussere Zipfel der Frhülle aufrecht od. der Fr. angedrückt,
innere schwielenlos.

Bl. meist rundl.-herzf.: Bt. vielehig in armbtgen, bllosen Halb-
quirlen. 6—8. Steinige Orte, Geröll: Andelfingen, Hohentwiel.
R. scutatus L. 841.

Bl. spiessf., lanzett od. lineal; Bt. 2häusig. 5—7. Brachfelder,
Wege, lichte Waldstellen. **R. acetosella** L. 842.

b. Aeussere Zipfel der Frhülle zurückgeschlagen, innere am
Grunde mit kurzer Schwiele.

Bt. 2häusig; Bl. pfeil- od. spiessf. 5—7. Wiesen, lichte Waldstellen, überall. „Surhampfle": **R. Acetosa** L. 843.

344. Polygonum. Knöterich. VIII. V. VI.

A. Eine einzige Aehre an der Spitze des einfachen St.

Bl. eif., wollig, mit geflügelten Blstielen; Bt. fleischrot. 6—8. An
Wegen: Bargen, Schleitheim, Ramsen (Schenk).
P. Bistorta L. 844.

B. St. ästig, jeder Ast mit einer Aehre endigend.

1. Aehre dicht gedrungen-walzenf.

a. Pfl. mit kriechendem Wurzelstock; Bl. langgestielt. Stbgf. 5.
Bl. schwimmend, längl.-lanzett. 6—9. Wydlensee, in einer Rhein-
bucht bei Diessenhofen, Stein.
P. amphibium L. 845.

Aendert mit kurzgestielten schmälern, steifhaarigen Bl.; Landpfl.
P. amphibium v. terrestre, bei Stein.

b. Pfl. mit spindelf.-faseriger Wurzel; Bl. kurzgestielt od. sitzend.
Nebenblscheiden kurz- und feingewimpert; Aehren und Bstiele
drüsig-rauh; Stbgf. 6; Fr. rundl. 7—10. Gräben, Dorfstras-
sen: Benken, Stein. **P. lapathifolium** L. 846.
Nebenblscheiden rauhhaarig, langgewimpert; Aehren- und Btstiele drüsenlos; Stbgf. 6; Fr. flach, beiderseits vertieft 7 10.
W. d. v. Rheinhalde, Paradies, Benken.
P. Persicaria L. 847.
2. Aehren locker, dünn-fadenf.
a. Nebenblscheiden, besonders die obern kurzgewimpert; Hülle
meist 3—4t. mit zahlreichen, glänzenden Drüsen.
Geschmack brennend-scharf. 7—9. Gräben: Hilzingen, zwischen
Osterfingen und Wilchingen, Untereschenz.
P. Hydropiper L. 848.
b. Nebenblscheiden lang gewimpert; Hülle 5t., drüsenlos od. nur
am Grunde mit undeutl. Drüsen; ohne scharfen Geschmack.
Bl. längl.-lanzett, an beiden Enden verschmälert, gegen die Mitte
am breitesten; Aehren nickend. 7—10. Gräben, Ufer: Herblingen, Haslach, Stein. **P. mite** Schrank. 849.
Bl. aus abgerundetem Grunde fast gleichbreit, vorn allmählig
verschmälert; Aehren fast aufrecht. 7—10. Gräben, Sümpfe:
Langwiesen, Paradies, Stein, Binninger Ried.
P. minus Huds. 850.

C. Bt. blwinkelst.; Gr. 3, kurz.

St. meist niederliegend; Aeste bis zur Spitze bebttrt; Nebenblscheiden 2sp. 7—10. Wegränder. **P. aviculare** L. 851.

D. Bt. in den Blwinkeln büschelig; Gr. 1.

St. windend; Btstiele nahe unter der Bthülle gegliedert; die 3
äussern Zipfel des K. stumpfgekielt. 7—10. Auf Aeckern,
häufig. **P. Convolvulus** L. 852.
Btstiele unter der Mitte gegliedert: die 3 äussern Zipfel des K.
häutig-geflügelt. 7—9. Hecken, Gebüsch: Nohl, Altenburg.
P. dumetorum L. 853.

LXXXI. Fam. Thymeleen.

345. Passerina. Vogelkopf. VIIM.

7. 8. Aecker: Herblingen, Büsingen, Dörflingen, Griesbach,
Klosterfeld. **P. annua** Wikstr. 854.

346. Daphne. Kellerhals. VIII.

Bl. lanzett, nach den Bt. erscheinend; Bt. seitenst., sitzend. 3—4.
Wälder. Seidelbast, „Ziletebluest": **D. Mezereum** L. 855.
Bl. lineal-keilf.; Bt. endst., büschelig, kurzgestielt. 5. 6.
Trockene Waldstellen: Thalmühle unweit Engen, Leipferdingen, angeblich auch im obern Teil des linken Hanges am Wege von Wiechs nach dem Schlauch; in den Kanton verpflanzt durch Forstmeister Steinegger. **D. Cneorum** L. 856.

LXXXII. Fam. Santalaceen.

347. Thesium. Verneinkraut, Leinblatt. V. IV.

A. Ein einziges Deckbl. unter jeder Bt.; St. an der Spitze durch unfruchtbare Deckbl. schopfig.

Bthüllzipfel ohne seitl. Aehrchen; Fr. gross, saftig, citronengelb.
6. 7. Triften: Wolfsbuck, Kriegerthal.
T. rostratum Mk. 857.

B. Drei Deckbl. unter jeder Bt.; Bthüllzipfel jederseits mit einem Oehrchen.

1. Bthülle zur Frchtzeit bis auf den Grund eingerollt.
Wurzelstock absteigend, ästig: Bl. lanzett, lang zugespitzt, 3—5-nervig; Pfl. 40—80 cm. 6. 7. Gebüsch: Merishausen, Klingenberg (Stein). **T. montanum** Ehrh. 858.
Wurzelstock knotige Ausläufer treibend; Bl. lineal od. lineal-lanzett, spitz, deutl. 1nervig od. undeutl. 3—5nervig; Pfl. 15—30 cm. 6. 7. W. v., selten: Thal von Engen, Blören.
T. intermedium Schrad. 859.

2. Bthülle zur Frchtzeit röhrig, nur an der Spitze eingerollt.
Frtragende Aestchen wagrecht-abstehend; Bl. lineal, schwach 3nervig: Bthülle zur Frchtzeit so lang a. d. Fr. 6. 7. Hemmenthal, Wutachthal, Neunkirch, Berghof bei Thengen, Bleiche (Stein). **T. pratense** Ehrh. 860.

LXXXIII. Fam. Elaeagneen.

348. Hippophaë. Sanddorn. XXII.

3. 4. Ufer: Rüdlingen, Thurthal, Schaffhausen.
H. rhamnoides L. 861.

LXXXIV. Fam. Aristolochieen.

349. Aristolochia. Osterluzei. XX.

5. 6. Beringen, Mühlehalde bei Bargen (Forstmeister Vogler), Mägdeberg, Hohenstoffeln.   **A. Clematitis** L. 862.

350. Asarum. Haselwurz. VI.

4. 5. Niederer Hengst bei Bargen, Mägdeberg, Mammern.
          A. europaeum L. 863.

LXXXV. Fam. Euphorbiaceen.

351. Buxus. Buxbaum. XXI.

4. Cult. in Gärten.   **B. sempervirens** L. 864.

352. Euphorbia. Wolfsmilch. XI. XXII.

A. Drüsen der Bthülle rundl. od. queroval, bei E. Gerardiana selten halbmondf.
1. Samen mit vertieften Punkten od. Grübchen.
Bl. verkehrt-eif.; Trugdolde ösp.; Kaps. glatt. 5—10. Auf behautem Boden; überall.   **E. Helioscopia** L. 865.
2. Samen glatt; Kaps. mit Warzen besetzt.
   a. Bl. mit herzf. Grunde sitzend.
Trugdolde 3-, selten 4—5strahlig; Warzen der 2 mm. breiten Kaps. kurz-walzenf. 6—9. Wegränder, Gräben: Schweizersbild, Wirbelberg.   **E. stricta** L. 866.
Bl. breiter als a. d. v.: Trugdolde 5-, selten 3—4strahlig; Warzen der 4 mm. breiten Kaps. kugelig, kürzer als a. d. v.; Samen grösser, schwärzl. 7—9. W. d. v.: Höhgau, Andelfingen, Storzelnhof.   **E. platyphylla** L. 867.
   b. Bl. am Grunde verschmälert, kurz gestielt od. sitzend.
Bl. lanzett, nach dem Grunde verschmälert; Strahlen der Trugdolde meist 2sp.; Warzen der Kaps. ungleich-stumpf. 4—6. Wälder: Herblingen, Osterfingen, Randen, Stein.
          E. dulcis Jacq. 868.
Bl. längl.-eif., fast sitzend; Strahlen der Trugdolde 3sp. und nochmals 2sp.; Kaps. von walzenf. Warzen dicht besetzt. 5. 6. Wegränder, sonnige Hügel: Griesbach, Neunkirch, Scharenwiese.   **E. verrucosa** Lam. 869.

3. Samen glatt; Kaps. glatt od. nur fein punktiert.
Bl. lineal-lanzett, bläul. grün. 6. 7. **Auf beiden Rheinufern** bei
Rüdlingen. **E. Gerardiana** Jacq. 870.

B. Drüsen der Bthülle halbmondf. od. 2hörnig.

1. Samen glatt; Hüllblchen an den untern Rändern bis auf 2
Einschnitte zusgewachsen; St. um die Mitte am dichtesten beblttt.;
Bl. weichhaarig.
4. 5. Wälder, häufig. **E. amygdaloides** L. 871.

2. Samen glatt; Hüllblchen frei; Bl. schmal-lineal, kahl.
4. 5. Raine, Wegränder, überall. **E. Cyparissias** L. 872.

3. Samen runzelig od. grubig: Bl. wechselst., gestielt, verkehrt-
eif., die untern fast rund; Hüllblchen eif.; Kaps. am Rücken mit
2 schwachgeflügelten Längsleisten.
7—10. Gärten, bebaute Orte, häufig. **E. Peplus** L. 873.
Bl. lineal; Hüllblchen aus herzf. Grunde lineal; Fr. ohne Längsleisten. 6—10. Aecker, Stoppelfelder, häufig.
E. exigua L. 874.

4. Samen glatt; Bl. kreuzst., sitzend, längl.-lineal; Kaps. runzelig,
gross: St. 50—100 cm.
6. 7. Ungebaute Orte: Siblinger Randen, Wannenberg bei Neunkirch, Stein. **E. Lathyris** L. 875.

353. Mercurialis. Bingelkraut. XXII.

St. einfach, stielrund; weibl. Bt. langgestielt. 4. 5. Wälder, Ge-
büsch: Durstgraben, Gsang, Stein. **M. perennis** L. 876.
St. ästig, 4kantig; weibl. Bt. fast sitzend. 6—10. Gartenland,
Schutt: Buchthalen, Flurlingen, Emmersberg, Langwiesen,
Stein. **M. annua** L. 877.

LXXXVI. Fam. Urticaceen.

354. Urtica. Nessel. XXI. XXII.

Bl. längl.-herzf.; Rispe länger als der Blstiel; Pfl. 2häusig. 6—9.
Hecken, Wegränder, überall. **U. dioica** L. 878.
Bl. eif.; Rispe kürzer als der Blstiel; Pfl. 1häusig, kleiner als v.
6—9. Mauern, Schutt, häufig. **U. urens** L. 879.

355. Cannabis. Hanf. XXII.

7. 8. Cult. **C. sativa** L. 880.

356. Humulus. Hopfen. XXII.

7. 8. Cult., wild im Mühlenthal, Hauenthal, Kressenberg (Stein).
H. Lupulus L. 881.

357. Parietaria. Glaskraut. IV.

7—10. Auf Feldern bei Gailingen. **P. officinalis** L. 882.

358. Ulmus. Ulme, Rüster. V. IV. VIII.

Bl. kurzzugespitzt, doppelt kerbig-gezähnt, oberseits glatt od. fast glatt, unterseits in den Aderwinkeln gebärtet, ausserdem fast kahl; Stbgf. meist 3—4; Grkanal kaum so lang als der Same. 3. 4. Wälder: Bargen, Hemmenthal. **U. glabra** Mill. 883.

Bl. lang und plötzlich zugespitzt, doppelt gezähnt mit sichelf. gekrümmten Doppelzähnen, am Grunde breit geöhrt, grösser als a. d. v., oberseits rauh, unterseits mehr od. weniger kurzhaarig; Stbgf. 5—6; Grkanal doppelt so lang als der Same. 3. W. v. **U. montana** With. 884.

LXXXVII. Fam. Plataneen.

359. Platanus. Platane. XXI.

5. In Anlagen. **P. orientalis** L. 885.

LXXXVIII. Fam. Juglandeen.

360. Juglans. Wallnussbaum. XXI.

5. Cult. **J. regia** L. 886.

LXXXIX. Fam. Cupuliferen.

361. Fagus. Buche. XXI.

4. 5. Cult. **F. silvatica** L. 887.
Variiert mit rotbraunen Bl.: F. atropurpurea.

362. Castanea. Kastanienbaum. XXI.

6. Im Gennersbrunner Walde, Gottmadingen, Klingenberg (Stein).
C. sativa Mill. 888.

363. *Quercus*. *Eiche*. *XXI*.

A. Bl. unregelm. buchtig-gelappt, am Grunde 2lappig-herzf., sehr kurz gestielt.

Fr. an verlängerter Spindel von einander entfernt; Näpfchen kahl; Knospen rundl. 4. 5. In Wäldern.

Q. pedunculata Ehrh. 889.

B. Bl. mehr, tiefer und regelm. gelappt als a. d. v., mit mehr keilf. vorgezogenem Grunde, länger gestielt.

Fr. mehr od. weniger gedrängt-beisammen; die diesjährigen Aestchen und die Unterseite des Bl. kahl. 5. Wälder, weniger häufig als d. v.

Stein- od. Wintereiche: Q. sessiliflora Salisb. 890.

Die diesjährigen Aestchen und die Unterseite der Bl. graufilzig, später flaumhaarig; Becherchen filzig; niederer knorriger Baum od. Strauch. Am Wolfsbuck, Beringer Teufelsküche.

Q. pubescens Willd. 891.

LXXXX. Fam. Betulaceen.

364. *Corylus*. *Haselnuss*. *XXI*.

2. 3. Wald und Gebüsch. C. Avellana L. 892.

365. *Carpinus*. *Hain- od. Hagebuche*. *XXI*.

4. 5. Wälder, Hecken. C. Betulus L. 893.

366. *Betula*. *Birke*. *XXI*.

A. Bl. meist spitz od. zugespitzt, langgestreckt.

Bl. 3eckig od. rautenf.-3eckig, ausgewachsen kahl; Flügel doppelt so breit als die Fr. selbst. 4. 5. Wälder, verbreitet.
(B. alba L.). B. verrucosa Ehrh. 894.

Bl. eif. od. eirautenf.; ausgewachsen unterseits wenigstens in den Aderwinkeln bärtig; Flügel so breit als die Fr. selbst. 4. 5. Auhalde bei Schleitheim. B. pubescens Ehrh. 895.

B. Bl. rundl.-eif., unterseits mit deutl. hervortretendem Adernetze.

Pfl. strauchartig, niedrig; Fruchtkätzchen aufrecht, sehr kurz gestielt. Katzenthaler See (Brunner). B. humilis Schrank. 896.

367. *Alnus. Erle.* XXI.

A. Hülle der männl. Bt. meist 3btg.; Nüsschen geflügelt; weibl. Kätzchen auf den diesjährigen Zweigen mit den Bl. erscheinend.

Bl. eif., spitz, beiderseits gleichfarbig, kahl; Rinde hellgrau. 5. Eingewandert mit aus dem Gebirge bezogenem Nadelholzsamen (Forstmeister Vogler): Enge, Ried bei Buchberg, Schienen. **A. viridis** Dec. 897.

B. Hülle der männl. Bt. 4sp.; Nüsschen ungeflügelt; weibl. Kätzchen an den vorjährigen Zweigen überwinternd, vor den Bl. erscheinend.

Bl. jung, stark klebrig, ausgewachsen unterseits kahl, nur in den Aderwinkeln bärtig; seitl. Frchtzapfen zieml. lang gestielt. Bach bei Diessenhofen, Ufer des Scharenweihers, Stein, am Wiesenbach zwischen Büsingen und Dörtlingen. 2. 3. Schwarzerle: **A. glutinosa** Gärtn. 898.

Bl. unterseits weichhaarig bis zerstreut behaart; die Aderwinkel von der übrigen Blfläche nicht verschieden; seitl. Frchtzapfen sitzend od. sehr kurz gestielt. 2. 3. Schleitheim, Buchberg, Bruchhalde (Stein). **A. incana** Dec. 899.

LXXXXI. Fam. Salicineen.

368. *Salix. Weide.* XXII.

A. Kätzchenschuppen gleichfarbig, gelbgrün od. grün; Bt. wenigstens die männl. mit 2 Drüsen; Kätzchen mit den Bl. gleichzeitig entwickelt; Fr. kahl; Bäume od. Sträucher.

1. Kätzchen auf seitl. Zweigen endst.: Kätzchenschuppen vor der Frreife abfallend.

Bl. fast kahl; Nebenbl. halbherzf.: Kätzchen zieml. dick; Schuppen langhaarig; Bt. mit 2 Drüsen; Frkn. und Fr. langgestielt: Stiel 2—3mal so lang als die hintere Drüse; Aeste am Grunde leicht abbrechend: hoher Baum. 4. 5. Mühlenthal, Balm, Wutachthal. Bruchweide: **S. fragilis** L. 900.

Bl. beiderseits od. doch unterseits seidenhaarig; Nebenbl. lanzett; Kätzchen schlank; Schuppen am Grunde kurzhaarig, vorn meist kahl; Bt. nur mit 1 Drüse: Frkn. und Fr. fast sitzend; Aeste biegsam, zähe. 4. 5. Mühlenthal, Rhein unserhalb Büsingen. Ziegler'sche Fabrik, Stein.

Silberweide: **S. alba** L. 901.

2. Kätzchenschuppen bleibend, sonst w. v.

Bl. eilanzett od. lanzett; Nebenbl. halbherzf.; Kätzchenschuppen
an der Spitze kahl; Fr. gestielt. 4. 5. Halde gegenüber Schaffhausen, Stein, Wuttachthal.

Mandelweide: **S. amygdalina** Koch. 902.

Baum mit hängenden Zweigen; Bl. lineal-lanzett, lang zugespitzt:
Nebenbl. schieflanzett, zurückgekrümmt; Fr. sitzend. 4. 5.
Cult., nur in weibl. Exemplaren.

Trauerweide: **S. babylonica** L. 903.

B. Kätzchenschuppen an der Spitze braun od. schwarz; Bt.
mit 1 Drüse; Stbgf. meist 2; meist Sträucher.

1. Frkn. sitzend od. fast sitzend; Kätzchen vor den Bl. entwickelt.

a. Kätzchen seitl. sitzend; Stbf. frei; Stbb. nach dem Verblühen
gelb; innere Rinde gelbl.

Zweige mit bläul., nicht abwischbarem Reife überzogen; Bl. längl.-
lanzett, oben glänzend grün, unten bläul.; Schuppen langgewimpert; Fr. kahl; Gr. lang. 3. 4. Hemishofen, Thurthal.

Reifweide: **S. daphnoides** Vill. 904.

b. Stbf. bis zur Spitze od. bis zur Hälfte zusammengewachsen;
Stbb. rot, nach dem Verstäuben meist schwarz, s. w. v.

Bl. lanzett, nach vorn verbreitert, scharf gesägt, flach, oft fast
gegenst.; Gr. sehr kurz; Fr. filzig. Ufer, Gebüsche: Scharenwiese, Steinhölzli, Bruchhalde, Hauenthal, Schleitheim, Stein.
S. purpurea L. 905.

Bl. verlängert-lanzett, ausgeschweift-gezähnelt, am Rande etwas
zurückgerollt, anfangs fein seidenhaarig, zuletzt oberseits
kahl und glanzlos: Gr. mittellang. 4. 5. Steinhölzli, an der
Wutach. **S. rubra** Huds. 906.

c. Stbf. frei; Stbb. nach dem Verblühen gelb; innere Rinde
grünl., s. w. v.

Bl. lanzett, langzugespitzt, unterseits seidenhaarig glänzend;
Nebenbl. lineal-lanzett, kürzer als der Blstiel; Fr. filzig;
Kätzchenschuppen schwarzbraun mit silberweissen Haaren.
3. 4. Schaffhausen. Korbweide: **S. viminalis** L. 907.

2. Frkn. deutl. gestielt; Kätzchen vor od. mit den Bl. entwickelt.

a. Bl. schmallanzett, unterseits weissl.-graufilzig, mit starker
Mittelrippe; Kätzchen fast sitzend, gekrümmt; Schuppen einfar-

lig od. bei den männl. an der Spitze gefärbt; Stbf. unten verwachsen; Fr. kahl.

4. 5. Hauenthal, Kiesbank bei der Ziegler'schen Fabrik, Rüdlingen. **S. incana** Schrank. 908.

b. Bl. eif. od. verkehrt-eif., unterseits graufilzig; Kätzchen seitl.. anfangs sitzend, später gestielt; Kätzchenschuppen an der Spitze gefärbt; Stbb. nach dem Verstäuben gelb; hohe Sträucher und Bäume.

b₁. Einjährige Zweige und Knospen graufilzig.

Bl. oberseits kurzhaarig, glanzlos, mit unterseits stark vorspringendem Adernetz; Kätzchen lang; Strauch mit dicken Aesten. 3. 4. Hemmenthal, Griesbach, Mühlenthal, Scharen, Stein. **S. cinerea** L. 909.

b₂. Einjährige Zweige und Knospen kahl.

Strauch od. bis 9 m. hoher Baum, mit hellgrauer Rinde; Bl. mit kurzer, zurückgekrümmter Spitze; Kätzchen kurz, fast sitzend; Frstände verlängert; Fr. behaart. 3. 4. Häufig. „Meiepfiffliholz", die Knospen „Katzentöpli".

Saalweide: **S. Caprea** L. 910.

Niedriger Strauch; Zweige braunrötl.; Bl. 2—4 cm. lang; Kätzchen kleiner als a. d. beiden v.; Fr. graufilzig. 4 5. Eschheimerthal, Engesumpf. **S. aurita** L. 911.

c. Bl. elliptisch bis längl.-lanzett, wenigstens unterseits mehr od. weniger behaart, oberseits dunkelgrün, unterseits bläul.-grün. getrocknet schwarz werdend; Kätzchen an der Basis bebltt.; Fr. kahl, seltener behaart.

4. 5. Bruchhalde zwischen Flurlingen und Laufen, Scharen. Stein. **S. nigricans** Sm. 912.

d. Niedrige Sträucher, mit niederliegendem od. aufwärtssteigendem Stamm und dünnen, aufsteigenden od. steifen Zweigen; Kätzchenschuppen an der Spitze gefärbt; Fr. meist filzig; Gr. kurz.

Bl. klein, lanzett od. elliptisch, unterseits seidenhaarig-filzig. glänzend; oberseits mit stark vortretenden Nerven; Nebenbl. lanzett; Sträuchlein von 3—6 dm. Höhe. 4. Dörflinger Ried, Binninger Ried, Oberwald (Stein). **S. repens** L. 913.

Bl. grösser, verkehrt-eif.-lanzett, unterseits etwas filzig, runzeligaderig; Nebenbl. eif. 4. 5. Dörflinger Ried, Scharen.

S. ambigua Ehrh. 914.

369. *Populus*. *Pappel*. *XXII*.

A. Stbgf. 8; Kätzchenschuppen gewimpert; junge Triebe weiss-filzig.

Grosser Baum: Bl. rundl.-eif., eckig-gezähnt, unterseits dicht weiss-filzig; diejenigen der Stockausschläge und Endtriebe handf., 3—5sp. 3. 4. In Anlagen.   Silberpappel: **P. alba** L. 915.

Kleiner Baum; Bl. fast kreisrund, ausgewachsen beiderseits kahl, an den Stockausschlägen grösser-eif., zugespitzt, weichhaarig. 3. 4. Wälder.

Espe, Zitterpappel: **P. tremula** L. 916.

B. Stbgf. 12—viele; Kätzchenschuppen kahl, junge Triebe kahl.

Hoher Baum mit rautenf. Bl. und aufrechten Aesten. 3. 4. Chausseenpappel (nur in männl. Exemplaren):

P. pyramidalis Rozier 917.

Bl. 3eckig-eif.; Aeste abstehend. 4. Am Rheine bei Rüdlingen, im Gries bei Diessenhofen, Wangen.

Schwarzpappel: **P. nigra** L. 918.

LXXXXII. Fam. Alismaceen.

370. *Alisma*. *Froschlöffel*. *VI*.

7. 8. Gräben, Ufer, verbreitet.   **A. Plantago** L. 919.

LXXXXIII. Fam. Juncagineen.

371. *Triglochin*. *Dreizack*. *VI*.

6—8. Sumpfwiesen, Pfaffensee b. Herblingen, Gennersbrunn, Hüttweilersee, Etzweiler Ried, Sankert, Weg nach Stiegen (Stein), Binninger Ried.   **T. palustre** L. 920.

LXXXXIV. Fam. Potameen.

372. *Potamogeton*. *Laichkraut*. *IV*.

A. Bl. wechselst., obere von den untergetauchten verschieden.
1. Btst. Bl. lederartig und schwimmend.

St. einfach: Bl. langgestielt, die schwimmenden lederartig, rundl. od. längl.-elliptisch, am Grunde schwach-herzf., die untergetauchten lanzettl., zur Btzeit bereits durch Fäulniss zerstört, der Stiel also bllos: Blstiel oberwärts flachrinnig od. flach: Fr. am Rande stumpf. 7. 8. Stehende und langsam fliessende Gewässer: Wydlen, Enge, Allmend (Stein).

P. natans L. 921.

Schwimmende Bl. am Grunde spitz od. abgerundet; ältere Blstiele beiderseits, gewölbt; die untergetauchten zur Btezeit noch vorhanden; Fr. mit zieml. scharfem Rande. 7. 8. Im Mühlebach bei Diessenhofen. **P. fluitans** Roth. 922.

2. Btst. Bl. den stengelst. ähnlich, nur die spätern schwimmend und lederartig od. häutig.

Bl. stumpf od. spitz, ziemlich klein, die untergetauchten sitzend. lineal-lanzett; die schwimmenden, wenn vorhanden, oval, langgestielt; St. sehr ästig, hin und her gebogen. 7. 8. Egelsee, Ufer des Rheins. **P. gramineus** L. 923.

B. Bl. wechselst., alle untergetaucht, häutig, lanzettl. od. noch breiter und rundl.

Bl. gestielt, oval od. lanzettl., stachelspitzig, am Rande feingesägtrauh; Btstiele oberwärts verdickt. 7. 8. Rhein bei Schaffhausen, Weiher bei Trüllikon, Stein.

P. lucens L. 924.

Bl. aus herzf. Basis stglumfassend, eif. od. eilanzett, am Rande etwas rauh; Btstiele gleichdick. 7. 8. Rhein bei Schaffhausen und in Bächen, Stein. **P. perfoliatus** L. 925.

Bl. sitzend, lineal-längl., mit wollig-krausem Rande; Fr. geschnäbelt. 6. 7. Mühleweiher bei Neunkirch, Bad Haslach, Stein. **P. crispus** L. 926.

C. Bl. wechselst., alle gleichgestaltet; untergetauchte häutig, sitzend, grasartig, schmal-lineal.

Bl. kurz-stachelspitig, 3—5nervig; Btstiele 2—3mal länger als die 4—8btge, kleine Aehre; Fr. schief-elliptisch. 7. 8. Hauenthal, Herblinger Röstgruben, Allmend (Stein), Binninger Ried.

P. pusillus L. 927.

D. Bl. am Grunde scheidig, Scheide an den Nebenbl. angewachsen, sonst wie C.

Bl. 1nervig, dieser Mittelnerv durch Queräste mit dem Rande verbunden; Aehren langgestielt; Fr. fast halbkreisf.-zusammengedrückt. 7. 8. Rhein bei Schaffhausen, Mühlebach bei Diessenhofen, bei Eschenz u. Stiegen ganze Wiesen bildend.

P. pectinatus L. 928.

E. Bl. sämtl. gegenst., stglumfassend, eif. od. lanzettl.; Aehren kurzgestielt, armbtg.

7. 8. Paradies, im Rhein bei Stein, im Bache und in Röstgruben bei Herblingen. **P. densus** L. 929.

373. Zanichellia. Teichfaden. XXI.

5—9. Stehende und fliessende Gewässer: Im Rheine bei Schaffhausen, Stein, Wutachthal bei Stühlingen, in der Aach.
Z. palustris L. 930.

LXXXXV. Fam. Lemnaceen.

374. Lemna. Wasserlinse. XXI. XXII.

Jedes blartige Stglglied lanzettl., zuletzt gestielt, unterseits mit einer einzigen Wurzelfaser. 5. Stehende Gewässer: Wydlen, Buchthalen, Hofenacker, Schlatt, im Abzugsgraben des Binninger Riedes, Allmend (Stein). **L. trisulca** L. 931.

Jedes blartige Stglglied rundl., verkehrt-eif. mit büschelf. Wurzelfaser. W. d. v.; Buchthalen. **L. polyrrhiza** L. 932.

Jedes blartige Stglglied verkehrt-eif., mit einer einzigen Wurzelfaser. W. d. v. **L. minor** L. 933.

LXXXXVI. Fam. Typhaceen.

375. Typha. Rohrkolben. XXI.

Bl. breit-lineal; weibl. Aehre meist unmittelbar unter der männl. stehend; weibl. Bt. ohne Deckbl.; N. spatelig-eif. 7. 8. Ufer, Wassergräben: Mühlenteich bei Benken, Steiner Allmend.
T. latifolia L. 934.

Bl. schmal-lineal; weibl. Aehren meist 2—4 cm. von der männl. Aehre entfernt; weibl. Bt. mit Deckbl.; N. lineal-lanzett; Kolben viel dünner a. b. d. v. W. d. v. Benken.
T. angustifolia L. 935.

376. Sparganium. Igelkolben. XXI.

A. Männl. Köpfchen 1—2; Bl. flach, nebst dem St. im Wasser flutend.

X. längl.-schief; Frchen sitzend-eif., stumpf, mit sehr kurzem Schnäbelchen. 7. 8. Sümpfe, Gräben: im Abzugsgraben des Binninger Riedes, Andelfingen, Hüttweilersee.
S. minimum Fr. 936.

B. Männl. Köpfchen 4—10; Bl. am Grunde 3kantig, nebst dem St. meist aufrecht.

St. oberwärts ästig; Bl. an der Basis mit concaven Aussenseiten. 7. 8. W. d. v. Wassergräben: Herblingen, Ausserwydlen, Binninger Ried, Stein. **S. ramosum** Huds. 937.

St. oberwärts einfach; Bl. an den Seiten flach. 7. 8. W. d. v. Hilzingen. **S. simplex** Huds. 938.

LXXXXVII. Fam. Aroideen.

377. Arum, Aron, Zahnwurz. XXI.

5. Hecken, Gebüsche: Diessenhofen, im Langen Thal bei Siblingen, um Stein, im Staffel, im Bächli, im Waldbach (Stein), zwischen Riedern und Oberwald, Auhalde bei Schleitheim.
A. maculatum L. 939.

LXXXXVIII. Fam. Orchideen.

378. Orchis. Knabenkraut, Ragwurz.

A. Knollen unget., Deckbl. 1nervig, nur die untern bisweilen 3nervig, so lang od. kürzer als der Frkn.

1. Lippe 3t.; die mittl. Zipfel vorne verbreitert, 2sp., meist mit einem Zähnchen in der Ausbuchtung.

a. Deckbl. höchstens ¼ so lang als der Frkn.

Lippe rotpunktiert; der mittl. Zipfel derselben an der Spitze plötzlich verbreitert, nierenf.: Helm eilanzett, aussen graurötl. od. weissl.: Sporn kürzer als der Frkn. 5. 6. Im lichten Walde: Kohlfirst, Längenberg, Schweizersbild, Eschheimerthal, Stein. **O. militaris** L. 940.

Der mittlere Zipfel der Lippe vom Grunde an allmählig verbreitert, 2lappig, Helm kürzer a. b. d. v.; braunrot; Pfl. grösser, mit dichterer, reichbtger Aehre. 5. 6. W. d. v. Gailingerberg, Herblingen, Staffelwald, Stein.

O. purpurea Huds. 941.

b. Deckbl. wenigstens ½ so lang als der Frkn.

Bt. klein, in dichter od. walzenf. Aehre; Lippe weiss mit roten Punkten; Helm an der ungeöffneten Bt. schwarz-purpurrot, später blasser; Sporn ¼—⅓ so lang als der Frkn. 5. 6. Waldwiesen: Scharenwiese, Hemmenthal, im Langen Thal bei Siblingen, Stein. **O. ustulata** L. 942.

2. Lippe 3lappig; Lappen breit, kurz.

a. Alle 5 Zipfel der Hülle helmf. zusammenneigend, stumpf. Bt. purpurrot mit grünen, starken Adern auf den Zipfeln der Hülle. 4. 5. Wiesen, verbreitet. **O. Morio** L. 943.

b. Die 2. seitl. der 5 äussern Zipfel der Hülle abstehend od. zurückgeschlagen.

Aehre eif., zieml. dichtbtg.; Bt. blassgelb, nach Hollunder riechend; Lippe schwach 3lappig. 4. 5. Am Randen im Vorholze, Beringen, am Längenberg. **O. pallens** L. 944.

Aehre verlängert, locker; Bt. purpurrot; Lippe tief 3lappig, mit breiten, gezähnten Lappen. 5. 6. Triften, Waldränder: Scharen, Beringer Randen, Stein. **O. mascula** L. 945.

B. Knollen handf.; Deckbl. 3nervig.

1. St. hohl, 3—6btg., das oberste Bl. meist die Aehre erreichend; untere und mittl. Deckbl. länger als die Bt.

Bl. gefleckt, vom St. schief abstehend; Seitenlappen der Lippe zurückgeschlagen. 5. 6. Feuchte Wiesen: Scharenwiese, Stein. **O. latifolia** L. 946.

Bl. meist ungefleckt, aufrecht, mit dem St. gleichlaufend, nach oben verschmälert, an der Spitze mützenf. zusammengezogen; St. steifer und höher a. a. d. v. 6. W. d. v. Scharenwiese, Andelfingen, Binninger Ried, Ziegelhütte (Stein).

O. incarnata L. 947.

2. St. nicht hohl; 6—10btg.; das oberste Bl. viel kleiner, von der Aehre entfernt; mittl. Deckbl. so lang od. kürzer als die Bt.

Bt. blassviolett od. weissl. mit purpurnen od. braunen Streifen. 6. Wälder, Sumpfwiesen: Scharenwiese, auf dem Hemmig zwischen Aazheim und Osterfingen, Hohenklingen.

O. maculata L. 948.

379. Anacamptis. Kammorche, Hundswurz. XX.

6. 7. Im lichten Walde: Rändle, Gailingerberg, Auhalde bei Schleitheim, Andelfingen, Steiner Allmend.

A. pyramidalis Rich. 949.

380. Himantoglossum. Riemenzunge. XX.

5. 6. Im lichten Walde: bei Aazheim (Klaffenthal), Gailingerberg, im Gsang, Herblingen, Hohenklingen.

H. hircinum Spgl. 950.

381. Gymnadenia. Nacktdrüse. XX.

Sporn 1½—2mal so lang als der Frkn. Waldwiesen, Gebüsch, überall. **G. conopea** RBr. 951.

Sporn kürzer od. höchstens so lang als der Frkn.; Pfl. schmächtiger a. d. v.; Bl. schmäler. 6. 7. W. d. v. Löhninger Randen, Gräte bei Merishausen, bei Osterfingen.

G. odoratissima Rich. 952.

382. Coeloglossum. Hohlzunge. XX.

6. 7. Im Walde zwischen Höheneck und Stettener Schloss.

C. viride Hartm. 953.

383. Platanthera. Breitkölbchen. XX.

Stbbfächer genähert, parallel; Bt. weissl., wohlriechend. 6. Wälder, häufig. **P. bifolia** Rechb. 954.

Stbbfächer oben genähert, unten weit auseinander tretend; Bt. grünl., etwas grösser a. a. d. v., fast geruchlos. 6. 7. W. d. v., etwas seltener. **P. montana** Rechb. 955.

384. Ophrys. Insektenblume, Frauenträne. XX.

A. Lippe an der Spitze ohne Anhängsel.

Lippe fast flach, in der Mitte mit einem fast viereckigen, kahlen Fleck, 3sp. 5. 6. In lichten Waldungen: Gennersbrunn, Beringerthal, Mittelthal, Stein. **O. muscifera** Huds. 956.

Lippe gewölbt, an der Spitze stumpf od. schwach ausgerandet; in der Mitte mit 2—4 am Grunde querverbundenen Längslinien. 5. 6. W. d. v. Bei Neunkirch.

O. aranifera Huds. 957.

B. Lippe an der Spitze mit Anhängsel.

Lippe rundl., verkehrt-eif., unget.; Anhängsel aufwärts gebogen; Säule mit kurzem, geradem Schnabel. 5. 6. W. d. v. Schweizersbild, Beringer Randen, Rüdlingen, Neunkirch, Eichenbühl bei Diessenhofen, Mammern an der Strasse zum Speckhof. **O. Arachnites** Host. 958.

Lippe längl., verkehrt-eif., 3—5lappig; Anhängsel abwärts gebogen; Säule mit längerem, gebogenem Schnabel. 6. W. d. v. Siblinger Randen, Gräte bei Merishausen, Neunkirch, Buch. **O. apifera** Huds. 959.

385. Aceras. Spornlose. XX.

5. 6. Gailingerberg, Erlatinger Mühle, Freiplätzli (Stein).
A. anthropophora RBr. 960.

386. Herminium. Einorche. XX.

5. 6. Orsernthal, Bleiche (Stein), Freiplätzli (Stein).
H. Monorchis RBr. 961.

387. Cephalanthera. Kopforche. XX.

A. Bt. purpurrot; Frkn. flaumhaarig.

6. 7. Wälder. **C. rubra** Rich. 962.

B. Bt. weiss od. hellgelbl. weiss; Frkn. kahl.

Bl. eif. od. eilanzett; Deckbl. länger als der Frkn., die untern laubblattartig; Zipfel der Bthülle stumpf. 6. W. d. v. (C. pallens Rich.). **C. grandiflora** Babgton. 963.

Bl. lanzett; Deckbl. vielmal länger als der Frkn.; Zipfel der Bthülle spitz. 5. 6. Randen, Kohlfirst, Scharen, Gennersbrunn, Irchel, Hohenklingen. **C. Xyphophyllum** Rechb. 964.

388. Epipactis. Sumpfwurz. XX.

A. Das vordere Glied der Pfl. rundl., stumpf.

Bl. längl.-lanzett; Bt. hängend; Hülle rötl.-weiss; das innere Glied der Lippe rotgestreift. 6—8. Scharen, Gennersbrunn, Egelsee, Wunderklingen, Stein. **E. palustris** Crantz. 965.

B. Das vordere Glied der Lippe zugespitzt.

Hülle grünl. od. blassrötl.; das vordere Glied der Lippe an der Basis jederseits mit einem glatten Höcker. Wälder: Randen, Stein. **E. latifolia** All. 966.

Hülle klein, rotbraun; Höcker auf der Basis des vordern Gliedes der Lippe faltig-gekerbt; die ganze Pfl. rötl. überlaufen: kleiner a. d. v. 7. 8. Herblingen, Buchthalen, Tühle bei Merishausen, Wutachthal, Sandfelsen (Stein). **E. atrorubens** Schult. 967.

389. Listera. Zweiblatt. XX.

6. Waldwiesen: Gruben, Merishausen, Stein. **L. ovata** RBr. 968.

390. Neottia. Nestwurz. XX.

5. 6. Schattige Wälder auf moderndem Laub: Enge, Kohlfirst, Stuhlsteig, Stein. **N. nidus avis** Rich. 969.

391. Goodyera. Spaltorche, Goodiere. XX.

7. 8. Nadelwälder: Rüdlingen. **G. repens** RBr. 970.

392. Spiranthes. Blüthenschraube, Drehblume. XX.

7. Sumpfwiesen: Scharen, Hüttwylen, Stein, Ramser Mösli. **S. aestivalis** Rich. 971.

393. Sturmia. Zwiebelorche, Glanzkraut. XX.

5. 6. Sümpfe: Etzweilen, Steiner Allmend, Oerlinger Sumpf. **S. Loeselii** Rechb. 972.

394. Cypripedium. Frauenschuh. XX.

5. 6. Wälder: Schlattingen, Scharen, Gennersbrunn, Löhningen, Papiermühle (Stein), Mammern, am Lungenbach gegen Wald, Säckelamtshüsli (Pfähler). **C. Calceolus** L. 973.

LXXXXIX. Fam. Irideen.

395. Iris. Schwertlilie.

A. Aeussere Bthüllzipfel auf der Innenseite bärtig.

1. St. 1—2btg., kürzer als das Bl.

Röhre der Bthülle über die Btscheide vorragend; Hülle blau, violett, blassgelb od. weiss. 4. 5. Auf Mauern gepflanzt und halb verwildert. **J. pumila** L. 974.

2. St. mehrbtg.

Die äussern Zipfel der Hülle violett geadert; innere graubläul., breit-verkehrt-eif., plötzlich in den Nagel zusammengezogen; N. eif. mit ihrem innern Rande zusschliessend; Bt. nach Hollunder riechend. 5. 6. Auf Mauern: Wirbelberg, Mägdeberg. **J. sambucina** L. 975.

Bt. gelb: äussere Zipfel braunrot od. violett geadert; innere Zipfel längl.-verkehrt-eif., allmählig nach dem Grunde verschmälert; Lappen der N. gekrümmt. 5. 6. Hohentwiel.
J. variegata L. 976.

B. Aeussere Bthüllzipfel bartlos.

Hülle hellgelb. 5. 6. Scharen, Thayngen.
J. Pseudacorus L. 977.

Hülle blau. 6. Scharen, Langwiesensumpf, Lagwiese b. Diessenhofen. **J. sibirica** L. 978.

C. Fam. Amaryllideen.

396. Leucojum. Knotenblume. VI.

3. 4. Riedhalde im Herblingerthal, Freudenthal, hinter Hemmenthal, Bargen, Randen ob Siblingen, Wunderklingen, Wiese bei Bibern. **L. vernum** L. 979.

397. Galanthus. Schneeglöckchen. VI.

2—4. In Grasgärten der Stadt, Flurlingen, Stein.
G. nivalis L. 980.

398. Narcissus. Narcisse. VI.

3. 4. Weinberge b. Hallau, Uhwiesen, Schaffhausen, Stein.
N. Pseudonarcissus L. 981.

CI. Fam. Asparagineen.

399. Asparagus. Spargel. VI. XXII.

6. 7. Wiese gegenüber Rüdlingen, Stein; cult.
A. officinalis L. 982

400. Paris. Einbeere. VIII.

5. 6. Wälder, Gebüsche. **P. quadrifolia** L. 983.

401. Convallaria. Maierisli. VI.

5. In Wäldern, häufig.   **C. majalis** L. 984.

402. Polygonatum. Weisswurz. VI.

A. Bl. zu 2—7 quirlst., lineal-lanzett.

St. aufrecht, kantig; Hülle grünl.-weiss; Fr. rot. 5. 6. Im Laub-
walde: Kohlfirst, Beringen, Bargen, Schleitheim, Hohenhöwen.
   P. verticillatum All. 985.

**B. Bl. 2zeilig, wechselst., eilängl. od. elliptisch; St. ober-
wärts übergebogen.**

St. stielrund; Btstdstiele 3—5btg.; Stbf. behaart. 5. 6. Wälder:
Eschheimerthal.   **P. multiflorum** All. 986.

St. kantig, stärker; Btstdstiele 1—2btg.; Stbf. kahl; Bt. grösser
a. a. d. v. Auhalde b. Schleitheim, Klus, Dörflingen, Klingenberg (Stein).   **P. officinale** All. 987.

403. Smilacina. Schattenblume. IV.

5. 6. Wälder, überall. (Majanthemum bifolium Sch.).
   S. bifolia Desf. 988.

CII. Fam. Dioscoreen.

404. Tamus. Schmeerwurz. XXII. II.

5. 6. Wälder: Wutachthal, Auhalde, Tühle b. Merishausen, Beringer Randen, Hohenstoffel, Gailinger Berg, zwischen Erlen
und Hohenklingen, im Sankert, Papiermühle (Stein), Mammern.   **T. communis** L. 989.

CIII. Fam. Liliaceen.

405. Tulipa. Tulpe. VI.

4. 5. Felder b. Marthalen.   **T. silvestris** L. 990.

406. Fritillaria. Schachblume.

4. 5. In einem Grasgarten in Rheinau.
   F. Meleagris L. 991.

407. *Lilium. Lilie. VI.*

6. 7. Randen, Schweizersbild, Hohenstoffel, Erlen (Stein).

L. Martagon L. 992.

408. *Anthericum. Graslilie. VI.*

St. einfach: Bl. fast so lang als der St.; Bt. in Trauben: Gr. gebogen. 5—7. Gaisbergwald, Osterfingen.

A. Liliago L. 993.

St. oben ästig; Bl. kürzer als der St.; Bt. in Rispen; Gr. gerade. 6. 7. Wald, Gebüsch: im Loch, Orsernthal, Scharenwiese, Büsingen, Klingenberg (Stein). **A. ramosum** L. 994.

409. *Ornithogalum. Milchstern. VI.*

Bt. meist dolden-traubig, weiss, aussen grünl., die untern langgestielt; Stbf. ungespalten. 4. 5. Felder, Grasplätze: Benken, Bocksried, Strasse nach Büsingen, Stein.

O. umbellatum L. 995.

Bt. in 5—7btgen, einseitswendigen Trauben, weiss, kurzgestielt; Stbf. neben den Stbb. jederseits mit einem Zahne versehen. 4. 5. Grasplätze: Buchthalen, Stokarberg, Hohlenbaum, Schweizerhof, Stein. **O. nutans** L. 996.

410. *Gagea. Gelbstern. VI.*

Zwiebeln 3, schief, nicht von einer gemeinsamen Haut umschlossen; Bl. 1—2, grundst., lineal; Btstiele kahl. 4. 5. Roggenbühl b. Hallau, Jestetten, Buchberg, Neunkirch.

G. pratensis Schult. 997.

Zwiebeln 2, aufrecht, von einer gemeinsamen Haut umschlossen: 1 grundst., lineales, rinniges Bl.; Btstiele zottig. 3. 4. Aecker: Gaisberg, Neuhausen, Klettgau.

G. arvensis Schult. 998.

1 aufrechte Zwiebel; 1 grundst., lineal-lanzettl., flaches Bl.; Btstiel kahl. 4. 5. Freudenthal, Beringen, Wunderklinger Mühle, Stein, beim Pfarrhaus Burg, Hohentwiel, Mägdeberg.

G. lutea Schult. 999.

411. *Scilla. Meerzwiebel. VI.*

4. 5. Rammonsbühl (Schaffhausen). **S. amoena** L. 1000.

412. *Allium. Lauch. VI.*

A. Schaft blttlos, Stbf. einfach.

Bl. 2, langgestielt, elliptisch-lanzett. 5. Wald und Gebüsch.
A. ursinum L. 1001.

B. Schaft scharfkantig, zur Seite des Blbüschels und nebst diesem von gemeinschaftl. Scheiden umgeben; Stbf. einfach.

Bl. durch den hervorragenden Mittelnerv scharf-gekielt; Stbf. so lang als die Hülle. 6—8. Radolfszell.
A. acutangulum Schrad. 1002.

Bl. schwachnervig, kiellos; Stbf. länger als die Hülle. 7. 8. Wirbelberg, im Loch, Fluhberg b. Osterfingen, Höhgau, Hohenklingen.
A. fallax Schult. 1003.

C. St. unten od. bis zur Mitte bebttrt.

Bl. breit-lineal, flach; Btscheide 1klappig; Bt. schmutzigweiss; Stbf. abwechselnd, am Grunde beiderseits mit kurzem, stumpfem Zahn; Dolde zwiebeltragend. 6—8. Cult.
Knoblauch: **A. sativum** L. 1004.

Bl. lineal, unterseits scharf gekielt; Btscheide 2klappig, hellpurpurrot; Stbf. einfach, aber abwechselnd breiter; Dolden kapseltragend. 7. 8. Hemishofen, Hausen an der Aa, Radolfszell.
A. suaveolens Jacq. 1005.

D. Stbf. abwechselnd 3spitzig, die mittlere Spitze den Stbb. tragend, sonst wie C.

1. Bl. flach; Dolde kapseltragend.

Btscheide länger als die Dolde; Bl. breitlineal; Stbf. ein wenig länger als die Hülle. 6. 7. Cult.
Lauch: **A. Porrum** L. 1006.

2. Bl. stielrund, oben schmalrinnig.

Btscheide kürzer als die Dolde; Stbf. kürzer als die Hülle; Bl. schmallineal; langgestielte, rotbraune Nebenzwiebeln. 6. Schleitheim, Siblingen, Neunkirch, Unterhallau (Gremli).
A. rotundum L. 1007.

Dolde zwiebeltragend; Stbf. länger als die Hülle. 6. 7. Schleitheim, Siblingen, Oerlingen.
A. vineale L. 1008

E. **Stbf.** einfach; Btscheide 2klappig, die eine Klappe langgeschnäbelt, s. w. C.

Bl. unterseits vielrippig, deutl. rinnig: Hülle rötl. od. grünl.;
Stbf. etwa so lang als die Hüllbl. 6. 7. Steinige Orte, Fel-
der: Enge, Dörflingen, Hohentwiel, Klingenberg.
 A. oleraceum L. 1009.

Bl. unterseits 3—5rippig, flacher als b. d. v.; Hülle rosenrot od.
violettrot; Stbf. zuletzt doppelt so lang als die Hülle. 6. 7.
Hohentwiel. **A. carinatum** L. 1010.

F. **Bl. röhrig; Btscheide kurz, 2klappig.**
1. St. in od. unterhalb der Mitte aufgeblasen.

Stbf. abwechselnd am Grunde jederseits mit einem kurzen Zahn;
Btstiel etwa 8mal so lang als die Bt. 6. 7. Cult. besonders
am Zellersee. Zwiebel, Bölle: **A. Cepa** L. 1011.

2. St. nicht aufgeblasen.

Stbf. etwa so lang als die Hülle, die innern am Grunde jederseits
1zähnig; Bt. lila. Cult.
 Schalotte: **A. ascalonicum** L. 1012.

Stbf. kürzer als die Hülle, ungezähnt; Bl. dünner als b. d. v.
Bt. hellpurpurrot. 6. 7. Cult.; wild auf der Scharenwiese,
am Rheinfall. Schnittlauch: **A. Schoenoprasum** L. 1013.

413. Hemerocallis. Tagblume. VI.

6. Verwildert: Staufen im Höhgau, Hohenstoffeln, Mägdeberg.
 H. fulva L. 1014.

414. Muscari. Bisamhyacinthe. VI.

Bl. zahlreich, lineal, bogenf. zurückgekrümmt; Trauben kurz,
gedrungen; Bt. dunkelblau, stark nach Pflaumen riechend.
4. 5. Im Grase, in Weinbergen.
 Trübli: **M. racemosum** Dec. 1015.

Bl. 2—3, spatelig-lineal, aufrecht; Bt. in längern, lockern Trau-
ben, blau mit weissl. Zähnen, schwachriechend. 4. Am
Rammonsbühl, auf dem Hochranden, Hemmenthal, zwischen
Gottmadingen und Singen, Stein.
 M. botryoides Dec. 1016.

CIV. Fam. Colchicaceen.

415. Colchicum. Zeitlose. VI.

8—10. Etwas feuchte Wiesen.   C. autumnale L. 1017.

416. Tofieldia. Liliensinhse. VI.

6. 7. Trockene Wiesen: Hauenthal, Scharenwiese, Stein.

         T. calyculata Wahlnbg. 1018.

CV. Fam. Juncaceen.

417. Juncus. Simse. VI. III.

A. Btst. durch das aufgerichtete, unterste Deckbl. scheinbar seitenst.; St. nackt, an der Basis mit Blscheiden.

1. Stbgf. 3, St. grün, mit ununterbrochenem Mark.

St. fein-rinnig-gestreift, an der Basis mit rotbraunen Schuppen: Spirre dicht, fast kugelig zusammengezogen; Fr. gestutzt mit dem auf einem stumpfen Höcker sitzenden Grreste endigend. 5—8. Sumpfige Stellen: Scharensee, Wald b. Osterfingen, Stein.   J. conglomeratus L. 1019.

St. glatt; Spirre locker; Fr. mit einem den Grrest tragenden Grübchen endigend. 6—8. W. d. v. Enge.

         J. effusus L. 1020.

2. Sbgf. 6, St. bläul.-grün mit fächerf. abgeteiltem Mark, tiefgerillt.

Kapsel durch den Gr. stachelspitzig. 6—8. W. d. v. Scharen, Gailingen, Hohentwiel, Stein.   J. glaucus Ehrh. 1021.

B. Btstd. endst.; St. bebttrt.

1. Bt. sitzend od. kurzgestielt in 2—8btgen Knäueln; Kaps. querfächerig.

a. Bthüllbl. braun od. schwärzl.; Kaps. 1fächerig, nicht alle Scheiden bltragend.

Bthüllbl. zugespitzt-begrannt, innere länger, an der Spitze zurückgebogen; Fr. eif., zugespitzt-geschnäbelt. 7. 8. W. d. v. Scharen, Eschheimerthal, Thayngen, Gailingerberg, Stein.

         J. silvaticus Reich. 1022,

Bthüllbl. gleichlang, gerade, kurzstachelspitzig; Fr. eilanzettl.,
in einen kurzen Schnabel zusammengezogen. 7. 8. W. d. v.
Etzweilen, Hüttweilen, Bruchhalde, Binninger Ried, Stein.
J. lamprocarpus Ehrh. 1023.

b. Bthüllbl. weissl. od. blassbläul., stumpf, etwa so lang als die
Kapsel.

Kaps. 3fächrig; St. am Grunde mit blttlosen Scheiden, seitl.
Spirrenäste zurückgebogen. W. d. v. 7. 8. In den Ried-
wiesen bei Rüdlingen, Thayngen, Stein.
J. obtusiflorus Ehrh. 1024.

2. Bt. einzeln, nicht geknäuelt.

St. mit einem linealen, rinnigen Bl.; Bthüllbl. eif.-längl., sehr
stumpf, fast um die Hälfte kürzer als die fast kugelige Fr.
7. 8. Feuchte Wiesen, Wegränder: Rhein unterhalb Büsingen, Löhningen, Langwiesen.
J. compressus Jacq. 1025.

St. bebttrt.; Bl. pfrieml.; Bthüllbl. lanzettl. mit breitem Haut-
rande, länger als die längl. Fr. 6. 7. Wegränder: Merishauserthal, Scharen, Neuhausen, Neunkirch, Stein.
J. bufonius L. 1026.

418. Luzula. Hainsimse. VI.

**A. Bt. einzeln stehend, von einander entfernt, gestielt, in
einer trugdoldigen Spirre.**

Samen an der Spitze mit einem grossen, sichelf. Anhängsel:
untere Bl. lanzett. 3—5. Wälder: Geisberg.
L. pilosa Willd. 1027.

B. Spirre mehrfach zusammengesetzt.

Samen am Grunde ohne Anhängsel; Bl. lineal, am Rande behaart. 5—7. Wälder: Scharen, Rheinhard. (L. albida Dec.)
L. angustifolia Gark. 1028.

C. Aehre eif. od. längl.

Samen am Grunde mit einem kugelf. Anhängsel; Wurzelstock
mit Ausläufern: St. einzeln od. wenige, 10—20 cm. hoch;
Stbb. nach dem Verstäuben 3—4mal so lang als der Stbf.
3—5. Wiesen, Wegränder, überall.
L. campestris Dec. 1029.

Wurzelstock ohne Ausläufer; St. zahlreich, rasenbild., höher als
a. d. v.; Stbb. nach dem Verblühen nur etwa so lang als
der Stbf. 4. 5. Lichte Waldstellen: Scharen, Geilingerberg.
L. multiflora Lej. 1030.

CVI. Fam. Cyperaceen. (Scheingräser).

419. Cyperus. Cypergras. III.

St. stumpfkantig; Aehrchen längl.-lanzett, gelb-braun mit dach-
ziegelf. anliegenden Deckschuppen; N. 2; Fr. zusammen-
gedrückt. 7—9. Feuchte Stellen: Gennersbrunn, Herblingen,
Thayngen, Bleiche (Stein), zwischen Stiegen und Oehningen.
C. flavescens L. 1031.
St. scharfkantig; Aehrchen schmäler, schwarzbraun mit sparrig-
abstehenden Deckschuppen; N. 3; Fr. 3kantig. 6—8. W. d. v.
Hofenacker, Wydlen, Stiegen, Stein. **C. fuscus** L. 1032.

420. Schoenus. Kopfgras. III.

Bl. halb so lang als der St.; Köpfchen aus 5—10 Aehren zu-
sammengesetzt, endst.; St. 30—50 cm. lang; Hüllblborsten
kürzer als die Fr. 5. 6. Sümpfe: Scharen, Schlatt, Stein.
S. nigricans L. 1033.
Bl. viel kürzer als der St.; Köpfchen aus 2—3 Aehren zusammen-
gesetzt, durch das aufrechte Deckbl. seitenst.; St. 15—30 cm.;
Hüllblborsten die Fr. überragend. 5. 6. W. d. v. Scharen,
Binninger Ried, Stein. **S. ferrugineus** L. 1034.

421. Cladium. Sumpfgras. III.

7. 8. Sümpfe: Scharen, Binningen, Etzweilen.
C. Mariscus RBr. 1035.

422. Rhynchospora. Schnabelsame. III.

7. 8. Sümpfe: Etzweilen, Thayngen, Hüttweilen, Andelfingen.
R. alba Vahl. 1036.

423. Heleocharis. Teichbinse. III.

A. St. stielrund od. etwas zusammengedrückt; N. 2; Fr.
nicht gerippt.
Aehrchen längl.-lineal; Spelzen zieml. spitz, die unterste die
Aehrchen halbumfassend; St. zieml. glanzlos. 6—8. Sümpfe:
Weiher oberhalb Merishausen, Wydlen, Stein.
H. palustris RBr. 1037.

Aehrchen eif.-längl.; die unterste Spelze dasselbe ganz umfassend; St. glänzend, schlanker a. a. v. 6—8. Sümpfe: Scharenwiese, Krätzgraben, Buchthalen, Steiner Allmend.

H. uniglumis Schult. 1038.

B. St. 4kantig-gefurcht, fast haarfein; N. 3; Fr. längsrippig. Pfl. 3—10 cm. 6—8. Ueberschwemmte Orte: Scharenwiese, auf Sand am Rhein, Stein. **H. acicularis** RBr. 1039.

424. Scirpus. Binse. III.

1. Aehrchen einzeln, endst.

St. gebüschelt, ohne Laubbl., an der Basis von röhrigen Blscheiden umhüllt; Aehrchen 2—7btg.; das unterste Deckbl. kürzer als das Aehrchen; Fr. 3kantig, stachelspitzig; Pfl. 5—20 cm. hoch. 6—8. Sumpfwiesen: Thayngen, Löhningen, Binningen. **S. pauciflorus** Lightf. 1040.

2. Aehrchen geknäuelt; Knäuel in lockerer od. zusammengezogener Spirre.

St. nackt; Laubbl. fehlend od. wenig entwickelt; St. grasgrün, am Grunde mit röhrigen in blattartige Spitzen auslaufenden Scheiden; Spelzen rostbraun, glatt, mit vortretender Rippe: N. 3; Fr. zusammengedrückt, 3kantig; Pfl. 1½—2 m. hoch. 6. 7. Ufer: Paradies, Stein. „Schwummele": **S. lacustris** L. 1041.

St. bläul.-grün; Spirre einfacher, mehr knäuelig; Spelzen punktiert, rauh; N. 2; Fr. flacher, planconvex; Pfl. ½—1 m. W. d. v. Radolfszell, Galgenwinkel (Stein). **S. Tabernaemontani** Gmel. 1042.

3. Aehrchen geknäuelt; Knäuel in mehrfach zusammengesetzter Spirre; St. mit entwickelten Laubbl.

St. 3kantig; Bl. lineal-lanzett, den Btstd. überragend; Spelzen stumpf, stachelspitzig. 6—8. Waldsümpfe zwischen Aazheim und Osterfingen, Stein, Oberhallau. **S. silvaticus** L. 1043.

4. Aehrchen in 2zeiliger, endst. Aehre; St. am Grunde mit Laubbl.

St. undeutl. 3kantig; Bl. lineal-rinnig; Aehrchen braun; Stbb. mit einem endst., gezähnten Anhängsel. 6—8. Nasse Triften:

Langwiesen, Löhningen, Gailingerberg, Schlatt am Randen, Hilzingen, Bleiche (Stein).

S. compressus Pers. 1044.

425. Eriophorum. Wollgras. III.

A. Aehrchen einzeln, endst.

St. 3kantig, rauh; Borsten der Bthülle zu 4—6, nach der Btzeit in geschlängelte Wolle verlängert. 4. 5. Sümpfe: Egelsee, Engesumpf, Binningen, Oerlingen.

E. alpinum L. 1045.

St. oberwärts 3kantig; Borsten der Bthülle zahlreich, gerade. 4. 5. W. d. v. Binninger Ried.

E. vaginatum L. 1046.

B. Aehrchen doldig-gebüschelt.

1. Aehrchenstiele rauh: St. stumpf, 3kantig.

Bl. flach, an der Spitze 3kantig; Aehrchen zu 6—12; Spelzen mit 1 Rippe. 4. 5. W. d. v. Enge, Scharen, Allmend und Bleiche (Stein).

E. latifolium Hopp. 1047.

St. dünner als b. d. v.; Bl. 3kantig; Aehrchen zu 3—4; Spelzen mehrrippig. 5. 6. W. d. v. Engesumpf, Egelsee.

E. gracile Koch. 1048.

2. Aehrchenstiele glatt: St. fast stielrund.

Bl. lineal-rinnig; Aehrchen zu 3—5. 4. 5. W. d. v. Engesumpf, Scharen, Entensee bei Schleitheim, im „breiten Thale" am Berghof b. Thengen.

E. angustifolium Roth. 1049.

426. Carex. Segge. XXI. XXII.

2f. Aehrchen einzeln, endst.; N. 2.

Aehrchen eingeschlechtig, oft mit weibl. Bt. an der Basis der männl. Aehrchen; Pfl. dichtrasig; die zahlreichen St. oberwärts und die Blränder rauh; Fr. (Frschläuche) lanzett, abstehend, mit abwärts gekrümmter Spitze. 4. 5. Sumpfwiesen: Scharen, Stein.

C. Davalliana Lm. 1050.

Aehrchen oben männl., unten weibl.; Pfl. lockerrasig; Bl. borstenf.; Fr. beiderseits verschmälert; Deckschuppen abfällig. 5. 6. W. d. v. Scharen, Egelsee, Hüttweiler Ried.

C. pulicaris L. 1051.

B. Aehrchen mit männl. und weibl. Bl., eine Aehre od. Rispe bildend.

I. Die obern und untern Aehrchen weibl., die mittlern männl. Wurzelstock kriechend mit faserigen Scheiden; St. scharf 3kantig, rauh; Aehre gelbbraun, oft an der Basis unterbrochen; Fr. gerippt, mit verlängertem Schnabel. 5. 6. Hinter der Enge, längs des Rheines, Paradies, Stein. **C. disticha** Huds. 1052.

II. Aehrchen oben männl., unten weibl. od. umgekehrt.

A. Aehrchen oben männl., unten weibl.

a. Fr. abstehend, auf dem Rücken regelmässig gewölbt; länger als die Deckschuppen.

St. scharf 3kantig mit concaven Seitenflächen und oben rauhen Kanten; Bl. breitlineal; Aehrchen braun, an der Basis oft doppelt zusammengesetzt; Fr. 6—7nervig. 5. 6. Wydlensee, Dörflinger Ried, Eschheimerthal, Stein. **C. vulpina** L. 1053.

St. mit flachen Seitenflächen, nur oberwärts rauh; Bl. schmal; Aehrchen grünl.-braun, an der Basis meist unterbrochen; Fr. undeutl. od. gar nicht gerippt. 5. 6. Scharen, Bremlen, Eschheimerthal, Stein. **C. muricata** L. 1054. Aendert: Aehrchen entfernter, blasser; St. schlanker, zuletzt nickend. Mehr an schattigen Orten, z. B. Stein. Als Art: **C. divulsa** Gaud. 1055.

b. Fr. aufrecht, auf dem Rücken bucklig-gewölbt, so lang od. kürzer als die Deckschuppen.

St. mit flachen Seiten und sehr rauhen Kanten; Bl. breit-lineal; Fr. schwach od. gar nicht gerippt, glänzend. 5. 6. Sümpfe: Pfaffensee b. Herblingen, Thayngen, Scharen. **C. paniculata** L. 1056.

St. mit etwas gewölbten Seitenflächen; Bl. schmal-lineal; Fr. glanzlos, beiderseits stark gerippt; Wurzelstock faserschopfig. 5. 6. Griesbach, Egelsee, gegenüber Langwiesen, Binninger Ried. **C. paradoxa** Willd. 1057.

B. Aehrchen oben männl., unten weibl.

a. St. einzeln od. zu wenigen gebüschelt, aus verlängertem, kriechendem Wurzelstock.

St. dünn, nickend; Bl. schmal-lineal, länger als der St.; Aehr-

chen gelbl.-weiss, auswärts gekrümmt; Fr. lanzett mit gezähneltem Rande. 5. 6. Wälder: Dörflingen, Enge.
Seegras: **C. brizoides** L. 1058.

b. St. in dichten Büscheln, aus kurzem, dichtfaserigem Wurzelstock.

1. Die 2—4 untern Aehrchen sehr entfernt, mit verlängerten, blattartigen, den St. überragenden Deckbl.

St. dünn, meist überhängend; Bl. schmal-lineal; Fr. flach zusammengedrückt, aufrecht, länger als die Deckschuppen. 5. 6. Aazheim, Kohlfirst, Scharenwiese, Hemming, Hohenstoffeln. **C. remota** L. 1059.

2. Aehrchen mehr od. weniger genähert mit meist häutigen, den St. nicht überragenden Deckbl.

2a. Fr. lanzett; Aehrchen längl.-walzlich.

St. scharf 3kantig-rauh; Aehre aus 8—12 Aehrchen bestehend; Fr. abstehend, starkgerippt, länger als die Deckschuppen. 5. 6. Sümpfe: Scharen, Etzweilen, Eschheimerthal, Hemming, Enge. **C. elongata** L. 1060.

2b. Fr. eirund; Aehrchen eilängl. od. rundl.

Fr. bis in die Spitze mit einem rauhen Flügelrand eingefasst, aufrecht, so lang als die Deckschuppen; St. fast glatt; Aehre aus 3—6 Aehrchen bestehend. 5. 6. Ob dem Beringerthal, im Gaisbergwalde. **C. leporina** L. 1061.

Fr. ohne Flügelrand, sparrig abstehend mit 2zähnigem Schnabel, viel länger als die Deckschuppen; Aehre meist aus 4 Aehrchen bestehend. 5. 6. Enge, Entensee bei Schleitheim. Thayngen, Binningen. **C. echinata** Murr. 1062.

Fr. ohne Flügelrand, aufrecht, ohne deutl. Schnabel; St. glatt; Aehre aus 4—8 Aehrchen zusammengesetzt. 5. 6. Engesumpf, Binningen. **C. canescens** L. 1063.

C. Aehrchen getrennt, sämtl. eingeschlechtig; das od. die obersten männl., die untern weibl.

I. N. 2.

A. Wurzelstock dicht rasenf., ausläuferlos; Blscheiden alle am Rande in feine, den Grund des St. netzf. umspannende Fasern aufgelöst; St. am Grunde solche blattlose Scheiden und erst über diesen einige Bl. tragend.

Aehrchen sitzend od. die untersten kurz gestielt; Fr. elliptisch mit

12

6 deutl. Rippen. 5. 6. Sumpf oberhalb Langwiesen, Scharensee, Rheinufer, Gailingerberg, Stein.

C. stricta Good. 1064.

B. Wurzelstock mit kürzern od. längern Ausläufern; Blscheiden meist nicht gespalten; St. vom Grunde an Bl. tragend. Fr. auf dem Rücken etwas gewölbt, undeutl. gerippt; unteres Deckbl. kürzer als der St. 5. 6. Krätzgraben, Eschheimerthal, Hemming, Langwiesen, Stein.

C. vulgaris Fr. 1065.

St. oben sehr rauh; weibl. Aehren 3—5; untere lockerbtg., bei der Reife nickend; Fr. beiderseits gewölbt, deutl. gerippt; unteres Deckbl. länger als der St. 5. 6. Am Rheine gegen Langwiesen, Scharen, Stein.

C. acuta L. 1066.

II. N. 3.

A. Fr. schnabellos od. kurzgeschnäbelt; männl. Aehrchen meist einzeln.

a. Fr. kahl.

1. Deckbl. nicht scheidig od. sehr kurz scheidig.

Blscheiden netzig-gespalten; die endst. Aehrchen unterwärts männl.; die weibl. zu 3, die untersten kurzgestielt; Fr. elliptisch, 3kantig, stumpf. 4. 5. Hüttweiler See.

C. Buxbaumii Wahlnb. 1067.

Bl. schmal-lineal, faltig-rinnig; endst. Aehrchen männl., die weibl. zu 1—2, lang und dünngestielt; Fr. rundl.-eif., linsenf. zusammengedrückt. 5. 6. Binninger Ried.

C. limosa L. 1068.

2. Deckbl. scheidenf., nur bei C. glauca und pallescens nicht od. sehr kurz scheidig, blattartig.

2a. Pfl. mit kriechenden Ausläufern; St. einzeln od. zu wenigen gebüschelt.

2a₁. 2—mehrere männl. Aehrchen (an kleinen Exemplaren wohl auch nur 1).

Halm glatt; Bl. am Rande rauh; weibl. Aehrchen walzenf., langgestielt, zuletzt hängend; Fr. stumpf mit auswärts gekrümmter Spitze, ohne Rippen. 4—6. Feuchte Stellen: Orsernthal, Stein.

C. glauca Scop. 1069.

2a₂. Ein einziges endst. Aehrchen.
Bl. und Blscheiden behaart; Scheiden des St. rotbraun; Bl. der
nicht blühenden Büschel breitlineal, länger als die fast blatt-
losen St.; weibl. Aehrchen sehr locker, langgestielt. 4—6. Gaisberg, Kohlfirst, Scharen, Gailingerberg, Stein.

C. pilosa Scop. 1070.

Bl. und Blscheiden kahl; Bl. borstl.-lineal, kürzer als der St.;
weibl. Aehrchen locker, gestielt; Deckbl. häutig, scheidenf.,
blattlos; Fr. eif. mit zahlreichen Längsrippen. 4. 5. Wälder:
Gaisberg, Auhalde bei Schleitheim.

C. alba Scop. 1071.

Bl. und Blscheiden kahl; Bl. lineal-lanzett, kurz; weibl. Aehrchen
aufrecht; Fr. gedunsen, die rotbraunen Deckbl. weit überragend. 5. Feuchte Wiesen, häufig.

C. panicea L. 1072.

2b. Pfl. ohne Ausläufer; St. in grössern Büscheln.
Bl. breit, lanzett-lineal; weibl. Aehrchen 3—6, sehr lang, gekrümmt, zuletzt hängend; Fr. 3kantig mit kurzem Schnabel.
6. Wälder: Bruchhalde, Kohlfirst, Gailingerberg, Steinerberg.
(C. maxima Scop.). **C. pendula** Huds. 1073.

Bl. schmal, nebst den Scheiden flaumhaarig; weibl. Aehrchen
2—3, längl.-eif., aufrecht od. die untersten nickend; Fr. eif.,
schnabellos. 5. 6. Wälder: Gaisberg, Scharen, Stein.

C. pallescens L. 1074.

b. Fr. behaart.

1. Deckbl. der Aehren scheidenlos od. die untersten mit kurzer
Scheide.

1a. Wurzelstock mit Ausläufern.

1a₁. Deckschuppen abgerundet-stumpf, weissl. berandet, sehr
kurz gewimpert, mit einem vor der Spitze verschwindenden
Nerv.
4. 5. Trockene Orte: Buchthalen, Gailingerberg, Scharenwiese,
Bleiche (Stein), Oberwald, Sandfelsen, Hohentwiel.

C. ericetorum Poll. 1075.

1a₂. Deckschuppen spitz od. stachelspitzig.
Bl. schmal-lineal; weibl. Aehrchen fast sitzend; unteres Deckbl.
wagrecht abstehend; Fr. fast kugelig, dicht graufilzig. 5. 6.
Scharen, Gailingerberg, Hemming, Schleitheim, Stein.

C. tomentosa L. 1076.

Bl. starr, wenigstens die untern weibl. Aehrchen gestielt;
Deckbl. am Rande häutig, aufrecht abstehend; Fr. verkehrt-
eif. 3—5. An Strassen. **C. verna** Vill. 1077.

1b. Wurzelstock rasig.

1b₁. Deckschuppen, namentlich die des männl. Aehrchens,
violettschwarz.

Bl. schlaff, mit roten Scheiden; weibl. Aehrchen sehr genähert;
Deckbl. häutig, stachelspitzig; Fr. kurzflaumig; Deckschup-
pen stumpf-stachelspitzig. 4. 5. Wälder, häufig.
C. montana L. 1078.

1b₂. Deckschuppen gelbl. od. dunkelbraun.
St. zur Frchtzeit überhängend; weibl. Aehrchen 3, selten 5, genähert, fast kugelig; unterstes Deckbl. blattartig, aufrecht abstehend. 4. 5. Heilsberg bei Gottmadingen.
C. pilulifera L. 1079.

St. aufrecht, zuletzt kürzer als die zahlreichen, sehr langen Bl.;
weibl. Aehrchen eilängl. od. längl.; untere Blscheiden in dünne
Fasern sich auflösend. 5. Gaisberg, Scharen, Gailingerberg,
zwischen Lohn und Opfertshofen, Hoppihoh (Stein).
C. longifolia Host. 1080.

2. Deckbl. sämtl. häutig-scheidig.

2a. Die Spitze des weibl. Aehrchens so hoch od. höher als diejenigen der männl. Aehrchen; Halme sämtl. mittelst.; eine Cen-
tralblattrosette fehlend.

Bl. viel länger als der 3—10 cm. hohe St.; weibl. Aehrchen 2—3,
meist 3btg., entfernt; Aehrchenstiele von einer weisshäutigen
Scheide locker umschlossen. 4. Im Loch, Schweizersbild,
gegenüber dem Nohl, Hohenklingen.
C. humilis Leysser. 1081.

2b. Die Spitzen der weibl. Aehrchen niedriger als diejenigen der
männl. Aehrchen; mit ausdauernder Blrosette; Halme sämtl.
seitlich.

St. mit braunroten Scheiden; weibl. Aehrchen 2—3, locker, gestielt; Fr. so lang als die Deckschuppen. 4. 5. Wälder:
Steinhölzchen, Stein. **C. digitata** L. 1082.

St. mit grünen Scheiden; weibl. Aehrchen kürzer und dicht gedrängt; Fr. behaart, länger, als die Deckschuppen; Pfl. kleiner a. d. v.; dichtrasig. 4. 5. Wegränder, Gebüsch: Strasse
nach Langwiesen, Stein. **C. ornithopoda** Willd. 1083.

B. **Schnabel** der **Fr.** planconvex, mit 2 gleichlauf. Zähnen; männl. Aehrchen endst., meist einzeln.

a. Weibl. Aehrchen dichtfrüchtig.

1. Deckbl. kurzscheidig, od. das untere bei entferntem Aehrchen langscheidig, weit über die männl. Aehrchen hinausragend, zuletzt meist wagrecht abstehend od. hinabgeschlagen; weibl. Aehrchen zur Frchtzeit eirund od. kugelig.

Fr. oval, mit zurückgekrümmtem Schnabel. 5. 6. Nasse Stellen: Scharenweiher, Binninger Ried, Krätzgraben, Osterfingen, Steiner Allmend. **C. flava** L. 1084.

St. niedriger a. a. d. v.; Fr. kleiner, kugelig-verkehrt-eif. mit kurzem, geradem Schnabel. 5. Sümpfe: Scharen, Stein, Etzweilen, Hüttweilen, Binninger Ried. **C. Oederi** Ehrh. 1085.

Mittelform zwischen den beiden vorigen: St. schlank, oberwärts etwas rauh; das männl. Aehrchen gestielt, das unterste weibl. sehr weit abstehend; Fr. kugelig-eirund, kleiner und mit kürzerm, weniger gekrümmtem Schnabel als bei C. flava. 5. Scharenwiese, Binninger Ried, Stein. **C. lepidocarpa** Tausch. 1086.

2. Deckbl. langscheidig, das männl. Aehrchen erreichend od. wenig überragend, aufrecht-abstehend od. aufrecht; weibl. Aehrchen eilängl. od. walzenf.

Bl. flach-lineal; weibl. Aehrchen 2—3, das unterste etwas entfernt, Deckbl. mit verlängerten Scheiden; Deckschuppen rostbräunlich ohne Stachelspitze; Zähne des Frschnabels innen glatt. 5. 6. Feuchte Wiesen: Dörflingen, Scharen, Allmend und Bleiche (Stein). **C. Hornschuchiana** Hopp. 1087.

Das unterste weibl. Aehrchen weit entfernt; Deckbl. länger als die Aehre, Deckschuppen hellbräunl., kurz-stachelspitzig; Zähne des Frschnabels auf der Innenseite mit kurzen Stächelchen besetzt. 5. 6. Dörflingen, Hofenacker, Rüdlingen, Hohenhöwen. **C. distans** L. 1088.

b. Weibl. Aehrchen locker-früchtig.

St. nickend; Bl. breit-lineal; weibl. Aehrchen 3—6, langgestielt, zuletzt nickend, mit sehr langen Deckbl.; Fr. elliptisch, glatt, langgeschnäbelt; St. in dichten Büscheln. 6. Wälder: Gaisberg, Hüttweilen, Stein. **C. silvatica** Huds. 1089.

C. Schnabel der Fr. mit 2 auseinander tretenden Zähnen; männl. Aehrchen meist 2—5.

a. Deckbl. blattartig, nicht od. kurz scheidenf.; Fr. kahl.

1. Ein einzelnes, endst. männl. Aehrchen.

St. scharfkantig; weibl. Aehrchen 4—6, langgestielt, hängend; Fr. eilanzettf., langgeschnäbelt; Deckbl. pfrieml., rauh. 6. Sümpfe: Egelsee, Binninger Ried.

C. Pseudocyperus L. 1090.

2. Zwei bis mehrere männl. Aehrchen.

2a. Männl. Aehrchen blassgelb, dünn-walzenf.; Fr. beiderseits gewölbt, aufgeblasen; die Zähne des langen Schnabels fein, auseinander tretend.

St. stumpfkantig, ganz glatt; Bl. schmal (2—4 mm.), rinnig, länger als der St. 5. 6. Sümpfe: Engesumpf, Scharensee, Hüttweilersee, Steiner Allmend.

C. ampullacea Good. 1091.

St. scharfkantig, rauh; Bl. breitlineal (6—8 mm.), gekielt; Fr. grösser als a. d. v. 5. 6. W. d. v. Eschheimerthal, Stein.

C. vesicaria L. 1092.

2b. Männl. Aehrchen dunkelbraun, dicker; Fr. zusammengedrückt-2seitig od. kegelf.-3seitig; die Zähne des zieml. kurzen Schnabels 3eckig-parallel.

St. scharf-kantig-rauh; Blscheiden oft netzf.-zerfasert; Bl. lanzettlineal; untere Deckschuppen der männl. Aehrchen stumpf; Fr. längl.-eif., zusammengedrückt. 5. 6. Scharensee, Stein.

C. palludosa Good. 1093.

Blscheiden nicht zerfasert; Bl. breit-lanzett-lineal; Deckschuppen der männl. Aehrchen alle scharf zugespitzt; Fr. ei-kugelf., am Rande gerundet; Pfl. grösser a. d. v. 5. 6. Ufer: Wydlen, Seewadel, Pfaffensee bei Herblingen, Binninger Ried, Stein.

C. riparia Curt. 1094.

b. Fr. behaart.

St. dünn, fast cylindrisch; Bl. schmal-lineal, rinnig; Deckbl. ohne Scheiden od. das unterste kurzscheidig: Fr. gedunsen. Sümpfe: Thayngen, Hüttweilen, Bietingen, Oerlingen.

C. filiformis L. 1095.

St. stumpfkantig; Bl. lineal, nebst den Scheiden behaart; die unterst. Deckbl. langscheidig; Fr. eif., längsrippig. 5. Feuchte Stellen: Krätzgraben, Stein.

C. hirta L. 1096.

CVII. Fam. Gramineen.

427. Zea. Mais. XXI.

6—9. Cult. „Welschkorn": **Z. mays** L. 1097.

428. Andropogon. Bartgras. III.

7—9. Uncult. Stellen, Wegränder, verbreitet.

A. Ischaemum L. 1098.

429. Digitaria. Fingergras. III.

Spelzen der geschlechtslosen Bt. kahl, auf den äussern Seitennerven ohne Wimpern. 7—9. Weinberge, Gärten, Wegränder. **D. sanguinalis** Scop. 1099.

Spelzen der geschlechtslosen Bt. auf den äussersten Seitennerven steifhaarig-gewimpert. 7—9. Weinberge: Büsingen, östl. vom Sandacker bei Ramsen, Buchthalen.

D. ciliaris Koch. 1100.

430. Echinochloa. Stachelgras. III.

7. 8. In Ortschaften: Flaach, Gailingen; auf Feldern: Unterhallau, Schlatt, untere Krähen. **E. Crus Galli** L. 1101.

431. Panicum. Hirse. III.

7 8. Selten cult. **P. miliaceum** L. 1102.

432. Setaria. Borstengras. III.

A. Hüllborsten durch rückwärts gerichtete Zähnchen rauh, die Rispenäste sich daher beim Aufwärtsstreichen rauh anfühlend.

Rispe an der Basis oft unterbrochen; Spelzen der Zwitterbt. fast glatt. 7. 8. Aecker, Schutt: Munot, Paradies, Diessenhofen, Klingenberg. **S. verticillata** Beauv. 1103.

B. Hüllborsten durch vorwärts gerichtete Zäckchen mehr od. weniger rauh.

Spelzen der Zwitterbt. stark querrunzelig; Borsten gelb-rötl. 7. 8. W. d. v. Altenburg, Hofstetten, Dörflingen, Stein.

S. glauca Beauv. 1104.

Spelzen der Zwitterbt. zieml. glatt; Borsten grün. 7. 8. Felder bei Paradies, Mauern im Stockarberg, Stein.
S. viridis Beauv. 1105.

Rispenähre am Grunde unterbrochen wie b. verticillata; Borsten aber wenig zahlreich und ohne rückwärts gerichtete Zähnchen. Bei Hohentwiel, Hof des Gymnasiums (1 mal).
S. ambigua Guss. 1106.

433. *Phalaris. Glanzgras. III.*

6. 7. Am Wasser: Langwiesersumpf, Gächlingen, Stein.
P. arundinacea L. 1107.
Variiert mit längs weissgestreiften Bl. *P. picta* L.

434. *Anthoxanthum. Ruchgras. II. III.*

5. 6. Wiesen, Wegränder, häufig. **A. odoratum** L. 1108.

435. *Alopecurus. Fuchsschwanz. III.*

A. Halm aufrecht; Kspelzen spitz, bis gegen die Mitte verwachsen.

Rispenähre walzenf., stumpf; Aeste derselben 4—6, eif. Aehrchen tragend. 5. 6. Wiesen: Merishauserthal, Bargen, Thayngen, Singen, Oberhallau. **A. pratensis** L. 1109.

Rispenähre an beiden Enden verschmälert; Aeste derselben 1—2 Aehrchen tragend. 6. 7. Aecker: Buchthalen, Reyat, Ramserfeld. **A. agrestis** L. 1110.

B. Halm am Grunde niederliegend, gekniet; Kspelzen stumpf, nur am Grunde verwachsen.

Aehrchen eif., 3 mm.; Stbk. nach dem Verblühen hellbraun; Granne fast doppelt so lang als ihre Spelze, unter deren Mitte entspringend. 5—8. Am Weiher oberhalb Merishausen.
A. geniculatus L. 1111.

Aehrchen elliptisch, 2 mm.; Stbk. nach dem Verblühen rotgelb; Granne kaum länger als ihre Spelze, in deren Mitte entspringend. 5—8. Wydlen, an einem Sumpfe des Beringer Randens. **A. fulvus** Sm. 1112.

436. *Phleum. Lieschgras. III.*

A. Rispenähre oben verdünnert, beim Biegen lappig verästelt; Aehrchen mit Ansatz zu einer zweiten Bt. in Form eines Stielchens an der obern Spelze.

Kspelzen lineal-längl., plötzlich zugespitzt-stachelspitzig, am Kiel von sehr kurzen Stacheln rauh. 6. 7. Ungebaute Orte: Auhalde bei Schleitheim, Schüsselbühl im Höhgau, Hohentwiel. **P. Boehmeri** Wibel. 1113.

Kspelzen kielf., abgestutzt, an der Spitze aufgeblasen-kantig, rauh: St. niederer a. a. d. v. und fast zur Rispe bebttrt. 5. 6. W. d. v. Schiffswerfte, Wirbelberg, Gräte bei Merishausen, Hohentwiel. **P. asperum** Jacq. 1114.

B. Rispenähre stumpf, auch beim Biegen gleichf. walzlich; Aehrchen ohne Ansatz zu einer zweiten Bt.

Kspelze längl., quer abgestutzt, plötzlich zugespitzt-begrannt; Granne 3mal kürzer als ihre Spelze. 6. 7. Wiesen, überall. **P. pratense** L. 1115.

Variiert mit am Grunde knollig verdicktem Halme und kürzerer Rispe. **P. nodosum** L. 1116.

437. *Milium. Flattergras. III.*

5—7. Wälder: Scharen, Stein, Wutachthal. **M. effusum** L. 1117.

438. *Agrostis. Windhalm. III.*

A. Untere Kspelze kürzer als die obere; Granne 3—4mal so lang als das Aehrchen.

Rispe ausgebreitet, nach der Btzeit zusammengezogen. 6. 7. Unter Getreide verbreitet. **A. Spica venti** L. 1118.

B. Untere Kspelze länger als die obere; Granne fehlend od. höchstens 2mal so lang als das Aehrchen.

1. Bl. sämtl. flach; obere Spelze vorhanden.

Blhäutchen sehr kurz, abgestutzt; Rispe auch nach dem Verblühen ausgebreitet. 6. 7. Grasplätze, Wälder: Engewald, Hemmenthal, Gächlingen, Stein. **A. vulgaris** With. 1119.

Blhäutchen längl. (2—3 mm. lang); Rispe nach dem Verblühen zusammengezogen; Aehrchen meist violett. 6. 7. W. d. v.
A. alba L. 1120.

2. Wenigstens die untern Bl. zusammengefaltet; obere Spelze fehlend od. sehr klein.

Rispe eif., nach dem Verblühen zusammengezogen; Aehrchen gewöhnlich mit geknieten Grannen. 6—8. Am Rhein bei der Rheinhalde, am Rheinfall, Gräben im Höhgau.
A. canina L. 1121.

439. Calamagrostis. Reithgras. III.

A. Spelzen häutig, durchscheinend-weiss; Aehrchenaxe nicht über die Bt. verlängert; Grannen eingeschlossen, gerade.

St. glatt od. etwas rauh; Rispe schlaff, nach dem Verblühen etwas überhängend; Granne der Kspelze endst. od. aus kurzen Einschnitten hervortretend. 7. 8. Im Walde zwischen Oerlingen und Andelfingen, Rauschenberg bei Gailingen, Hüttweilersee. **C. litorea** Dec. 1122.

St. und Bl. sehr rauh; Rispe steiff-aufrecht und während des Blühens geknäuelt-lappig; Granne aus dem Rücken der Kspelze entspringend. 7. 8. Rüdlingen, Rosenegg, Hausen a. d. Aa.
C. epigeia Roth. 1123.

B. Spelzen derber, nur am Rande durchscheinend-weiss; Aehrchenaxe über die Bt. verlängert (Ansatz zu einer 2. Bt.); Grannen vortretend.

Granne gerade; Haare kürzer als die Spelzen. 7. 8. Binninger Ried. **C. neglecta** Fr. 1124.

Granne gekniet; Haare 3—4mal kürzer als die Spelzen. 7. 8. Wälder: Enge, Gaisberg, Kohlfirst.
C. arundinacea Roth. 1125.

440. Phragmites. Schilf. III.

8. 9. Im Wasser: Paradies, Stein.
P. communis Trin. 1126.

441. Sesleria. Seslerie. III.

3. 4. Felsige Abhänge: Schweizersbild, Klingenberg, Wutachthal.
S. coerulea Arduino 1127.

442. Koeleria. Schillergras. III.

5—7. Unbebaute Orte: Urwerf, Stein. **K. cristata** Pers. 1128.

443. Deschampsia. Waldschmiele (Schmele). III.

A. Granne nur ein wenig auswärts gebogen und am Grunde kaum gedreht.

Rispe pyramidal; Axe derselben nebst den Aestchen mehr od. weniger rauh; Aehrchen 3—5 mm., aussen bräunl. und violett gescheckt, 2btg. 6. Feuchte Grasplätze, Wälder: Langwiesen. **D. caespitosa** Beauv. 1129.
Variiert mit grössern, dunkler gefärbten Aehrchen und etwas stärkern, längern Grannen. Rhein unterhalb Schaffhausen. **D. litoralis** Gaud. 1130.
Rispe länger und schmäler a. a. d. v., öfter unterbrochen; Axe nebst den Aestchen glatt; Aehrchen viel grösser (6—8 mm.), weniger zahlreich, meist aussen gelbl. und hellbräunl. gescheckt; 3—4btg. 5. 6. Uferrand des Rheines.
D. rhenana Grml. 1131.

B. Granne deutl. knief. gebogen und am Grunde gedreht.

Bl. fast borstl.; Rispenäste 3gabelig, geschlängelt; Aehrchen glänzend violettbräunl. 6—8. Waldränder: Kohrfirst, Rheinhard, Stein. **D. flexuosa** Trin. 1132.

444. Holcus. Honiggras. III.

Wurzel faserig; Bl. beiderseits weichhaarig; Granne der männl. Bt. eingeschlossen od. wenig hervortretend, zuletzt hakenf. zurückgebogen. 6—8. Trockene Wiesen: Scharen.
H. lanatus L. 1133.
Wurzelstock weit kriechend; Bl. und Blscheiden kahl; Granne der männl. Bt. weit herausragend, gekrümmt. 7. 8. Wälder, Aecker: Enge, Katharinenthal, Stein.
H. mollis L. 1134.

445. Arrhenatherum. Glatthafer. III.

6. 7. Wiesen, Wegränder; französ. Raygras.
A. elatius Mk. 1135.
Aendert mit am Grunde in 2—3 Knollen verdickten Halmen. Auf Aeckern. **A. tuberosum** Gilib.

446. Avena. Hafer. III.

A. Aehrchen wenigstens nach dem Blühen hängend; Kspelzen 5—9nervig; Frkn. an der Spitze behaart.

1. Bt. von der Aehrchenaxe abgegliedert, abfallend. Aehrchenaxe sowie die untere Spelze vom Grunde bis zur Mitte mit rostgelben Haaren besetzt. 7. 8. Unter dem Getreide.
A. fatua L. 1136.

2. Bt. nicht von der Aehrchenaxe abgegliedert, bleibend. Aehrchenaxe kahl od. nur am Grunde der untern Bt. behaart; Rispe allseitswendig mit abstehenden Aesten. 7. 8. Cult.
Rispenhafer: **A. sativa** L. 1137.
Rispe einseitswendig mit anliegenden Aesten. 7. 8. Cult.
Fahnenhafer: **A. orientalis** Schreb. 1138.

B. Aehrchen aufrecht; Kspelzen 1—3nervig; Frkn. an der Spitze behaart.

Bl. beiderseits und auch die untern Scheiden zottig; Rispe ausgebreitet: untere Aeste zu 4—5; Aehrchen 2—3btg. 5. 6. Wiesen, häufig.
A. pubescens Huds. 1139.

Bl. oberseits sehr rauh, sonst kahl; ebenso die Blscheiden: Rispe zusammengezogen; untere Aeste zu 1—2; Aehrchen 4—5btg. Unbebaute Stellen, Waldränder: Griesbach, Dörflingen, Hofstetten, Schleitheim.
A. pratensis L. 1140.

C. Granne haarfein, aus der Mitte der Bt. od. oberhalb der Mitte hervortretend; Kspelzen 1—3nervig; Frkn. kahl.

Bl. flach; längere Aeste 5—6 Aehrchen tragend; Aehrchen 3btg. 6. 7. Trockene Wiesen, Wege: Hauenthal, Stein.
A. flavescens L. 1141.

447. Melica. Perlgras. III.

A. Untere Spelze am Rande lang-zottig gewimpert.

Bl. schmal, flach; Rispe dicht-ährenf.; untere Kspelze längl.-eif., kürzer als die obere. 6. Hohentwiel, Mägdeberg.
M. ciliata L. 1142.

B. Untere Spelze kahl.

Blhäutchen sehr kurz, abgestutzt; Aehrchen nickend in einseitswendiger Traube, mit 2 vollkommenen Bt. 5. 6. Wälder, häufig.
M. nutans L. 1143.

Blhäutchen zugespitzt; Aehrchen aufrecht in schlaffer, einseitswendiger Rispe mit 1 vollkommenen Bt. 6. Wälder: Herblingen, Gailingen, Schleitheim, Stein.

M. uniflora Retz. 1144.

448. *Eragrostis. Liebesgras.* III.

7. Bahnhof Singen, Etzweilen, Ramsen (Sulger).

E. minor Host. 1145.

449. *Briza. Zittergras.* III.

5. 6. Trockene Wiesen, Wälder, häufig.

B. media L. 1146.

450. *Poa. Rispengras.* III.

A. Wurzel faserig, ohne längere Ausläufer.

1. Untere Rispenäste einzeln od. durch grundst. Seitenäste
scheinbar zu 2.
Halm zusammengedrückt; Bt. bisweilen durch Wolle verbunden,
sonst kahl od. am Kiele und Rande mit einer flaumhaarigen
Linie. 3—11. Grasplätze, Wegränder, überall.

P. annua L. 1147.

Halm am Grunde oft zwiebelf. verdickt; Bl. auf dem Rückennerv und beiderseits auf den Randnerven mit einer dicht-
seidenhaarigen Linie besetzt; Rispenäste rauh. 5. 6. Wiesen,
Wegränder: Oberhalb Katharinenthal.

P. bulbosa L. 1148.

Aendert mit in blattartige Knospen ausgewachsenen Aehrchen.
Mit der Hauptart. *P. vivipara.*

2. Rispenäste durch 3—5 grundst. Seitenzweige scheinbar quirlig.

a. Btspelzen schwach 5nervig mit je einer Linie von Seiden-
haaren auf dem Rückennerv und beiderseits auf den Randnerven.
Blhäutchen sehr kurz, fast fehlend; Rispe oft überhängend mit
aufrechten Aesten, sehr veränderlich. 6. 7. Rheinhard, Kohlfirst, Schloss Laufen, Stein. **P. nemoralis** L. 1149.

Blhäutchen längl. spitz; Rispe mit abstehenden Aesten; die Bt.
der obern Aeste von der Spitze zuletzt orangerot. 6. 7.
Feuchte Wiesen: Sumpf bei Langwiesen, Scharen, Rüdlingen. **P. serotina** Ehrh. 1150.

b. Untere Btspelze mit 5 starken Nerven, kahl od. unterwärts auf dem Rücken mit wolligen Haaren besetzt, aber ohne behaarte Randlinie.

St. und Blscheiden zweischneidig, flach, zusammengedrückt; Blhäutchen kurz. 6. 7. Bruderholz bei Singen.

P. sudetica Hänk. 1151.

Halm stielrund; Blscheiden wenig zusammengedrückt; Blhäutchen verlängert, spitz. 6. 7. Feuchte Orte: Hemmenthalerthal, Stein. **P. trivialis** L. 1152.

B. **Wurzelstock mit langen Ausläufern weit umherkriechend.**

St. und Blscheiden od. wenigstens der St. stielrund; untere Rispenäste meist zu 5; Bt. auf dem Rücken und am Rande dicht-weichhaarig und durch lange Wolle verbunden. 5—7. Wiesen, Wege, Mauern, häufig. **P. pratensis** L. 1153.

St. und Blscheiden zweischneidig-zusammengedrückt; untere Rispenäste zu 2—3. 6. 7. Nicht bebaute Orte: Wolfsbuck, Stein, Oberhallau. **P. compressa** L. 1154.

451. Glyceria. Süssgras. III.

A. **St. aufrecht, rohrartig, 10—20 dm.; Bl. lineal-lanzett (10—20 mm. breit).**

Rispe gleichmässig ausgebreitet, sehr ästig; Bt. stumpf. 7. 8. Wassergräben, Bäche: Linkes Rheinufer bei Stein, Scharen. **G. aquatica** Wahlbg. 1155.

B. **St. am Grunde niederliegend; 4—9 dm.; Bl. lineal.**

Rispe einseitig; untere Aeste meist zu 2; Aehrchen an die Aeste angedrückt; Btspelzen längl. lanzett; Stbb. schwach violett. Wassergräben, Bäche. **G. fluitans** RBr. 1156.

Rispe zieml. allseitig; untere Aeste zu 3—5; Aehrchen mit den Aesten parallellaufend; Btspelzen eilängl.: Stbb. gelb. 6. 7. W. d. v. Wassergraben an der Strasse von Unterhallau, Stein. **G. plicata** Fr. 1157.

452. Catabrosa. Quellgras. III.

7. 8. Im Binninger See, linkes Rheinufer bei Stein. **C. aquatica** Beauv. 1158.

453. *Molinia. Molinie, Pfeiffengras. III.*

8. 9. Sumpfige Wiesen: Andelfingen, Oerlingen, Stein.

M. coerulea Mönch. 1159.

454. *Dactylis. Knäuelgras. III.*

6. 7. Wiesen, Wegränder. **D. glomerata** L. 1160.

455. *Cynosurus. Kammgras. III.*

6. 7. Wiesen, Wegränder: Jestetten, zwischen Wilchingen und Neunkirch, Thayngen, Stein. **C. cristatus** L. 1161.

456. *Festuca. Schwingel. III.*

A. Bl. alle od. wenigstens die der nichtblühenden Sprosse borstenf., in der Knospe zusammengefaltet.

1. Alle Bl. borstenf.; Pfl. sehr dicht rasig.
Aehrchen grünl. od. gefärbt in schmaler, lockerer Rispe. 5. 6. Trockene Wiesen, Rasenplätze, häufig.

F. ovina L. 1162.

Aendert vielfach: a) Bl. fast haarf.: Aehrchen klein, unbegrannt. Gaisberg, Glockenhau. **F. capillata** Lam. 1162a.
b. Halm höher: Aehrchen grösser; Bl. verlängert, sehr rauh, hechtblau. Hemmenthalerthal.

F. valesiaca Schleich. 1163.

c. Bl. grasgrün od. bläul. grün, meist dicker, steif od. zurückgekrümmt. An Mauern, Wegen.

F. duriuscula L. 1164.

d. Bl. bläul.-grün, dick, steif. Hohentwiel.

F. glauca Schrag. 1165.

2. Halmbl. flach, wenn auch sehr schmal.
Wurzel faserig; Frkn. an der Spitze behaart, selten kahl; Aehrchen grün od. etwas violett überlaufen, meist lang begrannt. 5. 6. Lichte Wälder und Gebüsch: Gaisberg, Kohlfirst.

F. heterophylla Haenk. 1166.

Wurzelstock ausläufertreibend und so lockere Rasen bildend; Aehrchen kurz begrannt; Frkn. an der Spitze kahl. 5. 6. Weg- und Waldränder: am Rhein bei Rüdlingen, Stein.

F. rubra L. 1167.

Aendert: Pfl. dichtrasig; Bl. der Sprossen zusammengefaltet: die der St. flach. Sandfelsen (Stein). **F. fallax** Thuill. 1168.

B. Alle Bl. flach, lineal od. lanzett-lineal.

1. Untere Btspelze lang begrannt; Granne meist 2mal so lang
   als die Spelze, geschlängelt.
Rispenäste an der Spitze schlaff überhängend, 1—1,5 m. 6. 7.
   Wälder, Gebüsch: Begginger Randen, Stein.
                            F. gigantea Kill. 1169.
2. Untere Btspelze grannenlos od. kurz begrannt; die Granne
   entschieden kürzer als die Spelze.
Rispe ausgebreitet, überhängend; Aeste zu zweien verzweigt,
   5—10 Aehrchen tragend; Aehrchen 4—5btg.; 80—150 cm.
   6. 7. Rheinufer im Scharen, Oberstaad, Wutachthal.
                            F. arundinacea Schreb. 1170.
Rispe einseitswendig, während der Btzeit abstehend; Aeste zu
   zweien; der eine sehr kurz mit nur 1 Aehrchen, der zweite
   traubig mit 3—4 Aehrchen; Aehrchen 6—10btg. 6. 7. Feuchte
   Wiesen, überall.   **F. pratensis** Huds. 1171.
Aendert mit armbtger Rispe, lineal-längl., wechselst., entferntem
   Aehrchen, von denen die untern kurzgestielt, die obern
   sitzend sind. Beringen, Löhningen, Schleitheim, Blumenfeld.
                            F. pseudololiacea F. 1172.

457. Bromus. Trespe. III.

A. **Untere Kspelze 3—5nervig, obere 5—vielnervig; obere
   Btspelze am Rande steif-gewimpert.**
1. Blscheiden gefurcht, kahl, seltener mit vereinzelten Haaren.
Bt. zur Frchtzeit am Rande zusammengezogen, sich nicht
   deckend; Aehrchen 15—20 mm. lang; kahl od. rauh; Gran-
   nen dünn, wellig-gebogen. 6—8. Getreide.
                            B. secalinus L. 1173.
Aehrchen grösser, 20—30 mm., meist sammthaarig, selten kahl;
   Granne stärker und länger a. a. d. v., gerade. W. d. v.
   Hohlenbaum, Oberhallau, Stein.
                            B. velutinus Schrad. 1174.
2. Wenigstens die untern Blscheiden behaart; Bt. auch zur
   Frchtzeit, wenigstens unten sich deckend.
   a. Untere Btspelze genau so lang als die obere.
Bl. und Blscheiden behaart; Rispenäste lang, zur Frchtzeit etwas
   überhängend; Aehrchen lineal-lanzett: Grannen lang. 6. 7.
Auf Aeckern, an Wegen, z. B. in Gruben (Schaffhausen).
                            B. arvensis L. 1175.

b. Untere Btspelze merklich länger als die obere.
b₁. Rispe nach dem Verblühen aufrecht, zusammengezogen; Aehrchen eilängl., meist dicht-weichhaarig; Bt. gedrängt: untere Btspelze mit stark vorspringenden Nerven: St. oberwärts mit zahlreichen, abstehenden Haaren.
5. 6. Wiesen, Wege. **B. mollis** L. 1176.
b₂. Rispe nach dem Verblühen mehr od. weniger nickend; Aehrchen meist kahl; Bt. etwas lockerer; untere Spelze mit schwach vorspringenden Nerven; St. oberwärts kahl.
Aehrchen 15—20 mm. lang, längl.-eif., 5—6btg.; untere Btspelze am Rande fast regelmässig gerundet. 5. 6. Aecker, Wegränder: Altenburg, Griesbach, Orsernthal, Oberhallau.
B. racemosus L. 1177.
Aehrchen 20—30 mm., längl.-lanzett, 6—8btg.; untere Btspelze am Rande oberhalb der Mitte in einem stumpfen Winkel hervortretend; Rispe etwas schlaffer und mit feinern Aesten a. a. d. v. 5. 6. W. v. Eschheimerthal, Mühlenthal, zwischen Wilchingen und Unterhallau (Gremli), Stein.
B. commutatus Schrad. 1178.

B. Untere Spelze 2-, obere 3nervig; obere Btspelze kurz gewimpert.

1. Aehrchen nach oben verschmälert.

a. Rispe schlaff überhängend (St. 80—120 cm., Bl. 8—12 mm. breit).
Untere Blscheiden nebst den Bl. kurzsteifhaarig; untere Rispenäste zu 3—6. 6. 7. Wälder: Aazheim, Scharen, Freiplätzli, Kressenberg, Sankert (Stein). **B. asper** Murr. 1179.

b. Rispe aufrecht od. etwas nickend.
Untere Bl. am Rande gewimpert; Blscheiden behaart od. kahl; untere Btspelze kurz begrannt. 6. 7. Trockene Wiesen, Wegränder. **B. erectus** Huds. 1180.
Bl. und Blscheiden kahl; untere Btspelze unbegrannt od. mit kurzen Stachelspitzen. 6. Schleitheim.
B. inermis Leyss. 1181.

2. Aehrchen oben breiter.

Halm ganz kahl; Rispe locker, nach der Btzeit überhängend; Aeste verlängert, sehr rauh; Granne länger als die Spelze. 5—7. Wege, Schutt, Mauern. **B. sterilis** L. 1182.

Halm oberwärts meist weichhaarig; Rispe hängend, fast einseitswendig; Granne so lang als die Spelze. 5—7. Strassen:
Durstgraben, zwischen Diessenhofen und Paradies, Hohentwiel. **B. tectorum** L. 1183.

458. *Brachypodium. Zwenke. III.*

Wurzel faserig; Bl. schlaff; Aehre überhängend; Grannen der
obern Bt. länger als die Spelze. 7. 8. Wälder, Gebüsch:
Randen, Kohlfirst, Stein.
B. silvaticum R. und Sch. 1184.

Wurzelstock kriechend; Bl. steif; Aehre meist aufrecht; Granne
kürzer als die Spelze. 6. 7. Waldränder, Gebüsche: Enge,
Schweizersbild, Stein. **B. pinnatum** RBr. 1185.

459. *Agropyrum. Quecke. III.*

Wurzelstock kriechend; Bl. oberseits rauh; Spelzen unbegrannt,
kurz-stachelspitzig, od. mit kurzer, gerader Granne. 6. 7.
Hecken, Wegränder. **A. repens** Beauv. 1186.

Wurzel faserig; Bl. beiderseits rauh; Spelzen langbegrannt. 6. 7.
Wälder, Gebüsch: Mühlenthal, auf Sand bei Herblingen und
Buchthalen, Klausenhof, Wutachthal, Stein.
A. caninum Schreb. 1187.

460. *Triticum. Weizen. III.*

**A. Fr. den Spelzen nicht anhängend, bei der Reife heraus-
fallend; Axe der Aehre nicht zerbrechlich.**

1. Aehre locker, nickend, undeutl. 4kantig; Kspelzen sehr lang,
längl.-lanzett, häutig, ihrer ganzen Länge nach nervig.
6. Selten gebaut.
Polnischer Weizen: **T. polonicum** L. 1188.

2. Aehre dicht, deutl. 4kantig; Kspelzen nur oberwärts nervig.
a. Kspelzen längl., 3mal so lang als breit, fast der ganzen Länge
nach flügelf.-gekielt.
6. Nicht häufig. **T. durum** Desf. 1189.
b. Kspelzen breit-eif.
St. oberwärts hohl; Kspelzen nur oberwärts gekielt, so lang od.
etwas kürzer als die Btspelzen; Bt. begrannt (Winterweizen)
od. unbegrannt (Sommerweizen). Cult.
T. vulgare Vill. 1190.

St. dicht od. oberwärts kaum hohl; Kspelzen der ganzen Länge nach flügelig-gekielt; nur halb so lang als die Btspelzen; Btspelzen meist ganz begrannt.

Englischer Weizen: **T. turgidum** L. 1191.

B. Fr. von den Spelzen bleibend eingeschlossen; Axe der Aehren bei der Reife in einzelne Glieder zerfallend.

1. Aehren fast gleichseitig 4kantig, locker, zuletzt nickend; Aehrchen kaum sich etwas deckend, beiderseits gewölbt. Kspelzen eif., gestutzt, mit 2—3 kurzen, stumpfen Zähnen. 6. 7. Cult. Spelz, Dinkel, Korn, Fäsen. **T. Spelta** L. 1192.

2. Aehren von der nicht mit Aehrchen besetzten Seite her zusammengedrückt, aufrecht, die Aehrchen sich deckend, innen flach od. vertieft; Aehrchen 4btg., begrannt; Kspelzen scharf abgestutzt.

6. 7. Selten cult.

Emmer, Amelkorn: **T. dicoccum** Schrank. 1193.

Aehrchen 3btg.; solche mit nur einer fruchtbaren Bt. haben eine langbegrannte Btspelze. 6. 7. Selten cult.

Einkorn: **T. monococcum** L. 1194.

461. Secale. Roggen. III.

5. 6. Cult. **S. cereale** L. 1195.

462. Elymus. Haargras. III.

6. 7. Randenwälder. **E. europaeus** L. 1196.

463. Hordeum. Gerste. III.

A. Alle Aehrchen sitzend, zwitterig und begrannt (Saatgersten).

Fruchttragende Aehrchen 6reihig geordnet; 2 Reihen auf jeder Seite mehr vorspringend. 6. 7. Cult.

H. vulgare L. 1197.

Aehrchen gleichf., 6reihig-geordnet. 6.

H. hexastichum L. 1198.

B. Das mittl. Aehrchen zwitterig und begrannt; die seitl. männl. und unbegrannt.

Granne gerade vorgestreckt. Zweizeilige G. 6.

H. distichum L. 1199.

Granne zuletzt fächerf. abstehend; Bartgerste 6.

H. Zeocrithum L. 1200.

C. Das mittlere Aehrchen zwitterig; die 2 seitl. männl., alle
begrannt. Wildwachsende Gerste.

Bl. lanzett-lineal; Aehre cylindrisch; Aehrchen mit langen Grannen, diese durch vorwärts gerichtete Zähnchen rauh. 6—8.
Wege und Mauern, Schutt. **II. murinum** L. 1201.

464. Lolium. Lolch. III.

A. Wurzelstock blühende Halme und nicht blühende Blätter-
büschel treibend; Bt. lanzett, untere Btspelze krautartig-häutig.
Junge Bl. einfach-zusammengefaltet; Aehrchen 2—10btg., wehr-
los. 6—9. Wege, Grasplätze.
Englisches Raygras: **L. perenne** L. 1202.
Junge Bl. zusammengerollt; Aehrchen 8—20btg., begrannt. 6—9.
W. d. v. Italienisches Raygras: **L. italicum** ABr. 1203.

B. Wurzelstock bloss blühende Halme treibend; Bt. zur Frchtzeit elliptisch; untere Btspelze fast knorpelig.
1. Kspelzen deutl. kürzer als die Aehrchen; Bt. meist grannenlos, 4 mm. lang; St. dünn, 30—50 cm.
6. Aecker, unter Lein: Schleitheim.
L. linicolum ABr. 1204.
2. Kspelzen meist länger als die Aehrchen; Bt. meist begrannt.
6—10 mm.; St. stärker, 50—100 cm.
St. steif-aufrecht; Kspelzen länger als die Aehrchen; Grannen
gerade, stark, länger als die Spelzen. 6. 7. Unter der Saat.
Taumellolch: **L. temulentum** L. 1205.
St. bleicher als b. d. v.; Grannen geschlängelt, schwächer, kürzer als die Spelze. 6. 7. W. d. v. Bibern am Rhein (Sulger).
L. speciosum Bieb. 1206.

465. Nardus. Borstengras. III.

5. 6. Trockene Wiesen, Grasplätze: Entensee bei Schleitheim,
Sumpfwiese bei Thayngen, Weg nach Bielhingen, Bruderhof. **N. stricta** L. 1207·

CVIII. Fam. Coniferen. (Nadelhölzer).

466. Taxus. Eibe. XXII.

3. 4. Wälder: Rändli, Opfertshofen. **T. baccata** L. 1208.

467. Juniperus. Wachhholder. XXII. XXI.

Bl. von zweierlei Gestalt, die einen schuppenf., klein, rautenf., 4reihig, dachig; die andern mehr nadelf., lanzett-pfrieml., abstehend; Scheinbeere auf kurzem Stiele zurückgekrümmt. 4. 5. Angepflanzt.

Sadebaum, Sevi: **J. Sabina** L. 1209.

Bei der ebenfalls in Anlagen gehaltenen *J. virginiana* L. sind die Stiele der Scheinbeeren länger und gerade.

Bl. lineal-pfrieml., allmälig in eine stechende Spitze auslaufend, abstehend-gerade: Scheinbeere $1/2-1/3$ so lang als die Bl. 4. Randen. „Reckolterestude“: **J. communis** L. 1210.

468. Thuja. Lebensbaum. XXI.

Aeste in wagrechter Ebene ausgebreitet; flächenst. Bl. unter der Spitze mit einem Höcker; Zapfen 10—15 mm. lang, hellbraun. 4. Anlagen, Hecken. **T. occidentalis** L. 1211.

Aeste in senkrechter Ebene ausgebreitet; Bl. auf dem Rücken mit einer Längsfurche; Zapfen grösser, bläul.-bereift. 4. Cult. Seltener a. d. v. **T. orientalis** L. 1212.

469. Pinus. Kiefer. XXI.

A. Bl. zu 5 in einem Büschel.

Rinde der jüngern Pflteile glatt; Bl. lang, dünn; Zapfen cylindrisch, länger als die Bl.; Samen breitgeflügelt. 5. 6. Vereinzelnt cult.; Enge.

Weymouthskiefer: **P. Strobus** L. 1213.

B. Bl. zu 2 im Büschel.

1. Zapfen deutl. gestielt; der Stiel gleich nach der Btzeit abwärts gekrümmt.

Schuppenschild matt; Bl. innerseits bläul.-grün; Rinde der jungen Stammteile braunrot. 5. Wälder.

Föhre, „Forre“: **P. silvestris** L. 1214.

2. Zapfen sitzend od. sehr kurz gestielt, später schief od. wagrecht abstehend.

Rinde schwärzl.; Bl. dunkelgrün, 10—15 cm. lang, dicht-gebüschelt; Zweigknospen schnabelf. zugespitzt; Zapfen grösser a. b. d. v. Wälder und Anlagen.

Schwarzföhre: **P. Laricio** Poir. 1215.

Rinde braungrau; Bl. grasgrün, selten über 5 cm. lang; Zweigknospen stumpf od. kurz-gespitzt. 6.

P. montana Mill. 1216.

Hie und da die Varietät mit eirunden, symmetrisch wagrecht
abstehenden Zapfen und mit höchstens halbkugelig aufge-
triebenen Zapfenschildern.   P. Pumilio Haenk.

470. Abies. Tanne. XXI.

**A. Bl. zu 15—30 büschelig beisammenstehend, nicht über-
winternd.**

6. Wälder.   Lärche (Pinus Larix L.): **A. Larix** Lam. 1217.

B. Bl. einzelnstehend, 10—12 Jahre dauernd.

Bl. rund um die Zweige gleichf. verteilt, zusammengedrückt,
4kantig, stachelspitzig; Zapfen hängend: Rinde braun.
                              (Pinus Abies L.; P. Picea Duroi).
                              Rottanne: **A. excelsa** Dec. 1218.

Bl. an den untern, nicht fructificierenden Aesten zweizeilig, flach,
an der Spitze ausgerandet, unterseits mit 2 weissen Längslinien, an den Aesten des fruchttragenden Wipfels rundum
verteilt; Zapfen aufrecht; Rinde hellgrau, lange glatt bleibend. (P. Picea L. P. Abies Duroi).
                              Weisstanne: **A. pectinata** Dec. 1219.

CIX. Fam. Lycopodiaceen.

471. Lycopodium. Bärlapp. XXIV.

7. Kressenberg (Stein), Wangen ob Eschenz, ob Kaltenbach.
                              L. clavatum L. 1220.

CX. Fam. Equisetaceen.

472. Equisetum. Schachtelhalm. XXIV.

A. Fruchttragende und unfruchtbare St. verschieden gestaltet.

1. Fruchttragende St. einfach, nicht grün, nach der Reife ab-
sterbend, die sterilen später erscheinend, quirlig.

Fruchttragende St. rötl.-braun, mit bauchigen, in 8—12 Zähne
endigenden Scheiden; sterile St. grün mit 4kantigen, rauhen
Aesten. 3. 4. Die sterilen im Sommer. Felder, Wegränder.
                              Katzenschwanz: **E. arvense** L. 1221.

Frchttragende St. blass-bräunl., mit trichterf., in 20—30 Zähne endigenden Scheiden; die sterilen weiss, oft fast kleinfinger-dick, mit 8eckigen, zu 30—40 in Quirlen stehenden, zuletzt hängenden Aesten. Feuchte Wälder, Gebüsch, z. B. Bruch-halde.   **E. Telmateja** Ehr. 1222.

2. Fruchttragende St. anfangs astlos, später ästig, mit den steri-len gleichzeitig erscheinend; die erstern mit grossen, bauchigen, 2—5spaltigen Scheiden; die letztern mit dünnen, quirlig ver-zweigten Aesten.

W. d. v. Kohlfirst, Wutachthal.   **E. silvaticum** L. 1223.

B. Fruchttragende und unfruchtbare St. gleichgestaltet.

1. St. ziemlich weich, grasgrün; Aeste einfach od. fehlend; Aehren stumpf.

St. ästig: Scheiden locker, mit 5—8 lanzettl. am Rande trocken-häutigen Zähnen. 5. 6. See von Hüttweilen, Binningen, Egel-see.   **E. palustre** L. 1224.

St. meist einfach, gestreift; Scheiden enganliegend mit 15—20 pfrieml., schwarzbraun, schmalberandeten Zähnen. 5. 6. Mühleweiher bei Merishausen, Diessenhofen, Hilzingen.
E. limosum L. 1225.

2. St. hart, rauh, dünn, nur am Grunde ästig, überwinternd.

St. 6—8rippig; Rippen der Scheiden gewölbt; Zähnchen dersel-ben bleibend mit breitem, häutigem Rande und feiner, zer-brechlicher Spitze; Aehren zugespitzt. 6. Auf Sand: Buch-berg, Diessenhofen, Stein.
E. variegatum Schleich. 1226.

St. mit 7—20 Kanten; Scheiden flach-gerippt, enganschliessend, mit kurzen, lineal-pfrieml., bald abfallenden Zähnchen. 4—7. Stein, am Wege nach Klingen (Sulger).
E. hiemale L. 1227.

CXI. Fam. Ophioglosseen.

473. Botrychium. Mondraute. XXIV.

6—8. Krätzgraben, Scharen, Diessenhofen, Hohentwiel.
B. Lunaria Sw. 1228.

CXII. Fam. Polypodiaceen.

474. Polypodium. *Tüpfelfarn, Engelsüss. XXIV.*

7—11. Wälder, in Felsritzen: Mühlenthal, Sandfelsen (Stein), Hohentwiel. **P. vulgare** L. 1229.

475. Phegopteris. *Buchenfarn. XXIV.*

A. Blstiel mehrmals kürzer als das Bl.

Bl. flaumhaarig-gefiedert, im Umriss 3eckig-eif., fast pfeilf.; mittl. und untere Abschnitte in Form eines unregelm. Viereckes verwachsen. 6—8. Schattige Wälder: Krätzgraben, Hohentwiel, Stein. **P. polypodioides** Fée. 1230.

B. Blstiel so lang od. länger als das Bl.

Bl. schlaff, lebhaft grün, völlig kahl, drüsenlos; Wurzelstock dünn, glänzend-schwarzbraun. 6—8. W. d. v. Stein, Hohenstoffel, Hohentwiel. **P. Dryopteris** Fée. 1231.

Bl. etwas starr, gelbgrün, unterseits feindrüsig; Wurzelstock kürzer od. dicker a. a. d. v. An Felsen: Mühlenthal, Hohenstoffel, Hilzingen, Kapf (Stein). **P. Robertianum** ABr. 1232.

476. Aspidium. *Schildfarn. XXIV.*

A. Schleier nierenf., am Grunde der Bucht angeheftet.

1. Beide Gabeläste der untern Seitennerven ein Frhäufchen tragend; Schleier hinfällig; Bl. einfach fiederschnittig, mit fiedersp. Abschnitten; Abschnitte ganzrandig od. etwas ausgeschweift.

Wurzelstock dünn, kriechend; Blstiele etwa so lang als die Blfläche, diese am Grunde kaum verschmälert, unterseits drüsenlos. 6. Egelsee bei Thayngen, Hüttwylen. **A. Thelypteris** Sw. 1233.

Wurzelstock dick, kurz; Blstiel viel kürzer als die Blfläche, diese beiderseits stark verschmälert, unterseits drüsig. 7. Enge. **A. montanum** Aschers. 1234.

2. Nur der vordere Gabelast der Seitennerven ein Frhäufchen tragend; Schleier länger bleibend; Bl. 1—3fach fiederschnittig; Abschnitte letzter Ordnung fiedersp. od. gezähnt.

Bl. 2—3fach fiederschnittig, im Umriss 3eckig od. längl. eif. mit stachelspitzigen Zähnen, lang gestielt. 7. 8. Wälder: Schaffhausen, Scharen, Gailingerberg, Hörnlibrunnen (Stein). **A. spinulosum** Sw. 1235.

Bl. 1fach fiederschnittig, im Umriss elliptisch-längl.: Fiedern lanzettl., zugespitzt: Fiederchen aus breitem Grunde längl., am Rande gekerbt-gezähnt. 6. Wälder, nicht selten. Wurmfarn: **A. Felix mas.** 1236.

B. Schleier rundl., in der Mitte angeheftet.

Bl. derb, kurzgestielt, zugespitzt, doppelt gefiedert, am Grunde verschmälert; Abschnitte erster Ordnung lanzett-sichelf., aufwärts gekrümmt 6. Stein (Sandfelsen, Kapf), Hörnlibrunnen bei Windhausen, Birchtobel (Dr. Schalch). **A. lobatum** Sw. 1237.

477. Cystopteris. Blasenfarn. XXIV.

7. 8. Hohenstoffel, Hohentwiel, Stein. **C. fragilis** Bernh. 1238.

478. Asplenium. Streifenfarn, Milzfarn. XXIV.

A. Bl. einfach gefiedert.

Blstiel schwarzbraun, schmal geflügelt, hornartig: Fiedern rundl.-eif., kleingekerbt, sitzend; zuletzt einzeln von der überwinternden Spindel abfallend. 7—10. Felsen, Mauern: Mühlenthal, Stein. **A. Trichomanes** L. 1239.

Blstiele grün, ungeflügelt, weich: Fiedern stark gekerbt, deutl. gestielt, bleibend. 7. 8. W. d. v. Mühlenthal, Kressenberg. Kapf (Stein). **A. viride** Huds. 1240.

B. Bl. 2—3fach gefiedert.

a. Bl. am Grunde doppelt gefiedert, von der Mitte bis zur Spitze einfach gefiedert, im Umriss schmal-lanzett. Stiel am Grunde glänzendbraun; Schleier ganzrandig. 7. 8. Hohentwiel. **A. germanicum** Weiss. 1241.

b. Bl. 2—3fach gefiedert. Blstiel grün: Bl. 5—15 cm. lang, glanzlos, im Umriss 3eckig-eif.; Fiedern letzter Ordnung längl. verkehrt-eif. od. rautenf.-keilig: Schleier gewimpert. 7—9. Alte Mauern, Felsen. **A. Ruta muraria** L. 1242.

Blstiel bis über die Mitte schwarz-braun: Bl. 10—30 cm., oberseits silberglänzend; Abschnitte letzter Ordnung verkehrt-eif.-keilig; Schleier ganzrandig. 7. 8. Hohentwiel. **A. Adiantum nigrum** L. 1243.

C. Bl. aus 2—4 gestielten Blchen zusammengesetzt.

Blchen lineal od. lineal-lanzett, am Grunde ganz, an der Spitze
eingeschnitten, 3zähnig. 7. 8. Mägdeberg, Hohentwiel.

A. **septentrionale** Hoffm. 1244.

479. Athyrium. Waldfarn. XXIV.

7. Gebüsch und feuchte Wälder: Enge, Stein.

A. **Felix femina** Roth. 1245.

480. Pteris. Saumfarn. XXIV.

7—10. Lichtungen in Wäldern: Krätzgraben, Stein.

Adlerfarn: **P. aquilina** L. 1246

481. Scolopendrium. Hirschzunge. XXIV.

7. 8. Steinige, schattige Wälder; von Reallehrer Schalch an mehreren Orten gepflanzt: wild beim Hüttenleben in Thayngen
(Dr. Bernath). **S. vulgare** Sm. 1247.

Register.

VIII